GÜTERSLOHER
VERLAGSHAUS

Matthias Lohre

Das Erbe der Kriegsenkel

Was das Schweigen der Eltern mit uns macht

Gütersloher Verlagshaus

Bibliografische Information der Deutschen Nationalbibliothek

Die Deutsche Nationalbibliothek verzeichnet diese Publikation in der Deutschen Nationalbibliografie; detaillierte bibliografische Daten sind im Internet über https://portal.dnb.de abrufbar.

FSC
www.fsc.org
MIX
Papier aus verantwortungsvollen Quellen
FSC® C014496

Verlagsgruppe Random House FSC® N001967

1. Auflage

Umschlagmotiv: Hintergrundbild Fotostapel © okunsto – Fotolia.com
Jungen vor dem Caravan © Mieke Dalle/Image Source/Corbis
Druck und Einband: GGP Media GmbH, Pößneck
Printed in Germany
ISBN 978-3-579-08636-1

www.gtvh.de

In der Kindheit kann ein Leben
ohne väterliches Vorbild
ebenso wenig wie eines ohne Nähe der Mutter
folgenlos ertragen werden.

Alexander Mitscherlich

Inhalt

Anfang & Ende
Warum diese Geschichte?

I

Die letzte Reise meines Vaters dauerte 26 Stunden, und sie endete auf der A2 nahe Herford unter einer blauen Plastikplane. Begonnen hatte sie hundertvierzig Kilometer entfernt, als mein Vater an einem Dienstagmittag in die Hosentasche griff, wo er schon immer den Autoschlüssel aufbewahrte. Dann schloss er die Fahrertür seines kleinen Peugeots auf, stieg ein und rollte vom Hof des Seniorenheims, in dem er seit wenigen Monaten lebte. Er fuhr über Landstraßen und Autobahnen, die er lange nicht befahren hatte. Dabei wurde er doch immer so nervös, wenn Unvorhergesehenes geschah. Und jetzt – alt, mager und leicht zu verwirren – konnte er Überraschungen weniger denn je gebrauchen. Trotzdem schaffte mein Vater es irgendwie bis zu einer Autobahnraststätte und hielt an. Am Mittwoch um 17:18 Uhr, Feierabendverkehr, Herbstwetter, es war schon dunkel, startete er wieder seinen Wagen und lenkte ihn auf die Auffahrt. Nach 70 Metern auf dem Beschleunigungsstreifen riss er das Steuer herum und fuhr in entgegengesetzter Richtung auf der linken Spur. Vielleicht sah er noch die Scheinwerfer des weißen Volvos, die rasend schnell näher kamen, blendende Lichter in der Dunkelheit, bevor er frontal mit ihm zusammenprallte.

Wo verbrachte mein Vater seine letzten 26 Stunden? Solange ich lebe, buchte er kein Hotelzimmer. Schlief, aß, trank er, den Routineabweichungen immer nervös gemacht haben, in dieser Zeit überhaupt? Wohin wollte er? Und warum riss er, der stolz gewesen war, noch nie einen Unfall verursacht zu haben, an diesem trüben Novembertag des Jahres 2012 auf der Autobahn seinen Wagen herum? Hatte er geahnt, dass Gedächtnislücken und Verwirrtheit sich nicht mehr allein durch Arzneinebenwirkungen und zu wenig Wassertrinken erklären ließen? Hatte er gespürt, dass seine Aussetzer etwas Schlimmeres, etwas Endgültiges ankündigten? *Wollte* er sterben, fast auf den Tag genau zehn Jahre nach meiner Mutter? Und nahm er dafür den Tod anderer Menschen in Kauf? Ich wusste es nicht. Aber was wusste ich, als sie noch lebten, schon über meine Eltern?

Als ich den Anruf erhalte, der die Todesnachricht bringt, ist es Nacht. Danach lege ich das Handy beiseite, gehe aus dem Schlaf- ins Wohnzimmer und greife nach dem Tablet. Das Display leuchtet im Dunkeln, ich mache kein Licht. Vielleicht in der Hoffnung, mich verstecken zu können. Vor dem Schock, der Scham und mir selbst. Vor der Nachricht aber kann ich mich nicht verbergen. Wenige Stunden nach seinem Tod gibt es schon Agenturmeldungen über den »Geisterfahrer«, mehrere Medien verbreiten sie auf ihren Internetseiten: »Der 81-Jährige starb noch an der Unglücksstelle. Der 43-jährige Fahrer des anderen Wagens musste mit schweren Verletzungen ins Krankenhaus gebracht werden. Warum der 81-Jährige in die falsche Richtung auf die Autobahn fuhr, war zunächst unklar.«

Über und neben dem Artikel leuchten Reklamebanner. Lächelnde Menschen werben vor sattem Grün für Lebensversicherungen. Zwei Leser bewerten die Panorama-Meldung mit vier von fünf Sternen. Sogar Fotos vom grell beschienenen Unfallort gibt es schon, zum Anklicken und Vergrößern. Feuerwehrleute in Schutzanzügen, schweres Gerät, Scheinwerfer. Der frontal zusammengequetschte blaue Kleinwagen meines Vaters liegt an der Leitplanke wie ein erschöpfter Boxer in den Seilen. Ein Foto zeigt neben dem Wrack eine blaue Plastikplane. Erst nach ein paar Sekunden begreife ich, dass sie nicht Teil des Autos ist. Sondern ein Beutel. Darin liegt mein Vater.

Welche »schweren Verletzungen« hat der 43-Jährige, in dessen Wagen er gerast ist? Ich suche im Internet nach weiteren Artikeln. In einem ist von »erheblichen Verletzungen« die Rede. Sind »erhebliche« schlimmer als »schwere«? Was, wenn der Unbekannte stirbt? *Dann,* sagt etwas in mir, *hast du nicht genug getan; du hast nicht genügt; dann hast du endgültig versagt.*

Tausende Agenturmeldungen wie diese habe ich als Journalist über die Jahre gelesen. Ihre Klarheit hat mir gefallen. Keine unangebrachten Emotionen, keine unbelegten Behauptungen, nur Tatsachen: Wer hat was wann wo wie warum getan? Jetzt lese ich, fünfhundert Kilometer vom Unfallort entfernt, die nüchternen Tatsachen. Sie sollen erklären, wie mein Vater wenige Stunden zuvor gestorben ist – und ich begreife nichts. Die Wirklichkeit verbirgt sich hinter den Fakten.

Seit dem frühen Nachmittag habe ich mich gefragt, wo mein Vater stecken mag. Da habe ich eine neue Mail des Seniorenheims gelesen, in dem mein Vater seit wenigen Monaten lebte: Am Vortag habe mein Vater das Gelände verlassen und sei seither nicht zurückgekommen. Was sollten sie jetzt tun? Eilig habe ich mit allen Menschen telefoniert, zu denen mein Vater gefahren sein könnte. Es sind nicht viele. Die Polizei wurde alarmiert. Danach konnte ich nur warten. Ich habe mir vorgestellt, wie mein Vater zur selben Zeit am Rande einer Landstraße in seinem Auto sitzt, schimpfend auf den leeren Tank, das Auto und die Welt. Dann klingelte das Telefon.

Als ich spät in der Nacht zurück ins Schlafzimmer gehe, glaube ich, dass mit meinem Vater auch die Beziehung zu meinen Eltern gestorben ist. Meine Mutter ist schon zehn Jahre tot. Das seltsame Ende auf der Autobahn vereint in sich noch einmal all die Verständnis- und Ratlosigkeit, mit der wir einander zu Lebzeiten gegenüber gestanden haben. Mein Vater war nicht der Vater gewesen, den ich als Kind ersehnt hatte, und ich kein Sohn nach seinem Geschmack. Meiner Mutter hatte ich mich als kleines Kind nahe gefühlt, aber das war lange her. Meine Eltern und ich waren einander fremd gewesen. Und jetzt war es vorbei.

Ich lösche das Licht, und alles sieht danach aus, als ginge mein Leben weiter wie bisher.

II

Am Morgen danach erwache ich allein. Ich telefoniere mit meinen Geschwistern. Wir planen die Beerdigung, bringen einander auf den neuesten Stand: Der Mann, in dessen Wagen unser Vater raste, hat laut Polizei mehrere gebrochene Knochen, wird das Krankenhaus aber schon bald verlassen können. Wegen seiner traumatischen Erfahrung ergreift er therapeutische Hilfe. Ich bin ungeheuer erleichtert: Er ist nicht gestorben, ihm fehlen keine Gliedmaßen, und er hat offenbar keine bleibenden Schäden. Die Polizei stellt nach wenigen Tagen ihre Anfangsermittlungen ein. Im Blut meines Vaters hat sie weder Alkohol noch Drogen gefunden. Es gibt keinen Abschiedsbrief, niemand im Seniorenheim berichtet von verdächtigen Äußerungen. Nur ein »altersbedingter Aussetzer« also?

Die Beerdigung findet am zehnten Todestag meiner Mutter statt. Dezemberkälte, Glockenläuten, eine Handvoll Menschen in schwarzen Kleidern, gesenkte Blicke, Amen. Am Tag darauf sitze ich wieder an meinem Schreibtisch, 500 Kilometer östlich vom Grab meiner Eltern. Wenn ich vom Rechner aufblicke, kommt es mir manchmal so vor, als habe es den nächtlichen Anruf gar nicht gegeben. Nach dem Tod meines Vaters scheint sich nichts in meinem Leben zu verändern. Tot wirkt er nicht abwesender, als er es lebendig war.

Ende 2012 bin ich ein 36-jähriger Single, und wenn mich jemand fragt, wie es mir geht, antworte ich: »Ich kann nicht klagen.« Allein lebe ich in Berlin-Prenzlauer Berg und tue, was ein typischer »PrenzlBerger« so macht. Meinen

Kühlschrank stelle ich voll mit Bioprodukten, meine Zwei-Zimmer-Altbauwohnung bescheinen Energiesparlampen, und eine klare Trennung von Arbeit und Privatem ist mir fremd. Seit Jahren schreibe ich als Zeitungs-Redakteur politische Artikel und Kolumnen. Gerade habe ich Urlaub, aber den nutze ich, um daheim ein Manuskript zu Ende zu tippen. Seit einer Woche bin ich Waise, und scheinbar unbeeindruckt beende ich ein humorvolles Sachbuch über Geschlechterunterschiede im Film. Wenn ich nur noch Worte und Buchstaben vor mir sehe, ziehe ich Laufschuhe an. Meine Arbeitswoche hat sieben Tage, ich trainiere für den achten Marathon, und trotzdem habe ich immerzu das merkwürdige Gefühl, zu wenig zu leisten. Aber so zu denken, sage ich mir, ist heutzutage doch normal.

Das fertige Manuskript schicke ich zwei Wochen vor Abgabefrist zum Verlag. Ich bin stolz darauf, unter Druck zu funktionieren. Doch nur einen Moment, nachdem ich auf »Senden« gedrückt habe, ist es, als hätte ich nie etwas geleistet. Eilig suche ich mir eine neue Herausforderung, eine weitere Aufgabe. Nichts zu tun macht mich nervös. Bin ich nicht gerade dadurch wie alle anderen?

Zugegeben: Als mein Vater stirbt, hat noch keine Beziehung länger gehalten als ein Jahr. Aber ich habe einfach noch nicht die Richtige gefunden. Die Aussicht, mit einem anderen Menschen über Wochen zusammen zu sein, gar eine Wohnung zu teilen, fürchte ich mehr als das Alleinsein. Ist es nicht verständlich, meine Ruhe haben zu wollen, schließlich habe ich im Job genügend Stress? Hinter dem nächsten erreichten Ziel, da bin ich fast sicher, wird die

Zufriedenheit schon auf mich warten. Ich muss mich nur noch ein wenig länger noch ein bisschen mehr anstrengen, eine noch effizientere Version meiner Selbst werden. Mehr arbeiten, mehr vorausberechnen, mehr vorsorgen. Mit Mitte Dreißig führe ich kein Leben, sondern eine Null-Fehler-Existenz.

Doch als »unglücklich« würde ich mich nicht bezeichnen. Geht es mir nicht besser als den meisten: gesund, mit festem Job und genug Geld zum Leben? Erst recht weit besser als den vorangegangenen Generationen, die Krieg und Hunger erlitten und trotzdem die Kraft gefunden haben, mich aufzuziehen? Ich bin ein Produkt der längsten Friedensphase, die der Kontinent je erlebt hat. Obendrein Teil der *Generation Golf*, deren Mitglieder als Kinder angeblich keine größere Sorge gekannt haben, als beim Beginn von *Wetten, dass..?* noch in der Wanne zu liegen. Habe ich da ein Recht, mich zu beklagen?

Deshalb erzähle ich fast niemandem, wohin ich an drei Abenden pro Woche gehe. Als mein Vater stirbt, stecke ich im ersten Drittel einer Psychoanalyse: insgesamt dreihundert Stunden Seelenzergliederung in Rückenlage, verteilt auf zweieinhalb Jahre. Auf einer Couch liegend, versuche ich der Zimmerdecke zu erklären, wie es mir geht. Mein »Ich kann nicht klagen« genügt hier nicht mehr. Das Dumme ist nur, dass ich keine bessere Antwort habe. Aus dem Stand könnte ich sechs Gründe aufzählen, warum die Weimarer Republik scheiterte oder was zur jüngsten Finanzkrise geführt hat, aber zu mir selbst fällt mir nicht viel ein. Ich habe keine Ahnung, wer ich bin.

Langsam ahne ich, dass es womöglich gar nicht so gut ist, nicht klagen zu können.

Eines Abends, mehrere Monate später, lege ich mich todmüde ins Bett. Früher erinnerte ich mich selten an meine Träume, aber seit dem Unfall stehe ich fast jeden Morgen mit Bildern der Nacht im Kopf auf. Meist wirr, unverständlich und bald verflogen. Doch manche Träume begleiten mich in den Tag. Immer häufiger erscheint mir darin – mein Vater. Mal ist er alt und verwirrt. Mal sieht er jung aus wie auf den alten Hochzeitsfotos. In einem Traum sitzt er versteckt hinter einer Zeitung, in einem anderen huscht er eilig an mir vorüber, rempelt mich an, ohne mich zu erkennen. Mal blickt er mich vorwurfsvoll an, mal interessiert. Aber etwas tut er nie: reden. Der Vater meiner Träume schweigt. In einer Nacht entscheide ich mich, nicht länger zu warten, und spreche ihn an. Er dreht sich zu mir, und sein Mund formt Worte – aber ich höre sie nicht. Ich rufe, er möge lauter reden. Er kann mich nicht hören und spricht weiter unhörbare Sätze. Dann erwache ich, und ich ahne:

Es ist nicht vorbei. Aber was ist »es«?

III

In einer staubigen Ecke unter dem Schreibtisch stapeln sich Bücher, Zeitungsausschnitte und Notizen, und obenauf schreit ein gelber Post-it »KRIEGSENKEL«: Material für eine nie geschriebene Geschichte über die Kinder der Kriegskinder. Irgendetwas hat mich abgehalten, darüber zu schreiben. Vielleicht ja der Umstand, dass mich das Ganze nichts angeht.

Die Familiengeschichten in den Büchern ähneln einander: Alt gewordene Kriegskinder und ihre erwachsen gewordenen Kinder haben einander seit Jahrzehnten angeschwiegen. Nach einem fürchterlichen Streit, einem Aktenfund oder einem klärenden Gespräch mit einem Verwandten kommt ein traumatisches Ereignis ans Licht, dessen verdrängte Folgen die Familie bis heute prägen: die Vergewaltigung der Großmutter auf der Flucht aus dem Osten. Der Tod eines nahen Verwandten von Mutter oder Vater bei einem Bombenangriff. Die Teilnahme eines Großvaters an der Ermordung von Juden. Fast immer sind es klar benennbare Einzelgeschehnisse mit Tag und Ort: Geschichten innerhalb der Geschichte.

Es ist gut, denke ich, *dass die Kriegskinder im Alter über Flucht, Nazi-Herrschaft und Bombenkrieg reden. Gut auch, wenn ihre längst erwachsenen Kinder sich fragen, was ihre traumatisierten Eltern ihnen an seelischem Erbe hinterlassen haben. Aber mit mir hat das nichts zu tun.*

Mein Vater war 1931 in einer ostwestfälischen Kleinstadt zur Welt gekommen, meine Mutter 1937 in einem Dorf nahe der niederländischen Grenze. Beide wurden nicht vertrieben, und niemand in ihrem engeren Familienkreis starb im Zweiten Weltkrieg. Weder sie noch ihre Eltern erlebten politische oder ethnische Verfolgung und auch keine alliierten Flächenbombardements. Meine Eltern hatten nie behauptet, dass es ihnen damals besonders schlecht ergangen sei. Überhaupt hatten sie selten über sich geredet. Hätten sie nicht, wäre ihnen Schlimmes geschehen, davon gesprochen, zumindest im Alter?

Und hatten nicht Millionen Europäer unendlich viel mehr gelitten, allen voran Juden, Sinti und Roma, die Bewohner der deutsch besetzten Gebiete, Menschen mit geistiger Behinderung, Kriegsgefangene und politisch Verfolgte?

Nein, als mein Vater stirbt, scheint mir die Idee, dass ich ein »Kriegsenkel« sein könnte, absurd, ja anmaßend: Wäre das nicht bloß der Versuch eines Wohlstandskinds, sich auf Kosten seiner Eltern einen Opferstatus zusammenzuklauben? Gibt es nicht weit näher liegende Gründe für meine persönlichen Probleme als eine Katastrophe, die ich nicht erlebt habe? Die Fragen wirken eh müßig: Meine Eltern sind tot. Falls es etwas gegeben hatte, das sie verschwiegen hatten, dann war es mit meinem Vater an einem Novembernachmittag auf der Autobahn gestorben.

In einer Nacht erscheint mir wieder mein Vater im Traum. Er blickt mich aus der Ferne an, streng, missbilligend. Nichts Neues. Doch dann erkenne ich, etwas näher, meine Mutter: ganz grün im schlanken Gesicht, mit von Schmerz verzerrten Zügen, eine Hand vor ihrem Bauch. Ein Schock. Mein Vater bemerkt es nicht. Ich rufe ihm zu, doch er scheint mich nicht zu hören. Ich will meiner Mutter zu Hilfe eilen, doch ich komme nicht von der Stelle. Meine Füße sind wie festgeklebt, alles Zerren und Ziehen bringt nichts, es erschöpft mich nur. Zwischen meinen Eltern und mir tut sich rasend schnell ein tiefes, schwarzes Loch im Boden auf, und es wächst. Sein Rand kommt immer näher, ich will weglaufen, aber ich bin wie gelähmt. Was tun? Was? Dann wache ich auf, verwirrt und atemlos.

Der Traum ragt hinein in den folgenden Tag. Seine bedrückende, quälende Stimmung begleitet mich, während ich am heimischen Schreibtisch Mails schreibe, Kaffee mache, einkaufen gehe. In der Luft hängt unsichtbarer Nebel, der alle Wahrnehmung dämpft. Erst glaube ich, das sei die Trauer über den Tod meines Vaters, aber etwas stimmt nicht. Diesen Nebel, dieses Gefühl von bleierner Schwere und Trübsinn kenne ich schon sehr lange. All das lebt in mir, so lange ich zurückdenken kann.

Noch einmal greife ich nach den Büchern, in denen Kinder von Kriegskindern das Lebensgefühl in ihren Elternhäusern schildern. Und da steht es, Schwarz auf Weiß: »In den meisten Familien hatten keine Dramen stattgefunden«, schreibt die Journalistin Sabine Bode in *Kriegsenkel.* »Stattdessen war die Rede von ›Nebel‹ und von ›Unlebendigkeit‹. Ein 45-jähriger Sohn bezeichnete das Klima in seinem Elternhaus als eine ›stillstehende graue Sauce‹.« Anne-Ev Ustorf schildert in *Wir Kinder der Kriegskinder* die diffusen Ängste ihrer Kindheit: »Schlafstörungen und Trennungsängste quälten mich. Ich fürchtete, auf dem Weg zur Schule einfach vom Erdboden verschluckt zu werden. Nachts träumte ich wiederholt, dass ich allein durch brennende Ruinenlandschaften geisterte – oder ich fiel endlos in einen schwarzen Abgrund.« Viele der etwa zwischen 1955 und '75 geborenen Frauen und Männer in Deutschland und Österreich teilen ein Lebensgefühl: »Heimatlosigkeit, das Gefühl, sich nirgends verwurzeln zu können, die eingeimpfte Existenzangst, Bindungsschwierigkeiten, Identitätsverwirrungen und vor allem das Gefühl, bei den Eltern etwas wieder gutmachen zu müssen.«

Das alles habe ich schon einmal gelesen – und mich nicht

angesprochen gefühlt. Doch zwischen erstem und zweitem Lesen liegen der Tod meines Vaters und der Beginn der Psychoanalyse. Diesmal erkenne ich in den Beschreibungen meine hilflosen Versuche wieder, der Zimmerdecke zu erklären, wie es mir geht. Dieselben Formulierungen, teilweise bis ins letzte Wort, dazu das Bild vom schwarzen Abgrund. Ein Zufall?

Anfangs habe ich geglaubt, in dem Traum verabschiedeten sich meine Eltern von mir. Als wollten sie mir sagen, mit ihrem Tod rücke die Chance, Antworten auf meine zu spät gestellten Fragen zu erhalten, in weite Ferne. Doch der Traum lässt mich nicht los. Die vermeintliche Aufforderung zum Abschied will sich partout nicht verabschieden. Schließlich komme ich darauf, dass der Traum anders herum Sinn ergibt: Wenn hier etwas nicht Lebewohl sagen will, sucht es dann womöglich den Kontakt zu mir? Und wenn zwischen meinen Eltern und mir ein schwarzes Loch klafft, dann gibt es vielleicht eine Möglichkeit, um ihnen nahe zu kommen: Ich darf nicht länger versuchen, dem Nichts zu entkommen, denn es würde immer schneller sein als ich. Nein, ich muss das Gegenteil dessen tun, das ich immer getan habe. Ich muss mitten hineinspringen ins tiefe Dunkle, das uns trennt und mich ängstigt, und schauen, wo ich lande. In diesem Moment ahne ich nicht, wohin mich dieser Gedanke führen wird. Wer eine Reise antritt, weiß oft erst im Nachhinein, wann er sich zu ihr entschlossen hat.

Die Geschichte, wie ich meine verstorbenen Eltern suche, wäre nur für mich interessant, ginge es dabei allein um einen Postbeamten, eine Verkäuferin und ihr jüngstes

Kind. Doch was ich zu erzählen habe, steckt voller Parallelen zu Millionen Beziehungen zwischen alten Eltern und ihren erwachsenen Söhnen und Töchtern. Zwischen über 70 Jahre alten Männern und Frauen und ihrem größtenteils zwischen 1955 und ’75 geborenen Nachwuchs. Zwischen Kriegskindern und Kriegsenkeln.

Während die »große« Geschichte Deutschlands im 20. Jahrhundert gründlicher erforscht ist als jede andere Epoche, liegt die Historie der eigenen Vorfahren meist verborgen hinter rätselhaften Anekdoten und beredtem Schweigen. Doch in Träumen, Anekdoten, Ängsten und Zwängen drängt etwas, das über Jahrzehnte verschwiegen worden ist, danach, endlich zur Sprache zu kommen.

Hören wir zu.

Kriegskinder & Kriegsenkel

Wer ist das überhaupt?

I

Von wem reden wir, wenn wir von »Kriegskindern« und »Kriegsenkeln« reden? Für die zwischen 1929 und 1947 Geborenen hat sich der Begriff »Kriegskinder« etabliert. Sie waren zu jung für den direkten Fronteinsatz. Aber alt genug, um Hunger, Vertreibung und Bombenangriffe zu erleiden, den Verlust von Angehörigen, Trennungen und Todesangst. Der renommierte Altersforscher Hartmut Radebold schätzt, dass 60 bis 70 Prozent dieser Jahrgänge traumatische Erfahrungen gemacht haben. Genau genommen handelt es sich bei den Kriegskindern um mehrere Generationen. Wer als Flakhelfer Leichen schleppte, hat den Krieg anders erlebt als ein Säugling, der Hunger, Lärm und Kälte ausgesetzt war. Mit den Kämpfen endete nicht das Leid. Noch 1950 wohnten in Westdeutschland neun Millionen Kinder unter unzulänglichen, oft menschenunwürdigen Umständen. Ein Jahr nach Gründung der Bundesrepublik waren die Hälfte aller Lagerbewohner Kinder und Heranwachsende.

Etwa zwölf Millionen Kriegskinder leben noch. Allein 2012 starben rund 350.000 Angehörige dieser Jahrgänge. Nimmt man die vor 1929 Geborenen hinzu, starben in jenem Jahr fast 715.000 Alte. Bald werden Kriegskinder den Nachgeborenen so fremd erscheinen wie die Soldaten des Kaiserreichs.

Viele von ihnen ackern, schon lange in Rente, für Familie, Verein oder Partei, bis ein Herzinfarkt sie fällt. Andere dämmern, sich selbst und der Welt zunehmend fremd werdend, in Altersheimen dem Tod entgegen. Dabei wirkten die Deutschen, die den Zweiten Weltkrieg als Kind überlebten, schier unzerstörbar. Ihre Tüchtigkeit und Anpassungsbereitschaft halfen, das Land wieder aufzubauen. Von »früher« haben sie, wenn überhaupt, ihren Kindern nur in Floskeln erzählt: *Es war für uns ja auch ein Abenteuer. Wir haben uns nie beklagt. Anderen ging es noch schlechter. Wir kannten es ja nicht anders. Du weißt gar nicht, wie gut du es hast.* Solche Sätze erklären weniger, als sie verbergen. Sie vernebeln die Sicht auf das, was unter der Oberfläche schwelt und schmerzt. Diese Jahrgänge haben über Jahrzehnte etwas tief in sich verschlossen: die Erinnerung an Hunger, Flammenmeere, Flüchtlingstrecks und Todesängste. Noch mehr aber die Gefühle von Angst und Hilflosigkeit, die sie begleiten.

Zu den ältesten Kriegskindern zählt Helmut Kohl. Der 1930 Geborene löschte nach Bombenangriffen Feuer im brennenden Ludwigshafen. Sein älterer Bruder Walter starb, erst 18 Jahre alt, Ende 1944 als Soldat bei einem Tieffliegerangriff. Aus der Kinderlandverschickung schickte

Helmut beruhigende Briefe nach Hause. Ihm »Mamas Marmelade« zu schicken, »hättet Ihr Euch wirklich ersparen können. Wir haben hier so gut zu essen, dass Ihr es bestimmt nötiger habt als ich.« Millionenfach mussten Kinder ihren traumatisierten Eltern Trost spenden – und erhielten selbst zuwenig davon. Halbwüchsige demonstrierten Stärke, die sie nicht besaßen.

Zu den jüngsten Kriegskindern zählt Gerhard Schröder. Seine Mutter gebar ihn 1944 auf der Flucht vor Tieffliegerangriffen auf einem Bauernhof. Der Vater starb vier Monate nach Gerhards Geburt bei Kämpfen in Siebenbürgen. Seinen Sohn hat er nie gesehen. Als Schröder mehr als ein halbes Jahrhundert später Bundeskanzler wurde, stellte er ein Porträtfoto seines Vaters Fritz in Wehrmachtsuniform auf seinen Schreibtisch. Für den Sohn blieb der fremde Vater ein Männlichkeitsideal. Die Mutter sollte stolz auf ihren Jungen werden.

So unterschiedlich die individuellen Erlebnisse, so sehr ähneln sich die Verhaltensweisen vieler erwachsen gewordener Kriegskinder. Kohl und Schröder demonstrierten eine Dickfelligkeit und dröhnende Lebenstüchtigkeit, die sich ihrer selbst immer aufs Neue versichern musste: *Mich kriegt nichts klein.*

Millionen andere sahen im Gründen einer eigenen Familie die Chance, die Liebe zu erfahren, die ihnen früh versagt geblieben war. Die Folge: Millionenfach mussten Kinder ihre wenig belastbaren Eltern trösten. Alltägliche Auseinandersetzungen brachten die mühsam gehaltene Balance leicht ins Wanken: *Was haben wir bloß falsch gemacht? Warum tust du uns das an?* Beängstigende Gefühle der Ohnmacht oder Scham hielten die zu Eltern gewordenen Kriegskinder mit aller Kraft fern, häufig zum Preis schwerer Depressionen oder scheinbar grundloser Wutausbrüche. Die Folge war eine trügerische Ruhe: der alles ein- und verhüllende »Nebel«. Doch wer nicht fühlt, kann nicht mitfühlen – etwa mit den eigenen Kindern. Heute stehen Alte und Junge einander sprach- und ratlos gegenüber.

II

Die Kinder der Kriegskinder fragen sich in ihrer Lebensmitte, warum die Zufriedenheit, die mit Wohlstand und Fleiß einher gehen sollte, sich partout nicht einstellt. Häufig bleiben Kriegsenkel lange kinderlos, ihre Beziehungen zerbrechen früh oder werden als Last erlebt. Depressionen erkennen sie erst spät als solche an, gerade weil sie keinen anderen Zustand kennen. Die Unfähigkeit zu trauern der Kriegs- und Kriegskinder-Generation hat sich im Nachwuchs fortgepflanzt – als Unfähigkeit zu vertrauen.

»Wir wuchsen unter ihrem Traumaschatten auf«, schreibt Joachim Süss, Mitherausgeber des Buchs *Nebelkinder*, »sodass wir uns klein, gehemmt und hilflos fühlen mussten«. Dass ihre Eltern mit ihren Nöten zu tun haben könnten, darauf kommen viele Kriegsenkel nicht. Im Gegenteil glauben sie, sie verteidigen zu müssen: *Sie wussten es doch nicht besser. Sie haben getan, was sie konnten. Das kann ich ihnen nicht antun.*

Erzählen Kriegsenkel von ihrem Elternhaus, berichten sie häufig von »Nebel«, einer Stimmung voller Trübsinn und bleierner Schwere. Oder von hektischer Betriebsamkeit, die keinen Platz ließ für die »kleinen« Sorgen der Wohlstandskinder. *Meine Eltern haben mich nie gesehen. Sie und ich kennen einander eigentlich gar nicht.* Das Gefühl von Fremdheit und Unbestimmtheit verlässt sie nicht, es wandelt sich nur. Als Erwachsene beschleicht sie das seltsame Gefühl, nicht ihr Leben zu leben.

Als das Wort »Kriegsenkel« 2008 erstmals Verbreitung fand, polemisierte die *Zeit* über Deutschlands »Jugend ohne Charakter«. Obwohl dem Autor Jens Jessen die Einsicht in die möglichen psychischen Ursachen verwehrt blieb, brachte er das Lebensgefühl von Millionen Deutschen auf den Punkt: »Nicht bummeln! Nicht träumen, keine falschen Hoffnungen hegen. Es ist, als ob die Eltern ihre Abstiegsangst gnadenlos an die Kinder weitergereicht hätten.« Egoismus genüge nicht als Erklärung für diese Haltung, »denn auch der Rückzug aufs Private und das ›Ich zuerst‹ sind nur der Ausdruck einer Depression, die von der Zukunft nichts erwartet«. Das gilt nicht allein für die damals Unter-30-Jährigen, sondern auch für ihre Eltern und Großeltern.

Welche Folgen das für unsere Gesellschaft hat, zeigt sich heute in vollem Maß. Die Kinder der Kriegskinder halten die Macht in Händen. Die geburtenstärksten Jahrgänge der Nachkriegszeit prägen in Unternehmen, Parlamenten und Medienhäusern das Selbstbild des Landes. In der Lebensmitte fragen sie sich, warum sich mit wachsendem materiellen Wohlstand partout nicht die erhoffte Gelassenheit einstellt: Warum sind sie häufig ohne erkennbaren Grund niedergeschlagen oder voller Angst? Warum fühlen sie sich einsam, selbst wenn sie unter Menschen sind? Warum haben sie das Gefühl, sie gingen auf schwankendem Grund? Was lässt sie Liebesbeziehungen so schnell als einengend empfinden? Warum glauben sie, nirgendwo wirklich zu Hause zu sein? Was treibt sie an, immerzu Höchstleistungen zu bringen? Warum befriedigen ihre Anstrengungen sie nicht, sondern vergrößern nur die Erschöpfung? Was drängt sie dazu, trotz allem immer mehr zu leisten, immer weiter zu gehen, wenn sie sich zugleich nach nichts mehr sehnen als innerer Ruhe? Nach dem Gefühl, endlich im eigenen Leben anzukommen?

Sehr spät erkennen wir hierzulande: Die Kindheitserlebnisse der Kriegsgenerationen haben sich auf verschlungenen Wegen in ihren Nachkommen festgesetzt. Alte und Jüngere haben dadurch mehr gemein, als sie glauben. Das verdrängte Erbe belastet bis heute Millionen Menschen.

III

Umso dringender ist es, die noch Lebenden zum Sprechen zu bringen. Was erlebten sie? Und wie erlebten sie es? Das ist nicht dasselbe. Wenn die Katastrophe zum Alltag wird, fällt es schwer, das eigene Leid als beklagenswert anzusehen. *So war das halt damals* und *Das haben doch alle erlebt* sind typische Sätze eines traumatisierten Kriegskindes. »Sich selbst nicht so wichtig zu nehmen«, galt im Krieg und Nachkrieg als Tugend. Das eigene Leid geriet unter die Trümmer. Millionenfach mit begraben wurde der Kontakt zu den eigenen schmerzlichen Empfindungen. Wenn sich im

Alter die Korsetts von Arbeit und Alltag lockern, kehren bei Kriegskindern lange verdrängte Erinnerungen zurück: an Feuermeere und Flüchtlingstrecks, an Leichengeruch und Verlassenheit. Viele flüchten sich in Depressionen, denn sie gewähren zweifelhaften Schutz vor den quälenden Erinnerungen. All denen aber, die die Kraft finden, sich der Vergangenheit zu stellen, eröffnet sich die späte Chance, frühe Verletzungen zu betrauern. Geben sie und ihre Umgebung der Trauer Raum, kann daraus etwas Heilsames entstehen. Es würde nicht allein ihnen helfen, Frieden zu finden. Sondern auch ihren Millionen Töchtern und Söhnen.

Immer mehr Kriegsenkel stellen Fragen an die eigene Geschichte, die immer auch Familiengeschichte ist. Trotzdem fällt es ihnen häufig schwer, ihre Eltern zu befragen. Weil sie fürchten, erneut die alten, formelhaften Geschichten zu hören. Weil sie sie nicht bedrängen wollen. Weil sie aufgewachsen sind im Glauben, wer das Leid von Deutschen benenne, der relativiere zwangsläufig das von Millionen Opfern der Deutschen. Weil sie alle Hände voll zu tun haben, Beruf und Familie zu vereinbaren. Oder weil sie fürchten, ihre Wohlstandsnöte würden im Vergleich zu den Sorgen der Alten verblassen.

Das alles kann passieren. Doch birgt Nichthandeln größeren Schaden. Wollen die Kinder der Kriegskinder ihr psychisches Leid nicht in die nächste Generation tragen, müssen sie sich der Ursache ihrer Ängste stellen. Auf einem Kriegsenkel-Kongress in Göttingen 2012 kam die Formel auf: »Die Elterngeneration krempelte die Ärmel auf, um die äußeren Trümmer zu beseitigen. Die seelischen Trümmer zu beseitigen – das ist Aufgabe der Enkel.« Das aber können sie nicht allein, denn die Katastrophe, die sich in ihnen eingeschrieben hat, haben sie nicht erlebt. Ihnen fehlen die Bilder, die ihre Eltern noch kennen. Die Alten müssen den Jungen bei der Suche nach den Seelentrümmern helfen.

Indem ich meine Geschichte erzähle, möchte ich Unverständnis, Frustration und Verbitterung auf beiden Seiten abbauen. Deshalb richtet sich dieses Buch an all jene, die verstehen wollen, was die eigenen Großeltern und Eltern mit ihren Problemen zu tun haben. An meinem Beispiel beschreibe ich, welche frühen Nöte die Alten erlebten und wie sie sich in ihren Nachkommen fortgepflanzt haben. Dafür habe ich Verwandte und Traumatherapeuten befragt, Psychologen, Historiker und andere Kriegsenkel; ich habe wissenschaftliche Studien und Fachbücher gelesen und bin an die Orte gereist, die im Leben meiner Eltern wichtig waren. In vielen Schilderungen werden Sie eigene Erfahrungen wiedererkennen, in anderen weniger. Keine Familiengeschichte gleicht einer anderen, aber sie ähneln einander in ihren Gefühlen, Träumen und Geheimnissen weit mehr, als uns bewusst ist.

Es schmerzt, möglichst unvoreingenommen zu schauen auf das, was Krieg, Not und verdrängte Traumata in den Seelen angerichtet haben und bis heute anrichten. Aber dieser Blick ist heilsam. Selbst dann, wenn die Alten nicht reden können oder wollen, können ihre Kinder und Enkel noch immer viele Antworten finden.

»Die von der 2. an die 3. Generation ›vererbte‹ psychische Erfahrungsgeschichte lässt sich zwar verleugnen, bagatellisieren und bewusst für nichtig erklären – auslöschen lassen sich die Spuren nicht«, schreibt Hartmut Radebold. Der Pionier auf dem Gebiet der Kriegskind-Forschung in Deutschland zieht daraus einen hoffnungsvollen Schluss: »Die dritte Generation besaß und besitzt allerdings die Chance, sich ihrer eigenen Reaktionen bewusst zu werden, um sie zu reflektieren und gegebenenfalls verändern zu können.«

Am Ende steht hoffentlich mehr Verständnis für beide Seiten: für die Nöte der alten Eltern und Großeltern und die ihrer Kinder und Enkel. Darum erzähle ich meine Geschichte.

Fremde Eltern & Fremde Kinder

Was ist bloß schief gelaufen?

I

Natürlich hatte ich schon vor ihrem Tod eine Antwort auf die Frage, wer mein Vater und meine Mutter waren. Hans Lohre redete nicht viel. Er trug Hüte und Halbglatze, und am wichtigsten war ihm seine Ruhe. Sein gesamtes Arbeitsleben verbrachte er bei der Deutschen Post. Als er dort 1946 anfing, lag das Ende des Zweiten Weltkriegs erst ein Jahr zurück, Hans war 15 Jahre alt. Ein einfacher Junge aus Ostwestfalen, katholisch wie fast alle in Steinheim mit seinen mit knapp viertausend Einwohnern. Es war eine Kleinstadt wie tausend andere in Deutschland. Die örtlichen Fabriken, die vor allem Möbel hergestellt hatten, lagen am Boden. Die Erträge der lehmigen Äcker ernährten Menschen, Kühe und Schweine mehr schlecht als recht. Hans war das dritte von fünf Kindern, er hatte drei Brüder und eine Schwester, die einander wenig zu sagen hatten. Zumindest sahen sie einander als Erwachsene vorwiegend bei Familienfeiern: Taufen, Erstkommunionen, Firmungen, Hochzeiten, Beerdigungen. Religion und Erntefolgen gaben den Lebensrhythmus vor. Seine Eltern waren streng blickende Menschen mit von harter Arbeit eingefallenen Wangen. So blicken sie vom einzigen Foto, das ich von ihnen kenne. Sie starben vor meiner Geburt. Ihr Bild stand gerahmt, fremd und rotstichig werdend, im Wohnzimmer.

Hans hatte Glück gehabt. Im Jahr 1931 geboren, war er zu jung gewesen, um in den letzten Kriegsmonaten als Flakhelfer oder im Volkssturm verheizt zu werden. Aber alt genug, um nach dem Volksschulabschluss sofort Arbeit zu finden. Obendrein bei einem soliden Staatsunternehmen, das sogar den Krieg überstanden hatte. In einer Zeit, in der noch nicht jeder Schüler ein Girokonto hatte, brachte der Postbote den Menschen mehr als nur ihre Briefe. Vor allem zahlte er ihnen ihren Wochenlohn aus. Briefträger waren wandelnde Geldautomaten in Uniform, Vertrauenspersonen, die man auf Schnaps oder Kaffee einlud.

Auf einem Volksfest Ende der 50er-Jahre sah Hans eine hübsche junge Frau. Marlies war sechs Jahre jünger als er, sie besuchte Verwandte in seiner Kleinstadt. Sie hatte brünette Locken und überragte mit 1,70 Meter viele der Männer, die sich für sie interessierten – nicht aber Hans. Die beiden schrieben einander Briefchen und Postkarten. Als Kind fand ich den Stapel im Verschlag: einer dunklen, mit einer Pappwand abgetrennten Zimmerecke. Mich interessierte nicht, was meine Eltern lange vor meiner Geburt geschrieben hatten. Mich faszinierten die Briefmarken. 1962 heirateten Hans und Marlies.

Hans zog ins Heimatdorf seiner Braut, hundertfünfzig Kilometer weiter westlich. Ebenfalls katholisch, weiter Blick über lehmige Äcker und sanfte Hügel. Die Hochzeitsfotos – die Braut in Weiß, der Bräutigam mit Pomade im fast vollen, dunklen Haar – zeigen mir fremde Menschen. Sie waren deutlich jünger als ich heute, 31 und 25 Jahre alt. Für damalige Verhältnisse aber waren sie mit dem Heiraten spät dran. Beim Blick auf die Schwarzweißbilder glaube ich, die Anspannung meiner Mutter in ihren Augen zu sehen, aber vielleicht bilde ich mir das ein. Wegen all der Dinge, die danach geschahen. Dass ich als Kind die Umschläge und Postkarten zerschnitt, um an die alten Briefmarken zu kommen, hat sie nie beklagt.

Von den Fotos blicken faltenfreie Menschen aus einem Land vor meiner Zeit. Konrad Adenauer war Bundeskanzler und ein eigener Schwarz-Weiß-Fernseher eine Sensation. Ihre Hochzeitsreise führte meine Eltern an den exotischsten Ort, den sie sich vorstellen konnten: München. Dort bekamen sie nichts mit von der drohenden atomaren Apokalypse, die von Kuba aus die Welt bedrohte. Einfach dadurch, dass sie keine Zeitung lasen.

Meine Mutter gebar zwischen 1963 und 1976 fünf Kinder, ich bin das jüngste. Niemand sonst in meiner Klasse hatte vier Geschwister. Das schien mir das einzig Bemerkenswerte an meiner Familie zu sein. Abgesehen vom Umstand, dass meine Eltern älter waren als die aller anderen Kinder. Mein Vater war bei meiner Geburt 44, meine Mutter fast 39 Jahre alt. Die Eltern meiner Schulfreunde hatten Hobbys, Karrieren, Freunde. Sie stellten Fragen und wollten sogar die Antworten hören. Sie zeigten Interesse am Leben ihrer Kinder, fuhren mit ihnen in Urlaub, manche Paare schienen geradezu glücklich miteinander. Wir fuhren nicht in Urlaub. »Zuviel Wirbel«, befand meine Mutter seufzend, und mein Vater nickte. Dann setzten sie sich vor den Schwarzweiß-Fernseher, der längst veraltet war, und sahen zum hundertsten Mal zu, wie Heinz Erhardt und Hans-Joachim Kulenkampff singend durch Kärnten radelten. Während draußen die 70er-, 80er- und 90er-Jahre kamen und gingen, verharrte unser Haus in den späten Fünfzigern.

II

Wenn ich versuche, mir meine Eltern vorzustellen, als ich Kind war, kommen nur wenige Bilder auf. Sie ähneln Schnappschüssen einer Kleinbildkamera der 70er-Jahre: verschwommen, mit abgeschnittenen Gliedmaßen, Kratzern und ohne erkennbare Reihenfolge. Entweder sehe ich meinen Vater, wie er schweigend am Esstisch saß, wir Kinder darum bemüht, ihn nicht zu reizen. Etwa, indem jemand eine Gabel klirrend zu Boden fallen ließ oder laut redete. Dann lief er rot an und schrie, er wolle seine Ruhe. Dass er die verordnete Stille am lautesten brach, kam niemandem in den Sinn. Meine Mutter blickte mich an mit einer Mischung aus Schmerz, Vorwurf und Angst, der mir sagte: *Musste das sein? Ist denn ein bisschen Ruhe zuviel verlangt? Warum tust du deiner Mutter das an?* Ich hatte meinen Vater erzürnt und damit meine Mutter verängstigt. Was für ein böses Kind ich war. Die Stille, die das Haus daraufhin einnahm, war das Gegenteil von Ruhe: eine Atmosphäre permanenter Anspannung.

Auf einem weiteren Schnappschuss meiner Kindheit sehe ich meinen Vater allein am Wohnzimmertisch sitzen, über ein Kreuzworträtsel gebeugt, während der »Internationale Frühschoppen« mit fünf Journalisten aus vier Ländern rauchend die politische Weltlage klärte. Ansonsten war er weitgehend unsichtbar. Morgens verließ er das Einfamilienhaus, um einer Arbeit nachzugehen, von der er nie berichtete, und kam abends wieder. Nichts war wichtiger als die Einhaltung der Routine. Äußerlich betrachtet, verlief meine Kindheit unspektakulär. Keine großen Krisen, keine Todesfälle – abgesehen von der nebenan wohnenden Mutter meiner Mutter. Kein Jobverlust, nicht einmal ein Umzug oder eine wiederholte Schulklasse. Ein langer ruhiger Fluss.

Als Erwachsener wirkte meine Kindheit auf mich wie hinter Glas verhüllt. Wenn mir Freunde detailliert frühe Erlebnisse schilderten, stand ich ratlos vor ihnen. Wie konnten sie sich an Geschmack und Aussehen eines Eises erinnern, das sie als Vierjährige gegessen hatten? An den Geruch des Ferienhauses, das sie und ihre Eltern vor drei Jahrzehnten bewohnt hatten? An Kindergeburtstage, Ausflüge, Gutenachtgeschichten und Schürfwunden vom Klettergerüst? Und damit an Freude und Traurigkeit, Lachen und Weinen? Ich habe nur spärliche Erinnerungen an meine Kindheit. Die Jahre schienen ereignis- und lautlos dahin geflossen zu sein. Bis heute kann ich mich nicht daran erinnern, ob meine Eltern, meine Großmutter, meine vier Geschwister oder ich je Geburtstag gefeiert haben. Vermutlich nicht, es wäre wohl zuviel Wirbel gewesen. Der Nebel hüllte alles ein.

Meine Mutter schaffte es bis kurz vor meiner Geburt irgendwie, vier Kinder zu versorgen und zugleich einen kleinen Lebensmittelladen zu führen. Ihre Mutter half ihr dabei: eine schleppend gehende Frau mit weißem Haar, seit Ende der 60er-Jahre Witwe. Der Vater meiner Mutter tauchte in ihren kargen Erzählungen als fleißiger Geschäftsmann auf. Er hatte das Haus, in dem wir lebten, gekauft und war mit Anfang 60 an einem Herzinfarkt gestorben. Von den wenigen Fotos, die ich von ihm kenne, blickt ein bebrillter Mann im schweren Anzug. Er erinnerte mich an die freudlos winkenden Politbüromitglieder aus der *Tagesschau*. Die Vergangenheit war eine stumme Welt in Schwarz-Weiß, in der niemand lächelte.

Das kleine Geschäft unserer Mutter lag in dem Zimmer, in dem später der »Internationale Frühschoppen« lief. Sie schloss den Laden, als Mitte der 70er-Jahre selbst in unserem Dorf das Selbstbedienungszeitalter begann. Ein Supermarkt hatte hundert Meter weiter eröffnet. Als ich 1990 14 Jahre alt wurde, entschied meine Mutter, es sei Zeit für sie, wieder arbeiten zu gehen. Sie brauchte das Gefühl, gebraucht zu werden. Und sie sorgte vor für den Spätsommertag im Jahr 1994, an dem mein Vater nach fast einem halben Jahrhundert in Pension ging. Auch diesmal gab es keine Feier. Wie jeden Abend kam er nach Hause, aß schweigend das Graubrot, das er immer aß, setzte sich vor den Fernseher – und fuhr am nächsten Tag nicht mehr zur Arbeit.

Meine Eltern sahen einander tagsüber nur selten. Wenn meine Mutter seufzend berichtete, wie anstrengend der Arbeitstag hinter der Gemüse- und Obsttheke des kleinen, zugigen Einzelhandelsgeschäfts gewesen war, schwang in ihrer Stimme Stolz auf ihren Fleiß mit. Und womöglich Erleichterung darüber, in dieser Zeit nicht zu Hause gewesen zu sein. Im Hinterzimmer des Lädchens hing ein Zettel, auf dem stand: »Ich bin hier auf der Arbeit, nicht auf der Flucht.« Eine Lüge, die sie gern glaubte.

Unsere Mutter strukturierte den Familienalltag. Sie erzog die Kinder, ging mit ihnen zu Elternsprechtagen und Arztterminen, verwaltete das große Haus, hielt Kontakt zu Verwandten – Freunde hatten sie nicht – und sorgte für die dringend benötigte Routine. Ihr Leben lang arbeitete sie hart. Ihre Hände wurden darüber groß und rissig, ihre Silhouette immer schmaler und zarter.

Als ich direkt nach dem Abitur nach Köln zog, um meinen Zivildienst abzuleisten, glaubte ich, noch einmal davon gekommen zu sein. Mit 19 Jahren war ich sicher, meine Kindheit liege hundertfünfzig Kilometer entfernt gründlich verstaut in einem mit Gardinen verhangenen Einfamilienhaus. Ich studierte in Köln, absolvierte Praktika, zog nach Berlin. Dann starb, 65 Jahre alt, Ende 2002 meine Mutter. Nichts schien ihren Herzinfarkt angekündigt zu haben. Es war ein gewaltiger Schock. *Jetzt kann nichts mehr gut werden*, sagte mir eine innere Stimme, aber ich verstand nicht, was das heißen sollte. Also mühte ich mich, sie zu ignorieren. Viel wichtiger schien jetzt ohnehin die Frage: Was sollte aus meinem Vater werden?

Nach dem Tod meiner Mutter konnte ich mir nicht vorstellen, dass er auch nur sechs Monate allein überleben würde. Es wurden fast auf den Tag genau zehn Jahre. So lange stand er morgens auf, aß, was er immer aß, sah auf demselben Platz fern, wo er immer fern gesehen hatte, und wurde immer grauer, kleiner und wunderlicher. Wenn ich ihn besuchte, glaubte ich vorher jedes Mal, ein Thema im Gepäck zu haben, das ihn interessieren würde. Und jedes Mal versiegte das Gespräch binnen fünf Minuten nach meiner Ankunft. Ich hätte es wissen können.

Mitte 2001 war ich für ein Zeitungs-Praktikum nach New York geflogen. Am 11. September stand ich rund neunhundert Meter entfernt, als zwei gewaltige Türme vor einem blauen Himmel brannten und schließlich einstürzten. Als ich meine Eltern einige Monate später besuchte, wollte ich ihnen in Ruhe meine Version der Ereignisse erzählen. Endlich ein Gesprächsthema. Ich erwähnte, dass ich morgens von meinem kleinen Zimmer im Kolping-Wohnheim in die Nähe des World Trade Centers gefahren war. Doch damit war das Interesse meines Vaters an Neuem erschöpft. Er listete auf, was er über den Priester Adolph Kolping wusste: der habe ja Mitte des 19. Jahrhunderts im Rheinland den Katholischen Gesellenverein gegründet, das spätere Kolpingwerk. Guter Mann. Das New Yorker Heim gehöre doch bestimmt dazu. Als mein Vater fertig war, stand er auf und ging aus dem Zimmer. Er hatte einfach vergessen, dass ich ihm etwas erzählen wollte. Oder es war ihm egal. Das ließ sich nur schwer unterscheiden. Zurück blieb ich, trotz aller Erfahrung vor den Kopf gestoßen: Nicht einmal als Augenzeuge des folgenreichsten Terroranschlags des jungen Jahrhunderts konnte ich die Aufmerksamkeit meines Vaters wecken.

Hans Lohre interessierte sich nie sonderlich für andere Menschen – oder sich selbst. Wenn er jeden Abend die Tagesschau guckte, dann vor allem deshalb, weil es sie nun mal gab. Die 20-Uhr-Nachrichten waren eines der vielen unhinterfragten Alltags-Rituale: *Das macht man halt so.* Nach dem Tod meiner Mutter erlosch das Interesse meines Vaters an der Welt fast ganz. Trotzdem hing er zehn leere Jahre lang zäh an einem Leben, mit dem er nichts anzufangen wusste.

Schließlich entschied er sich kurz vor seinem 81. Geburtstag überraschend zu einem Schritt, den er Jahre zuvor verweigert hatte: Er zog in ein nahe gelegenes Seniorenheim, bewohnte in einem umgebauten Bauernhaus ein helles, ruhiges Zimmer mit Blick auf den Wald. Dort schien es ihm zu gefallen. Als ich ihn dort besuchte, wirkte er gelassener denn je, aber auch verwirrt. Als ich mich von ihm verabschiedete, winkte er und rief mir zu: »Tschüss, Willi.« Es waren seine letzten Worte an mich.

Ein Arzt entnahm ihm kurz darauf Blut, um zu testen, ob seine Konzentrationsschwäche an einem verfehlten Medikamenten-Cocktail lag – oder doch Zeichen einer einsetzenden Demenz war. Wir vereinbarten eine Untersuchung durch einen Neurologen. Mit dem Befund »Demenz« wäre es möglich gewesen, meinem Vater die Fahrerlaubnis zu entziehen. Eine Woche vor dem Arzttermin stieg er in seinen blauen kleinen Peugeot und fuhr vom Hof des Seniorenheims.

Ist das eine Antwort auf die Frage, wer meine Eltern waren? Zumindest ist es die Antwort, die ich mir immer wieder selbst gab. Es ist eine Rekonstruktion. Diese besteht aus ein paar biografischen Daten, verblassenden Fotos, stummen Kindheitserinnerungen, einer Handvoll Erlebnissen aus jüngerer Zeit und etwas Internet-Recherche. Nicht viel mehr, als jeder halbwegs Interessierte heute binnen eines Tages über ihm Fremde zusammenstellen könnte. Aber genau so erschienen mir meine Eltern, insbesondere mein Vater, solange ich zurückdenken kann: fremd.

Das, dachte ich lange Zeit, war nicht so schlimm. Ich kannte es nicht anders. Fremd war ich schließlich auch mir selbst.

III

Mich gab es zweimal. Da war der erwachsene Mann, der als häufigstes Urteil über sich hörte, er sei immer so gelassen, aufmerksam und freundlich. Der sieben Tage die Woche arbeitete. Sie wissen schon: die Null-Fehler-Existenz. Doch darunter verborgen gab es ein zweites Ich, und das sah mich völlig anders.

Dieses Ich war unsicher, voller Selbstzweifel und nervös, ohne zu wissen, warum. Manchmal erschien es mir so unwirklich wie ein böser Traum. Es bestürmte das erwachsene Ich immerzu mit Sorgen und Warnungen: *Im nächsten Moment könnte etwas Schlimmes geschehen, und bestimmt wärest du schuld daran.* Das zweite Ich hatte immerzu Angst, ohne zu wissen, wovor, fand nirgends Halt oder Trost. Es erschöpfte sich darin, unglücklich zu sein.

Für dieses Ich schämte ich mich und versuchte alles, es vor der Welt zu verbergen. Schließlich, da war ich sicher, hätte mich niemand verstanden. Ich verstand mich ja nicht einmal selbst. Stattdessen tat ich alles, um zu funktionieren. Manchmal gelang mir das sogar so gut, dass ich selbst glaubte, das verborgene Ich endgültig hinter mir gelassen zu haben. Vielleicht hatte es ja eingesehen, dass all seine Sorgen, Ängste und Verkrampftheiten einfach nicht passten zu dem erwachsenen Mann, der scheinbar fehlerfrei durch seine Welt glitt. Doch es kam immer wieder und fraß sich durch mein Leben.

Als mein Vater starb, begann ich mir dessen erst bewusst zu werden. Umso mehr lenkte das Hin und Her zwischen den zwei Ichs damals mein Leben. Ein typischer Wochentag lässt sich deshalb auch folgendermaßen nacherzählen:

Mühsam stand ich morgens auf und schleppte mich ins Badezimmer. Noch bevor der Tag richtig begonnen hatte, war ich erschöpft. Schon im Halbschlaf hatte ich das Gefühl, ich ließe irgendjemanden im Stich. Ich wusste bloß nicht, wen und wodurch.

Trotzdem funktionierte ich einwandfrei von dem Moment an, in dem ich die Wohnungstür hinter mir zuzog. Lächelnd grüßte ich Nachbarn im Hausflur. Zur Redaktion fuhr ich auf dem Rad, um schon vor der Arbeit etwas zu leisten. Dort angekommen, begann die erste Konferenz. Irgendwie mussten wir über die jüngste innenpolitische Debatte berichten, aber es fehlten geeignete Autoren und originelle Ideen. Unruhe. Sofort erspürte ich die angespannte Stimmung unter den Kollegen. Ich versuchte, gelassen zu wirken, um die Anspannung nicht zu vergrößern, und bot mich als Schreiber an: Ich schuf keine Probleme, ich löste sie.

Doch jeder Erfolg, jedes Lob oder zärtliche Wort schien nicht zu mir zu gehören. Ich glaubte es nicht zu verdienen: *Pass bloß auf, dass die Menschen nicht erfahren, wie du in Wirklichkeit bist: klein, ängstlich und wertlos. Vielleicht wissen sie es sogar bereits – und du merkst es nicht.* Jede schöne Erinnerung, jeder Erfolg wurde rasch schal, ja peinlich. Die nagenden Selbstzweifel hingegen hatten keine Halbwertzeit. Im Gegenteil: Die Zeit ließ sie reifen und wachsen, bis sie alles andere zu überwuchern drohten. Das äußere Ich war freundlich, leistungsfähig und selbstgewiss, das innere Ich hingegen misstrauisch, ängstlich und selbstzweiflerisch. Es kostete mich immer mehr Kraft, beide Seiten in Schach zu halten.

In der Sekunde, in dem ich den Auftrag für den Artikel erhielt, kroch jeden Tag dasselbe Gefühl in mir hoch: Versagensangst. Jedes unüberlegte Wort, jede falsche Bewegung schien etwas Schreckliches anrichten zu können: *Was, wenn mir nichts einfällt? Was, wenn ich keine Ansprechpartner finde, die mir ein passendes Zitat geben? Was, wenn mein Text nicht rechtzeitig fertig wird?* Dabei arbeitete ich schon seit vielen Jahren bei dieser Zeitung, hatte rund tausend Artikel geschrieben. Nie hatte ich die Abgabefrist gerissen. Trotzdem schien die Katastrophe, die mich als Nichtskönner entlarven würde, schon hinter dem nächsten übersehenen Detail auf mich zu warten.

Am Nachmittag lieferte ich den Artikel pünktlich ab. Rätselhafterweise hatten sich wieder einmal rechtzeitig

Ansprechpartner gefunden. Das Desaster war aufgeschoben – bis zum nächsten Tag. *Eigentlich*, sagte ich mir, als ich den Schreibtisch aufräumte und meine Jacke anzog, *geht es dir doch gut. Du hast doch alles. Stell dich also nicht so an. Tu nicht so, als seist du erschöpft. Anderen geht es viel schlechter.*

Und so plagten mich Schuldgefühle, ohne zu wissen, wem ich etwas schuldete, und wie ich es wieder gut machen konnte.

Ich war so voller Versagensängste, dass ich glaubte, sie und ich seien eins.

Ich traf jeden Tag ungezählte Entscheidungen – und fühlte mich wie ferngesteuert.

Ich war unglücklich, aber verstand es nicht, weil ich es nicht anders kannte.

Ich bekam erste graue Haare – und hatte das Gefühl, mein Leben habe noch nicht begonnen.

Ich war mir selbst fremd.

All das bräuchte niemanden sonderlich zu interessieren, spiegelte es nicht bis ins Detail das Lebensgefühl vieler Kriegsenkel: die Fremdheit gegenüber den Eltern; die Unsicherheit darüber, wer man selbst ist; die ständigen Versagensängste; die diffusen Schuldgefühle; der Glaube, nirgendwo wirklich hin zu gehören; der Drang, immer noch mehr leisten zu müssen, ohne zu wissen, wozu; die quälenden Selbstermahnungen; und schließlich die tiefe Sehnsucht, endlich irgendwo an- und zur Ruhe zu kommen.

Die Geschichte meiner Eltern ähnelt der von Millionen Kriegskindern. Meine Geschichte erzählt davon, was die

Traumata der Kriegskinder mit deren Kindern machen. Und davon, wie die längst Erwachsenen endlich Frieden mit ihren Eltern schließen können – selbst, wenn diese nicht mehr leben. Denn ich habe es erlebt.

Meine Suche nach dem Erbe der Kriegsenkel beginnt mit einem Anruf in einer Kleinstadt, die aussieht wie tausend andere in Deutschland.

Erster Weltkrieg & die Folgen

Wann entstanden die ersten Traumata?

I

Ohne den Anruf wüsste ich nicht, wo ich anfangen sollte. Hätte der Mann am anderen Ende nicht abgenommen, lenkte ich jetzt kein Auto von Berlin nach Ostwestfalen: in die Kleinstadt, in der mein Vater geboren wurde und aufwuchs. Aber Johannes Waldhoff hat den Hörer genommen und einen Satz gesagt, der mich hoffen lässt.

So fremd wie mein Vater erscheint mir auch sein Heimatort. Ein Vierteljahrhundert lang habe ich Steinheim in Westfalen nicht mehr besucht. Das bislang letzte Mal muss ich als 14-Jähriger bei einer Familienfeier hier gewesen sein. Taufen, Erstkommunionen, Firmungen, Hochzeiten, Beerdigungen: Die Kirche lieferte die einzigen Anlässe, die meine Eltern verlässlich zwangen, ihre Alltagsroutine zu unterbrechen, um Verwandte zu besuchen. Zwei Brüder und eine Schwester meines Vaters lebten noch hier, sein ältester Bruder war seit Langem tot. Visiten bei ihnen waren Last, nie Lust. Aber was bereitete meinem Vater schon Freude?

An seine Heimatstadt habe ich nur vage Erinnerungen: Bilder der schier allgegenwärtigen Backsteinfronten und Spitzdächer der norddeutschen Tiefebene, dazwischen die Rundbögen der Eingänge alter Bauernhäuser. Im Zentrum eine Kirche, davor ein kleiner Marktplatz, eine leere Fußgängerzone, viel grauer Himmel. In meiner Kindheitserinnerung ist immer herbstlicher Sonntagnachmittag.

In Wirklichkeit kann es so natürlich nicht sein. Die Kleinstadt hat heute rund 12.000 Einwohner, eine direkte Bahnverbindung nach Hannover und Neubaugebiete voller junger Familien. Halt gibt ein dichtes Netz aus Kirchengruppen, Schützenvereinen und Freiwilliger Feuerwehr. Hier ist man stolz auf eine 150 Jahre währende Tradition des Möbelhandwerks. So zumindest habe ich es mir angelesen.

Warum also sind meine Erinnerungen an diesen Ort so blass und grau? Weil mein Vater nie zeigte, was er beim Besuch empfand. Freute er sich, seine Geschwister zu sehen? Sträubte er sich innerlich dagegen? Ärgerte er sich über etwas, das sie taten oder sagten? Niemand erklärte mir, warum wir irgendwo hin fuhren, obwohl meine Eltern sich keine Mühe gaben zu verbergen, wie wenig Lust sie darauf hatten. Warum brachen wir trotzdem auf, nur um auf der Hinfahrt ängstlich zu schweigen, weil mein Vater am Steuer noch schneller nervös wurde als sonst? Und warum trafen wir am Ziel auf Menschen, die sich ebenso wenig über unsere Ankunft zu freuen schienen wie meine

Eltern? Doch in der Welt meiner Kindheit gab es kein Warum. Mein Vater besuchte die Kleinstadt, weil man das halt machte. Man tat, was man musste.

Seine Eltern waren seit Langem tot, begraben auf dem örtlichen Friedhof. Ich habe sie nie kennengelernt. Meine Großeltern waren mir so fremd wie Gleichaltrigen ihre Urgroßeltern. Seine Geschwister – wortkarge Menschen, die einander auch nach langer Trennungszeit nur mit Handschlag begrüßten – interessierten sich nicht für Kinder. Ich kann mich nicht daran erinnern, dass sie mir je eine Frage gestellt hätten. Schulfreunde von mir spielten mit ihrem Opa Tennis. Meiner war 1889 geboren worden, im selben Jahr wie Adolf Hitler.

Heute sind drei der vier Geschwister meines Vaters tot, nur der jüngste Bruder Willi lebt noch, hier in Steinheim. Seine Telefonnummer ist in meinem Handy gespeichert, aber ich zögere, ihn anzurufen. Das letzte Mal haben wir einander auf der Beerdigung meines Vaters gesehen. Damals hielt er mir und meinen Geschwistern vor, wir hätten uns zu wenig um seinen Bruder gekümmert. Ausführlich male ich mir Vorwürfe aus, die mein Onkel mir heute machen könnte, wenn ich ihn anriefe: *Wie konntest du es zulassen, dass Hans in seinen Wagen stieg und losfuhr? Wo warst du, als er ins Seniorenheim umzog?* Dahinter vermute ich einen noch schwerer wiegenden, unausgesprochenen Vorwurf: *Hättest du dich mehr um deinen Vater gekümmert, würde er heute noch leben.* Nie käme es meinem Onkel da in den Sinn, mir bei meiner Suche zu helfen. Ich projiziere Selbstvorwürfe auf einen mir nahezu Unbekannten. Mein inneres Ich, das diese Vorwürfe produziert, versuche ich mit Zahlen zu besänftigen: Die Brüder trennen zwölf entscheidende Lebensjahre. Über die Vorkriegs- und Kriegskindheit meines Vaters kann mein Onkel nichts wissen, weil er erst 1943 geboren worden ist.

Wahrscheinlich hätten die fünf Geschwister mir nicht sagen können, ob sie einander ablehnten, mochten, geschweige denn liebten. Mit Sicherheit hätte mein Vater es nicht gekonnt. Er war Emotionen gegenüber blind, nahm sie weder bei sich noch bei anderen wahr. Er war da – und auch nicht. Sein Inneres schien irgendwie grau zu sein. Also der Selbstwahrnehmung ähnlich, die viele Kriegsenkel beschreiben.

Wie in Millionen anderer Familien, so übertrug sich auch bei uns der Trübsinn der Eltern auf die Kinder. Was ließ meinen Vater blind für Gefühle werden? Dahinter steht eine allgemeine Frage: *Wann entstanden die ersten Traumata der Kriegskinder?*

Antworten erhoffe ich mir von einem silberhaarigen, hageren Mann. Zwei Wochen zuvor hat er morgens um 9 Uhr den Telefonhörer abgenommen und gesagt: »Waldhoff.«

Es klang, als habe er ein anderes Telefonat erst Sekunden zuvor beendet.

»Hallo, Herr Waldhoff. Mein Name ist Matthias Lohre. Haben Sie kurz Zeit?«

»Ich hab' nie Zeit.«

»Oh ...«

»Was gibt's denn?«

»Ich habe über Sie gelesen. Sie waren viele Jahre Stadtheimatpfleger. Sie wissen alles über die Geschichte Ihrer Region ...«

»Hm ...«

» ... und Sie sind nur zwei Jahre jünger als mein Vater. Der wurde 1931 in Steinheim geboren und ist dort aufgewachsen. Ich weiß, die Chance ist sehr gering, dass Sie etwas über ihn wissen. Er ist vor langer Zeit weggezogen. Aber vielleicht ...«

»Wie heißt er denn?«

»Hans Lohre.«

Stille in der Leitung. Ich wappnete mich für die nahe liegende Antwort: Er könne ja nicht jeden kennen, der irgendwann hier gelebt hat. Erst recht nicht, wenn er vor so langer Zeit fortgezogen ist. Dann sagte Waldhoff:

»Das war doch eins von den fünf Lohre-Kindern aus dem Ort. Der Mittlere, der einzige Schlanke. Hat bei der Post gearbeitet. Ist vor einiger Zeit auf der Autobahn verunglückt.«

Einen Moment lang konnte ich nicht sprechen: Nach all diesen Jahren gab es da draußen, nur einen Anruf entfernt, einen mir Unbekannten, der sich an meinen Vater erinnerte. An diesen unauffälligen Mann, von dem ich lange angenommen hatte, er habe sogar in mir keine Spuren hinterlassen. Ich hatte eine Spur!

»Über den weiß ich nicht viel«, sagte die Telefonstimme. »Zog irgendwann weg. ’62 oder ’63.«

»Ja! ’62 hat er geheiratet und ist ins Dorf seiner Frau gezogen!« Ich redete lauter, als ich wollte. Als fürchtete ich, die neu gefundene Verbindung zur Vergangenheit könne jederzeit abreißen.

»Hm, ja, gut«, sagte der Mann, der nie Zeit hat: »Was wollen Sie denn wissen?«

II

Wegen dieses Anrufs wage ich zu hoffen, während die Kleinstadt immer näher kommt. Mein Vater erlebte eine ähnliche Kindheit wie mein Gesprächspartner. Mit ihm darf ich einen Blick in eine Zeit werfen, die ich für verschüttet gehalten habe. Der Tod muss nicht das Ende aller Hoffnung auf Einsicht sein. Am Seitenfenster rauscht die Ausfahrt zur Autobahn-Raststätte vorbei, an der mein Vater seine letzten Minuten verbrachte. Mir vorzustellen, was dort geschah, fällt mir schwer.

Als ich in Steinheim ankomme, ist der Himmel grau, die Innenstadt fast leer. Auf der Hauptstraße fahren Kleinwagen auf dem Weg zum Supermarkt am Stadtrand, nur Kinder und Greise gehen zu Fuß. Alteingesessene Einzelhändler wie der Metzger (»Ihr Fleischerimbiß … immer im Trend!«) pflegen Mittagsruhe. Alte Wohnhäuser zeigen stolz ihre Jahrhunderte alten Fachwerkgerippe, Kriegszerstörungen gibt es kaum. Eine schläfrige, besenreine Kleinstadt. Was hoffe ich hier zu finden?

Viele Berichte von Kriegsenkeln, die nach Ursachen für ihr Leid suchen, enden mit der Entdeckung lange tabuisierter Ereignisse: einer schamvoll verschwiegenen Vergewaltigung, dem nie betrauerten Tod von Verwandten auf der Flucht, verdrängten Todesängsten im stickigen Luftschutzkeller. Aus dem Dunkel der Familiengeschichten treten eindeutig benennbare, manchmal gar mit Datum versehene

Geschehnisse, die über Generationen nachhallende Traumata ausgelöst haben. Ihre Entdeckung führt zu Schmerz, aber auch zu lange ersehntem Verständnis. So schlimm es klingt: So eine Geschichte würde ich auch gern ausfindig machen. Endlich kein diffuser Nebel mehr, sondern klare Ursache und klare Wirkung.

Doch über Steinheim ließen britische und amerikanische Flugzeuge im Zweiten Weltkrieg nur wenige Bomben fallen. Beim Einmarsch alliierter Truppen im Frühjahr 1945 fiel Steinheim nahezu kampflos. Die Kindheit meines Vaters scheint frei gewesen zu sein von der Angst von Millionen Großstadtkindern, die in Bunker flüchteten, weil Unbekannte sie töten wollten.

Mir kommen Zweifel. Mein Vater war emotional unerreichbar: Mal schwieg er vor sich hin, mal schrie er. Beides wirkte auf mich beängstigend und rätselhaft. Aber warum wurde er so, wenn weder Bombenkrieg noch Verfolgung, Vertreibung oder der Tod naher Verwandter als Gründe her halten können? Will ich einem Toten eine Opferbiografie zusammenfantasieren, damit ich mich nicht mehr so schlecht fühle, weil er nicht so liebevoll war, wie ich es gern gehabt hätte? Suche ich keine Erklärungen für den Charakter meines Vaters, sondern Ausreden für meinen eigenen?

Schließlich kommt ein weiß gestrichenes, dreistöckiges Portal in Sicht: die schmucke Front einer ehemaligen Möbelfabrik. Heute birgt es ein kleines Museum. Mein Gesprächspartner will mich dort treffen, wo sich die Geschichte seiner Heimat symbolisch bündelt.

Kurz darauf stehe ich in einer umgebauten Fabriketage. Um mich herum zeugen schwere alte Holzschränke und Vitrinen von 150 Jahren Möbelhandwerk. Dessen Niedergang begann vor einem halben Jahrhundert. Eine jüngere Generation sehnte sich nach leichteren, helleren und preisgünstigeren Produkten. Die wuchtigen Vitrinen in Dunkelbraun müssen ihr erschienen sein als Symbole der bleiernen Schwere ihrer Elternhäuser, der sie entfliehen wollte.

Waldhoff eilt herein, Aktenordner und Bücher unter beiden Armen. Die ersten Worte, die er an mich richtet, als er mich sieht, sind: »Setzen Sie sich. Was genau wollen Sie wissen?« Johannes Waldhoff, Jahrgang 1933, feste Stimme, gebeugter Gang, hat viel zu tun. Seit zwanzig Jahren ist der ehemalige Versicherungsvertreter in Rente, aber nicht im Ruhestand. Er hat akribisch recherchierte Bücher über die Geschichte der Stadt geschrieben. Das private Möbelmuseum gibt es auch wegen seiner Hartnäckigkeit. Waldhoff zeigt die Rastlosigkeit, den Leistungswillen und die Faktenliebe vieler Kriegskinder. Leben und Arbeit sind eins.

»Wir sind miteinander verwandt«, sagt er, ohne auf eine Reaktion zu warten, »über ein paar Ecken.« Kein Wunder in einem Ort, in dem zu seiner Geburt weniger als 4.000 Menschen lebten. Schnell zeigt sich: Die Kindheiten meines Vaters und die Waldhoffs ähneln einander noch mehr, als ich erwartet habe. In beiden Fällen waren die Väter gelernte Möbeltischler, die als Soldaten in den Ersten Weltkrieg gezogen waren und ihn überlebt hatten. Beide hatten vier Geschwister. Sie besuchten dieselbe Volksschule, durchstreiften dieselben holprigen Gassen. Beide lebten in alten

Häusern mit Außentoilette, besuchten dieselbe katholische Kirche und wurden dort auf denselben Vornamen getauft. Bis heute betont Waldhoff Wörter wie »Jahre« auf der letzten Silbe (»Jahré«), »Lebensmittel« und »Bürgermeister« auf der zweitletzten – ostwestfälischer Zungenschlag. Die Augen meines Gegenübers haben das Graublau meines Vaters, die Wangen das Zartrosa des Alters. Waldhoff ist vielleicht der einzige Mensch, der mir noch sagen kann, was mein Vater in seiner Kindheit unterm Hakenkreuz erlebt hat.

Die gängige Antwort kenne ich natürlich: Nach der Machtübernahme der Nazis 1933 wurden schon die Jüngsten gedrillt. Das Grundschul-Turnen wandelte sich zu einer Wehrübung. Heimatkunde und Deutschunterricht nahmen zusammen elf Wochenstunden ein, Rassenlehre, Führerverehrung und Mannschaftsgeist wurden Klassenziel. Im Deutschen Jung-Volk wurden schon Zehn- bis 14-Jährige paramilitärisch gedrillt. Vierzehn- bis achtzehnjährige Hitler-Jungen sollten nach dem Willen ihres Führers »schlank und rank sein, flink wie Windhunde, zäh wie Leder und hart wie Kruppstahl«. Im Bund Deutscher Mädel (BDM) wurde Mädchen das Ideal der gehorsamen Ehefrau und Mutter eingeschärft. So steht es in den Geschichtsbüchern. Doch diese Fakten allein erklären nicht, wie die ersten Jahre des Dritten Reichs meinen Vater geprägt haben: Hat er als Kind gelitten, oder imponierten ihm Pathos und Tschingderassa der braunen Herren? Traf beides zu?

Steht das Lehrbuchwissen unverbunden im Raum, entsteht zudem leicht der Eindruck, als habe die Nazi-Herrschaft alle gängigen Erziehungsvorstellungen umgekrempelt. Doch so einfach ist es nicht.

Wie erlebten Sie Ihre HJ-Zeit, Herr Waldhoff?

Er lehnt sich vor, zuckt die Achseln und sagt:

»Da muss ich Sie enttäuschen: Wir Kinder sahen das als großes Abenteuer.«

Enttäuschen? Waldhoff glaubt offenbar, einer bestimmten Erwartung an die »richtige« Antwort gerecht werden zu müssen. Als ginge ich davon aus, ein bei Kriegsende elf Jahre alter Junge müsse die Nazi-Ideologie schon damals verstanden und offen abgelehnt haben!

Dieser Vorbehalt gegenüber Fragen Jüngerer ist unter Kriegskindern weit verbreitet. Sie scheuen auch deshalb das Gespräch über ihre traumatischen Erfahrungen, weil sie fürchten, bei ihren Söhnen und Töchtern auf taube Ohren zu stoßen. Beide Seiten hegen nachvollziehbare Ängste. Schon bald nach dem Krieg rechneten viele Deutsche das eigene Leid auf gegenüber dem von Juden, Kriegsgefangenen und anderen Opfern der deutschen Barbarei. Etwa durch Sätze wie *Im Krieg passieren nun mal schlimme Dinge.* Wenn die Katastrophe zum Alltag wird, fällt es schwer, eigenes und fremdes Leid als beklagenswert anzusehen. Die bewusste Erinnerung an die Seelennot geriet unter die Trümmer. Millionenfach mit begraben wurde der Kontakt zu den eigenen schmerzlichen Empfindungen.

Die Einsicht allein ist nicht neu. Schon 1967 prägten Alexander und Margarete Mitscherlich mit ihrem gleichnamigen Buch das Wort von der »Unfähigkeit zu trauern« der Nachkriegsdeutschen. Die beiden Psychoanalytiker hatten dabei aber vor allem jene Deutschen im Blick, die im Namen von Führer und Vaterland enorme Verbrechen verübt oder geduldet hatten. Und die nun, ihres Erlösers und ihrer Ideale beraubt, sich vor der Vergangenheit verschlossen.

Deren Söhne und Töchter wiederum – die Kriegskinder – berichteten häufig formelhaft von ihren Erlebnissen: *Wir kannten es ja nicht anders. Wir haben das ja gar nicht so mitgekriegt. So war das halt damals.* Oder: *Das haben doch alle erlebt.* Abschließende Sätze, um den Horror auf Distanz zu halten. Der Ausnahme- wird zum Normalzustand erklärt. Die Auseinandersetzung mit persönlicher Schuld, Scham und Angst, etwa in Psychotherapien, wurde nie zur Sache der Millionen Durchschnittsdeutschen. Die Kriegsgeneration und ihre Kinder verschlossen sich vor ihren Erinnerungen – und damit vor sich und ihren Nächsten.

All das hält noch heute viele Kriegsenkel davon ab, die Alten nach ihren Erinnerungen zu befragen. Sie erwarten nicht mehr, die Wahrheit zu hören. Doch im Alter kehren bei vielen Kriegskindern lange verdrängte Erinnerungen zurück – und sie wollen reden. Ihren Kindern wiederum fällt es allerdings häufig schwer zuzuhören: weil sie fürchten, schon wieder die alten, formelhaften Geschichten zu hören. Weil sie aufgewachsen sind im Glauben, wer das Leid von Deutschen benenne, der relativiere zwangsläufig das von Millionen Opfern der Deutschen. Weil sie alle Hände voll zu tun haben, Beruf und Familie zu vereinbaren. Oder weil sie fürchten, ihre Alltagsnöte wirkten im Vergleich zu denen der Alten wieder so unwichtig wie in ihrer Kindheit. Die

Sorgen sind verständlich. Doch das Schweigen der Eltern und Großeltern dauert schon viel zu lange.

Die Kriegsenkel sind heute häufig selbst Eltern. Um ihre ererbte Seelennot nicht in die nächste Generation zu tragen, warnen Traumaforscher, müssen sie sich den Ursachen ihrer Ängste stellen. Das können sie nicht allein, denn die Katastrophe, die sich in ihnen eingeschrieben hat, haben sie nicht erlebt. Ihnen fehlen die Bilder, die ihre Großeltern, Eltern, Tanten und Onkel noch kennen. Seit einigen Jahren nimmt die Scheu der Jüngeren ab. Schlicht auch deshalb, weil nur noch wenige Menschen leben, die die Zeit des Nationalsozialismus als Erwachsene erlebt haben. Die Kriegskinder, die zu jung waren, um zu Tätern zu werden, werden zur ältesten lebenden Generation. Die Gesprächshemmungen schwinden. Im Jahr 2012 veranstaltete die Universität Göttingen den ersten Kriegsenkel-Kongress. Eine Voraussetzung für das Gespräch der Generationen formuliert der Psychoanalytiker Harald Kamm, der an der Universität München Studien zur Erforschung von Kriegskindheiten geleitet hat, so: »Eine Untersuchung der deutschen Kriegskindheit und ihrer Folgen muss sich immer vergegenwärtigen, dass es nicht um eine Aufrechnung des Erlittenen gehen darf und kann.« Das Leid des einen löscht das Leid keines anderen aus.

Waldhoff weiß das. Zu seinen Büchern zählt eines über die Geschichte der jüdischen Gemeinde im Ort, und 2013 organisierte er im Möbelmuseum eine Ausstellung über Juden in Steinheim. Er will nichts schön reden, wenn er sagt:

»Wir machten beim Jungvolk mit, weil es Spaß machte – und weil es nichts anderes gab.« Waldhoff schlägt ein Fotoalbum auf. Uniformierte Dorfjungs posieren in Reih und Glied, die Hände an der Hosennaht, für die Kamera. Gemeinsam erkundeten sie die umgebenden Wälder und Wiesen, sammelten Kräuter und bestimmten Baumarten. Bis zu zwei Schultage gingen dafür pro Woche drauf. Die Jugendorganisationen der Nazis waren auch deshalb so beliebt, weil sie Drill mit dem Versprechen von jugendlicher Freiheit und Auserwähltheit verbanden. Wer sich in die neue Ordnung einfügte, galt etwas: Kinder ebenso wie Weltkriegs-Teilnehmer und die Bauern, die in der »Blut und Boden«-Ideologie der Nazis eine zuvor ungekannte Wertschätzung erfuhren.

Wie berauschend muss die Erfahrung für meinen Vater gewesen sein! Er war das mittlere Kind einer einfachen Familie vom Land; Sohn eines Mannes, der von 1914 bis ’18 Soldat gewesen war, und der in den Hunger- und Krisenjahren nach dem Ersten Weltkrieg die Möbeltischlerei aufgegeben hatte, um Kühe und Schweine zu halten. Nun sagte ihm eine von Erfolg zu Erfolg eilende Bewegung: *Du gehörst zu uns.*

Detailreich erzählt Waldhoff von heiteren HJ-Ausflügen in die nahen Wälder und vom zähen Widerstand traditionsreicher katholischer Vereine gegen ihre Zerschlagung. Letzteres ist ihm wichtig, sein Vater war Kirchenküster. Die meisten Kleinstadtbewohner scheinen lange von äußeren Schicksalsschlägen verschont geblieben zu sein. Die meisten machten mit, manche murrten, aber alles in allem nahmen sie die neue Herrschaft hin wie einen Wechsel der Jahreszeiten.

Der einzige offene Gewaltakt traf die jüdische Gemeinde. Wie im ganzen Reich, so zerstörten SA-Trupps auf Befehl von Propagandaminister Joseph Goebbels auch in Steinheim im November 1938 die Synagoge. Waldhoff sah als Vierjähriger, wie im Jahr darauf das niedergebrannte Gotteshaus abgerissen wurde. Die örtliche Zeitung schrieb: »Bekanntlich sind durch die Sprengung der Synagoge Schäden entstanden. Nach dem Gesetz hat die Synagogengemeinde für diese aufzukommen. Sie ist nun bereit, das Grundstück abzutreten, wenn diese die Kosten übernimmt.« Die Juden wurden entrechtet, enteignet und verjagt nach den Buchstaben des Rechts. »Erst viel später«, sagt Waldhoff, »habe ich verstanden, was da passiert war.«

Bin ich auf der falschen Fährte? Stochere ich im Nebel der Lokalgeschichte nach einem verborgenen Trauma, das es nicht gibt? Die Spurensuche in der Kleinstadt ist meine einzige Chance, Antworten zu finden. Denn die vagen Erinnerungen an die Anekdoten, die Onkel und Tanten einander angetrunken erzählten, haben mich nicht weiter gebracht. In diesen rätsel- und lückenhaften Erzählungen war stets eine Person X aufgetreten und hatte irgendwas getan. Dagegen hatte Y protestiert. Schließlich lenkte X oder Y ein. Ende der Geschichte. Onkel und Tanten nickten wissend, hoben ihr Glas – und ich verstand nichts. Solche Geschichten blieben mir als Kind unverständlich, weil ich deren Akteure, ihre Hoffnungen, Ängste und die Welt, in der sie lebten, nicht kannte. Sie lagen verborgen hinter einem Nebel aus Worten. Aber warum?

Weil die Wahrheit nur erträglich war, wenn sie in Andeutungen daher kam. Auch Waldhoff erzählt Anekdoten, die zunächst banal klingen, weil die Pointe fehlt. Da ist beispielsweise die Geschichte vom tapferen Priester des Ortes. Der habe sich trickreich geweigert, auf Befehl der neuen Nazi-Regierung die Kirchenglocken läuten zu lassen. Mal versteckte er das Glockenseil, mal den Schlüssel zur Kirchentür. In der Geschichte vom wackeren Geistlichen geht es nur vordergründig um ein Versteckspiel zwischen zwei Menschen. Das Wichtigste blieb ungesagt: Natürlich gab der Priester irgendwann auf. Zwischen den Zeilen scheint die Verbitterung darüber auf, dass der katholische Widerstand über Einzelaktionen selten hinaus ging. Den Erzählungen fehlt das Gefühl, weil zu fühlen bedeuten würde, Schmerz zu spüren.

Doch speichern wir Erfahrungen und Informationen viel besser, wenn wir eine Emotion mit ihnen verbinden. So geht es mir auch mit einer der wenigen Szenen, die aus dem Nebel meiner Erinnerung herausragt: Als ich Grundschüler war, sagte mir mein Vater, sein Volksschullehrer habe den Kindern mit einem Stock auf die ausgestreckten Finger geschlagen. Entsetzt blickte ich auf die geäderte, kräftige Hand meines Vaters und versuchte vergeblich mir vorzustellen, dass sie einmal einem Kind wie mir gehört hatte.

Im Museum kommt mir eine Idee:

Herr Waldhoff, wurden Sie in der Schule geschlagen?

Mein Gegenüber schaut von einem Aktenordner auf. Seine graublauen Augen blicken mich an, als hätte ich gefragt, ob die Erde unten ist und der Himmel oben. Dann ergreift er ein Fotoalbum. Während er blättert, sagt er:

»Wir hatten einen Lehrer, der war für mich das Grauen schlechthin. Was Schlimmeres gab's gar nicht. Ich wurde jeden Tag mit dem Nussknüppel verdroschen. Der war aus

Nussholz, schön gerade aus der Hecke geschnitten. Außerdem hatte er einen Rohrstock. Jeden Tag, jeden Tag und jeden Tag bekam ich meine Naht.«

Warum?

Wieder blickt Waldhoff irritiert: »Für nix und wieder nix.« Er legt das Album beiseite und steht auf. »Das«, er zeigt auf den Tisch vor ihm, »war die Bank. Da wurde der Schüler drauf gelegt. Und dann: Tock, tock, tock. So.« Waldhoff lässt einen unsichtbaren Knüppel auf einen unsichtbaren Kinderhintern niedergehen. »Danach rieb man sich den Hintern, weil das ja schmerzte, und die anderen Kinder lachten.« Die Acht- und Neunjährigen waren froh, verschont geblieben zu sein. »Bei diesem Lehrer hat es Monate gegeben, in denen kein Tag verging, an dem ich keine Schläge kriegte.« Kein anderer Lehrer habe so geprügelt.

Waldhoff setzt sich und findet nach kurzem Suchen ein altes Gruppenfoto: drei reserviert blickende Frauen in schwarzen, hoch geschlossenen Kleidern und fünf ebenso zurückhaltende Männer in dunklen Anzügen. Das Kollegium der örtlichen Volksschule. Waldhoff zeigt auf den Mann ganz rechts: »Das war er.«

Ich schaue ins Gesicht des Fremden: Schnauzbart, volles dunkles Haar, Seitenscheitel, fester Blick. Die linke Hand hinterm Rücken, das rechte Bein etwas vorgestreckt. Eine Offizierspose im Straßenanzug. Das muss er sein. Dieser Mann hat das wehrlose Kind, das einmal mein Vater werden sollte, geschlagen. Immer wieder. Das Kollegium wusste es, die Eltern wussten es, das halbe Dorf. Nichts geschah. Die Prügelstrafe war ordnungsgemäße Erziehungsmaßnahme. Aber der Mann auf dem Foto schlug noch härter, häufiger und willkürlicher zu als damals üblich. »Das war ihm ein inneres Bedürfnis, Macht auszuüben«, sagt Waldhoff. Noch Jahre später fragte er sich: »Was war eigentlich los mit dir, dass er es auf dich abgesehen hatte?«

Mein Gesicht und meine Hände werden warm vor Wut. Am liebsten stiege ich ins alte Foto, um den Lehrer anzuschreien: *Du Dreckskerl hast die Kinderseele meines Vaters malträtiert – noch bevor die ersten Bomben fielen und Menschen im Zweiten Weltkrieg starben. Du Sadist mit Pensionsanspruch hast Sechs- bis Fünfzehnjährige durch Prügel dazu gebracht, sich schuldig zu fühlen, dabei warst du der Einzige, der Schuld auf sich lud. Wer weinte, erntete deinen Hohn und den der Mitschüler.* Wer in dieser Welt nach dem Warum fragte, blieb ohne Antwort. Ich atme tief ein und lehne mich zurück. Führten solche Kindheitserfahrungen aber auch zu einem Trauma?

Im Kern ist jede Erfahrung traumatisch, die alle körperlichen und geistigen Abwehrmechanismen eines Menschen überrennt und diesen dadurch dauerhaft verändert. Je jünger ein Kind, desto schwächer entwickelt ist diese Abwehr. Beispielsweise hat ein Säugling noch nicht genügend Erfahrungen gesammelt, um einschätzen zu können, ob seine Mutter, von der er vollkommen abhängig ist, bald zurückkommen wird. Er gerät schnell in Angst und braucht den Zuspruch einer Bezugsperson, um sich zu beruhigen. Mit zunehmendem Alter wachsen unsere Fähigkeiten und Erfahrungen. Wir können besser abschätzen, welchen Reizen wir uns aussetzen können und welche wir lieber meiden.

Trotzdem können traumatische Erfahrungen in jeder Lebensphase entstehen. »Durch die Angst«, erklärt der Frankfurter Psychoanalytiker Werner Bohleber, »wird der seelische Schutzschild durchbrochen, der Organismus durch nicht zu bewältigende Qualitäten von Erregungen überflutet, wodurch das Ich in einen Zustand völliger Hilflosigkeit gerät.« Unser tief verwurzelter Drang, zu fliehen oder zu kämpfen, wird gelähmt: Wir erstarren. »Das hilflos überwältigte Ich gibt auf, Schmerz- und Affektüberflutung werden blockiert, eine psychische Lähmung mit einer progressiven Blockade mentaler Funktionen tritt ein.« Im akuten Schockzustand speichert das Hirn keine Informationen mehr, die es später abrufen könnte. Das Trauma selbst ist ein zerstörerisches, schwarzes Nichts ohne Namen: »Die Folge ist das Erleben absoluter innerer Einsamkeit und äußerster Trostlosigkeit. Damit wird auch die Fähigkeit zerstört, die Kernerfahrung des Traumas zu erzählen.« Spätere Beschreibungen drehen sich stattdessen häufig um scheinbar Nebensächliches, meist das, was zuvor oder danach geschah.

Traumata brechen häufig wieder auf: in Flashbacks, Albträumen und scheinbar unzusammenhängenden Symptomen. »Die Wiederholung trägt den Charakter des Unbegriffenen und Einbrechenden, aber sie ist auch der Versuch des Ichs, das Unbegreifliche in den Griff zu bekommen und zu bewältigen. Der Traumatisierte versucht nachträglich, das reine Trauma zu zähmen und zu mildern, indem er ihm einen Namen gibt.« Wir wollen das uns völlig Unverständliche irgendwie begreiflich machen. Doch die Geschichten, die wir uns selbst erzählen, sind häufig so genannte Deckerinnerungen. Sie sollen von der demütigenden, brutalen Sinnlosigkeit des Traumas ablenken. Als ich als Grundschüler auf die ausgestreckte Hand meines Vaters blickte, klagte er nicht. Er schimpfte nicht auf seinen Lehrer, sondern sagte: »Ich war halt auch faul. Hab' nie gern gelernt.« Irgendwie hatte er die Schläge also doch verdient. So hatte er sich eine Erzählung zurecht gelegt, mit der er leben konnte.

Hilflosigkeit und Willkür zu erfahren, schockiert Menschen in ihrem Innersten: Nichts ist mehr sicher. Um dieser Erfahrung zu entgehen und sich mächtig fühlen zu können, nehmen Menschen mit Gewalterfahrung oft die Rolle des Prügelnden an. Als Erwachsene schlagen sie überdurchschnittlich häufig selbst zu. Die stehende Wendung »Es hat mir nicht geschadet« zeugt vom Wunsch, sich nicht als hilfloses Opfer einer sinnlosen Tat sehen zu müssen. Noch höher wird die Hemmschwelle, wenn Mutter oder Vater zuschlugen. Denn ein Kind kann sich offenen Hass auf seine Eltern nicht erlauben, weil es dann fürchten muss, dass der überlebenswichtige Kontakt zu ihnen abbricht. Wir können aber nicht nur eine Emotion verdrängen. Schieben wir Angst und Wut beiseite, tun wir es auch mit Freude, Ekel oder Traurigkeit. Wir werden gefühlstaub. So wie mein Vater.

Wenn es uns aber gelingt, die Deckerinnerungen als »solche zu erkennen und die authentische Geschichte zu rekonstruieren«, erklärt Bohleber, dann betrachten wir das, was uns so lange nicht los gelassen hat, endlich mit anderen Augen. Wir sehen, was war, was es mit uns gemacht hat, und was wir ändern wollen. Anstatt uns dabei zu erschöpfen, die Schrecken der Vergangenheit mühsam zu verdrängen oder zu beschönigen, können wir daran gehen, unser Leben zu leben. Auch deshalb bin ich hier.

Langsam lehne ich mich im Stuhl zurück. Ich bin sicher: Gerade habe ich einen wichtigen Fund gemacht. Meine Wut auf den Lehrer hat etwas Befreiendes. Er mag nicht der einzige Mensch gewesen sein, der meinen Vater schlug, aber der einzige, von dem ich es weiß. Endlich kenne ich einen konkreten Menschen mit Namen, Gesicht und Dienstlaufbahn, dem ich meine angestaute Frustration entgegen schleudern kann: *Du bist schuld, dass mein Vater gegenüber seinen Gefühlen und denen seiner Kinder blind wurde. Du und dieses verdammte »Zäh wie Leder«-Ideal der Nazis.* Doch dann schwenkt mein Blick auf die Bildunterschrift: »Lehrerkollegium der kath. Volksschule Steinheim 1925«.

Das Foto entstand acht Jahre *vor* Hitlers Machtübernahme.

III

Waldhoff reicht mir eine Feldpostkarte. Auf der Vorderseite posiert ein junger Mann in feldgrauer, schief sitzender Uniform unsicher für die Kamera. Um seinen Hals hängt ein Eisernes Kreuz. Auf der Rückseite richtet derselbe Soldat ein paar geschwungene Zeilen an den »lieben Kollegen« in der Heimat. Sie enden mit: »Der Frühling naht heran. Wann naht der Friede?« Der Poststempel stammt vom März 1915. Der Erste Weltkrieg dauerte da noch mehr als dreieinhalb schreckliche Jahre. Der Uniformträger wirkt auf mich schüchtern, vielleicht auch müde. Beschriebe Waldhoff ihn mir als liebenden Vater, glühenden Hitler-Gegner oder Arzt jüdischer Abstammung, der später vor den Nazis floh – ich würde es glauben. Doch es ist der sadistische Lehrer als junger Mann.

»Er war rechts, aber im Innersten kein Nazi«, sagt Waldhoff, und es klingt wie »Nazzi«. Nach dem Ersten Weltkrieg wurde der Lehrer Mitglied des »Stahlhelm«. In diesem »Bund der Frontsoldaten« sammelten sich Ex-Militärs, die sich nicht mit der deutschen Niederlage und der Weimarer Republik abfinden wollten. Sie hassten die junge Demokratie, liebten aber nicht die nationalsozialistische Konkurrenz, sondern eher die untergegangene Monarchie. 1,8 Millionen deutsche Soldaten waren im Krieg getötet worden, weitere 7,2 Millionen kehrten an Körper und Seele verwundet zurück. Ihnen fehlten Gliedmaßen, sie hatten Hirnverletzungen und posttraumatische Belastungsstörungen, die noch kein Arzt als solche erkannte. Ganze Generationen deutscher Männer hatten im Namen von Kaiser und Vaterland Traumatisches erfahren müssen. Der Abnutzungskrieg in den Schützengräben Belgiens und Frankreichs hatte das Ideal maskuliner Tapferkeit ad absurdum geführt. Statt Heldenmut hatte unentrinnbare Todesangst die Soldaten erfüllt.

Schon lange vor Kriegsbeginn im August 1914 war die Erziehung der Jungen längst zu einer massenweisen »Dressur mit dem Ziel der Erzeugung unterwürfiger Untertanen verkommen«, urteilen die Historiker Barbara Stambolis und Jürgen Reulecke. Viele Heranwachsende zerbrachen daran. Eine Reihe von Schüler-Suiziden hatte schon zwischen 1907 und 1910 die interessierte Öffentlichkeit aufgeschreckt. Sigmund Freud hatte gar zu einem Kongress nach Wien geladen, um das Phänomen psychologisch zu analysieren.

Umso erstaunlicher ist, dass erst 2005 der erste wissenschaftliche Kongress zum Thema Kriegskindheit in Frankfurt am Main stattfand. Fast ebenso lang dauerte es, bis die Forschung eine nahe liegende Erkenntnis beherzigte: Wir können die Ursachen der Traumata des Zweiten Weltkrieges nur verstehen, wenn wir die des Ersten Weltkrieges begreifen. Der Psychologe Hartmut Radebold formuliert es so: »Die Eltern der Kriegskinder des Zweiten Weltkrieges sind ihrerseits Kriegskinder des Ersten Weltkrieges.«

Waren die Väter älter, hatten sie an der Front traumatische Erfahrungen gemacht oder waren als Soldaten gestorben. Mein Großvater war während des gesamten Ersten Weltkriegs Soldat gewesen. So erzählte es mein Vater mir im einzigen kurzen Gespräch über seine Familie. Ein Bruder meines Großvaters wurde 1917 einberufen und starb nur einen Monat später. Nach Unterlagen habe ich vergeblich geforscht. Die Personalunterlagen und Karteimittel der Preußischen Armee sind 1945 bei einem Luftangriff auf Potsdam nahezu vollständig verbrannt. Deshalb kann das zuständige Bundesarchiv nur sehr selten Informationen zu deutschen Teilnehmern des Ersten Weltkriegs und der Zeit davor ermitteln.

Mitte der 1920er-Jahre hatten in vielen deutschen Schulklassen bis zur Hälfte der Kinder keinen Vater. Schon damals konstatierte der spätere Verleger Peter Suhrkamp, seine Generation – die der Frontsoldaten – sei nicht in der Lage, der Nachkriegsgeneration Vorbild und Lehrer zu sein, denn sie selbst sei entwurzelt und enterbt: »Ich bin niemals ein Vater. Mein Haus ist nicht gerichtet, ich habe noch nicht meinen Acker bestellt, um darauf zu ernten.«

In diese im Wortsinne halt-lose Welt hinein wurden Kinder wie mein Vater geboren. Mit vom Krieg traumatisierten Vätern, die ihrem Nachwuchs keinen Trost spendeten, weil sie selbst untröstlich waren. Weiterhin galt: »Ein deutscher Junge weint nicht.« So konnte ein Ex-Soldat, den womöglich erst die Kriegserfahrung zum Sadisten gemacht hatte, mit stillschweigender Billigung der Eltern und unter kirchlicher Aufsicht über Jahrzehnte seine Schüler quälen. Lehrer wie den meines Vaters gab es in Deutschland zu Tausenden. Millionenfach prügelten Erwachsene auf Kinder ein, vermutlich auch mein Großvater auf meinen 1931 geborenen Vater. Eine emotional verstummte Generation zeugte die nächste.

So entstanden millionenfach seelische Verwundungen – lange vor dem Zweiten Weltkrieg. Wer sie erlitt, konnte sie meist nicht benennen. Was heute als Körperverletzung geahndet würde, galt damals als normal: *Das war doch nichts Besonderes. Wir haben uns daran gewöhnt.* So ähneln die Kindheiten vieler Kriegskinder denen von Kriegsenkeln in erstaunlicher Weise: Beide Generationen können nicht genau benennen, worunter sie leiden. Ihre Not wird umso quälender, weil sie glauben, kein Anrecht aufs Leiden zu haben: *Anderen ging es doch viel schlechter.* Ihre traumatische Erfahrung muss aber nicht in einer verdrängten Gewalttat, einer hektischen Flucht, einem Todesfall begründet liegen. Ihr Trauma kann ihre gesamte, lieblose Kindheit gewesen sein. Was sie verstörte, war der Normalzustand.

In Johannes Waldhoffs Alben gibt es noch viele Fotos, die er mir zeigen möchte, und in seinem Kopf viele Namen und Geschichten. Er scheint nie müde zu werden. Ich aber brauche Zeit, um das Gehörte zu verarbeiten. Wir verabreden uns zu einem weiteren Gespräch am nächsten Morgen. »Je früher, desto besser«, sagt der Mann, der nie Zeit hat.

Bevor ich das Museum verlasse, mache ich einen Rundgang. Um mich herum stehen schwere Kleiderschränke aus Nussholz, von der Decke hängen hölzerne Leuchter. An einer Wand sehe ich eine schmuckvoll verzierte Holztafel aus dem Jahr 1928. Eingeschnitten sind die Namen von 86 örtlichen Rektoratsschülern, die »im Weltkriege« als Soldaten starben. Darunter steht auch »Lohre, K.«. War das der Bruder meines Großvaters, der nach nur vier Wochen an der Front getötet wurde? Selbst, wenn die Vornamen auf der Tafel Platz gefunden hätten, könnte ich es nicht beantworten. Denn ich weiß nicht, wie er hieß.

Hilft mir die Rückschau auf den Ersten Weltkrieg, um meinen Vater besser zu verstehen? Oder trübt sie meinen Blick? Verliert sich seine Lebensgeschichte, die ich aus dem Nebel der Familienerinnerung herausholen wollte, sofort wieder in den dunklen Tiefen des 20. Jahrhunderts?

Mir wird klar, dass ich meine Blickrichtung umkehren muss. Wenn ich immer weiter zurückschaue, weitet sich der Horizont, und es entsteht ein Panorama. Sichtbar werden die Umrisse einer Epoche, die uns Lebenden so rätselhaft erscheint wie das Spätmittelalter. Aber zugleich verschwimmt der Fokus meiner Suche. Und der liegt auf meinen Eltern und der Frage: Warum wurden sie so verschlossen und unerreichbar, und was hat das mit mir zu tun?

Mir fällt diese Konzentration schwer. »Kriegsenkel sind in ihrer Mehrheit geprägt von einer außergewöhnlichen Loyalität gegenüber Mutter und Vater«, urteilt die Bestsellerautorin Sabine Bode. »Nicht selten eine Loyalität, der sie ihre eigene Weiterentwicklung und ihre Wünsche nach Unabhängigkeit unterordnen.« Sie fürchten nichts mehr, als ihre Eltern zu belasten. Sie haben eine Kindheit auf Zehenspitzen gelebt. Stets waren sie damals darum bemüht, nicht das Leid ihrer Bezugspersonen zu vergrößern, das in ihrer Phantasie gerade durch das zähe Beschweigen gewaltige Ausmaße annahm. In Söhnen und Töchtern von Kriegskindern hat sich ein kindlicher Gedanke festgesetzt, der sie bis heute nicht loslässt: *Wenn Papa und Mama nicht über ihre frühe Not reden können, muss sie schlimmer gewesen sein, als ich verwöhntes Kind es mir vorstellen kann.* Die Folge sind schwere Schuldgefühle. Lindern, aber nicht lösen lassen sie sich durch Empathie für die Eltern: *Wenn ich besonders brav bin, werden Mama und Papa vielleicht doch noch glücklich.*

Kinder wollen es ihren Eltern mit aller Kraft recht machen. Sie haben keine andere Wahl, sie sind von ihnen abhängig. Und so haben Kriegsenkel Wege gefunden, die aufwallende Wut auf ihre Eltern zu unterdrücken. Eine Wut, die immer dann entsteht, wenn man die eigenen Bedürfnisse dauerhaft unterdrücken muss. Ein Weg ist, die Eltern zu bloßen Opfern der Umstände zu erklären: *Sie wussten es ja nicht besser.* Genau das tue ich gerade, indem ich immer weiter zurück blicke. Ich suche nach Möglichkeiten, um meinen Vater von aller Verantwortung für seine Gefühlstaubheit frei zu sprechen. So muss ich nicht auf ihn wütend sein, sondern richte meine Aggression auf sadistische Lehrer, kalte Großeltern und schweigsame Kleinstädter, die allesamt längst tot sind. Auf den Militarismus des Kaiserreichs. Auf die große Trauma-Fabrik des Ersten Weltkriegs. Auf Hungerwinter, Hyper-Inflation und Heilsversprechen der Nazis. Auf alles und nichts. Bis schließlich jedes Gefühl persönlicher Verantwortung im Dunkel der Geschichte versinkt. Deshalb muss ich den Blick wieder nach vorne wenden: auf Kindheit und Jugend meines Vaters, seine prägenden Jahre.

Ich stoße die schwere Eingangstür des Museums auf und stehe im Freien. Der Asphalt glitzert, es muss geregnet haben. In meiner Jackentasche spüre ich mein Handy. Im Kontaktordner suche ich nach einem wohlbekannten Nachnamen. Ich atme tief ein. Die klare Regenluft tut gut. Dann wähle ich die Nummer. Klingeln. Der Anrufbeantworter geht an.

»Hallo Willi, hier ist Matthias Lohre. Ich bin bis morgen in Steinheim. Vielleicht magst du mich ja mal treffen. Ich würde gern mehr erfahren über deinen Bruder – meinen Vater. Über eure Eltern. Die Zeit nach dem Krieg. Ich weiß, das kommt überraschend.« Pause. »Ich würde mich freuen, von dir zu hören.« Ich lege auf. Ausatmen.

Die Wahrheit ist: Ich würde mich nicht freuen. Ganz im Gegenteil. Ich habe große Angst: Angst vor weiteren Vorwürfen. Und vor Wahrheiten, die ich womöglich nicht ertragen kann.

Zweiter Weltkrieg & Nachkrieg

Was macht ein Kind zum Kriegskind?

I

Mein Vater freute sich wahrscheinlich nicht sonderlich auf den Tag, an dem er acht Jahre alt wurde. Geburtstag zu haben war keine große Sache in tief katholischen Gegenden Deutschlands. Noch Anfang der 1980er-Jahre verschickten meine Onkel und Tanten pflichtgemäße Postkarten nicht, wenn sich die Geburt eines Familienmitglieds jährte. Denn das zu feiern war, streng genommen, etwas Heidnisches. Man kam zur Welt, aber noch nicht zu Gott. Mensch im engeren Sinne wurde man erst durch die Aufnahme in die christliche Gemeinschaft, also durch die Taufe. Und zu ehren galt es deshalb den Tag des Heiligen, dessen Namen man dabei erhalten hatte. So erhielt mein Vater wohl nie das beglückende Gefühl, das auch seinen Kindern vorenthalten blieb. Nämlich das, zumindest wenige Stunden im Jahr einfach dafür gefeiert zu werden, dass man existierte. Vermutlich erwachte er also auch an seinem achten Geburtstag wie an jedem anderen Morgen. Er erhob sich von seinem Bett mit Matratzen aus Stroh, in der Nase hing der Geruch der Kühe und Schweine, die eine Etage tiefer in ihren Pferchen standen. Er wusch sich am Waschbecken in der kleinen Küche mit den schiefen Holzdielen. Duschen und an die Kanalisation angeschlossene Toiletten gab es in dem alten Bauernhaus nicht. Dann machte sich Hans auf den Weg zur Volksschule, in der ein Nussknüppel und ein Rohrstock lagen. Es war Freitag, der 1. September 1939. Rund 800 Kilometer weiter östlich marschierten zur selben Stunde deutsche Soldaten über die polnische Grenze. Der Zweite Weltkrieg hatte begonnen.

Die Sonne verbirgt sich hinter Wolkenschleiern, die sich langsam lichten. Es ist Vormittag, ich gehe zu Fuß zu Johannes Waldhoff. Auf dem Weg versuche ich mir vorzustellen, wie Steinheim zu Kriegsbeginn aussah. Das Wohngebiet, in dem das wandelnde Lexikon seiner Heimat lebt, gab es noch nicht. Reservate für Einfamilienhäuser mit Vorgarten sind eine Erfindung der Wirtschaftswunderzeit. Die wenigen großen und vielen kleinen Möbelfabriken atmeten morgens Arbeiter ein und abends wieder aus. Dazwischen standen Bauernhäuser mit großen Eingangstüren, durch die auch kleine Pferdewagen passten. Steinheim war auf dem Papier eine Kleinstadt, trug aber die Züge eines Dorfs. Jeder wusste, wer hier geboren war und wer »nur« zugezogen.

Als Grundschulkind fuhren meine Eltern mit mir zum Haus, in dem mein Vater und seine Geschwister aufgewachsen waren. Dort wohnte nun seine allein lebende

Schwester Mathilde. Noch immer standen in einem Stall im Erdgeschoss dampfende Kühe: große, fremdartige Wesen, die wenig gemein hatten mit den lächelnden Tieren auf den Milchpackungen. Wenn ich es nicht mehr vermeiden konnte, das Außenklo zu benutzen, musste ich an den Kühen vorbei, die links und rechts in ihren Gattern standen. Alles in dem Gebäude war vom Generationen langen Gebrauch abgenutzt, nur der Fernseher war neu. Das Haus wirkte auf mich so kalt und abweisend, wie ich meine Tante empfand. Nichts zeugte davon, dass jemand je gern hier gelebt hatte. Keine Bücher, keine frisch gestrichenen Wände, kein Balkon.

Ein Brief Mathildes an ihre »liebe Mutter« vom Mai 1942 ist erhalten geblieben. Darin berichtet die 19-Jährige in Sütterlinschrift und mit einfachen Worten von der Arbeit bei ihrem Onkel, einem Gutspächter in Schlesien: »Er ist auch von morgens früh bis abends spät auf dem Felde. Vorige Woche hat er in zwei Tagen 41 Morgen gesät.« Fort von zu Hause zu sein, barg für die junge Frau kein Versprechen, sondern nur die Aussicht auf noch mehr harte Arbeit. Als Erwachsene verbrachte Mathilde ihre Zeit, wie mein Vater seine letzten zehn Jahre verbringen würde. Sie saß ihr Leben ab wie eine Strafe, ohne Hoffnung auf Bewährung. Es endete 2008 nach einem Hirnschlag, allein in der Küche.

Ein Blick aufs Handy: noch eine Viertelstunde Zeit bis zum Treffen. In diesem Ort liegt alles höchstens 15 Gehminuten voneinander entfernt, auch Waldhoffs Haus am Stadtrand und das Elternhaus meines Vaters im Zentrum. Zum ersten Mal seit einem Vierteljahrhundert gehe ich hin, ich finde die Route per Google Maps. Je näher ich komme, desto stärker erinnere ich mich an den Widerwillen, der meine Besuche als Kind begleitete. *Niemand wollte uns Kinder damals hier haben, warum also komme ich heute her?* Etwas in mir sagt: *Es ist deine Pflicht, herzukommen.* Aber warum?

Da vorn muss es sein. Ich erkenne die schmale Straße, die zum Haus führt, den kleinen runden Platz davor mit dem alten Baum darauf. Kurz freue ich mich, dass ich es wiedererkenne, als hätte ich einen Schatz gefunden. Rings um den kleinen Platz stehen Backsteinbauten. Das hier ist ein Dorf im Dorf. Doch das alte Giebelhaus ist – weg. An seiner Stelle erhebt sich jetzt eine Autogarage, daneben wächst frisch gemähter Rasen. Das Elternhaus meines Vaters ist abgerissen. Den Ort, mit dem ich diffuse Erinnerungen an freudlose Verwandtenbesuche verbinde, gibt es nicht mehr.

Kurz bin ich enttäuscht, mein Ziel nicht erreicht zu haben – und dann erleichtert. Als glaubte ich, dass mit den Steinen und Balken irgendwann auch meine Schuldgefühle verschwinden könnten. Dabei weiß ich ja noch nicht einmal, worauf sie sich richten.

Von einem unerklärlichen, aber übermächtigen schlechten Gewissen berichten viele Kriegsenkel. Sie fürchten, immer zu wenig zu helfen oder zu leisten, und wissen doch nicht, wann es genug wäre. Sie halten sich für alles verantwortlich. Weil sie diesem übermenschlichen Anspruch natürlich nicht gerecht werden können, machen sie sich Vorwürfe.

Nur was, denke ich mit Blick auf die Häuserlücke, *hätte ich hier für wen tun können? Hätte ich früher das Gespräch mit meinen heute toten Verwandten suchen sollen? Hätte ich ihnen das Leben erleichtern müssen? Und das, obwohl sie sich nie für mich interessiert haben?* Ich finde keine Antwort. Die nagenden Zweifel bleiben.

Zwölf Minuten später stehe ich vor Johannes Waldhoffs Einfamilienhaus. An den weißen Klinkersteinen der Fassade hängt noch das Metallschild, das ihn als Versicherungsmakler ausweist, dabei ist er seit zwanzig Jahren in Rente. Obwohl ich einige Minuten zu früh bin, erwartet mein Gastgeber mich bereits. Als ich ihm ins Haus folge, das er mit seiner Frau bewohnt, erinnere ich mich an einen Satz vom Vortag: »Wir wussten, da sterben Menschen und fallen Bomben, und wenn man etwas Falsches sagt, wird man eingesperrt. Das wussten wir. Aber wir empfanden all das als Abenteuer.«

Abenteuer: eines der Worte, mit denen viele Kriegskinder ihre frühen Erfahrungen beschreiben. Wann schützen sie sich damit vor schmerzlichen Empfindungen, und wann empfanden sie es tatsächlich nicht als bedrohlich, sondern als spannend? Wer einen Zeitzeugen immer beim Wort nimmt, läuft Gefahr, sich blenden zu lassen. Der mag zum Schluss kommen, er spreche mit einem der Glückskinder, die den Zweiten Weltkrieg schadlos überstanden haben. Wer hingegen immerzu zwischen den Zeilen liest, hinter jeder Geschichte eine verborgene traumatische Erfahrung vermutet, der nimmt sein Gegenüber nicht ernst. Denn er glaubt, besser zu wissen, was der Erzähler eigentlich meint, als der Erzähler selbst. Doch zwischen authentischer und Deckerinnerung zu unterscheiden fällt schwer.

Umso mehr, wenn der Fragende kein Unbeteiligter ist.

Als Kriegsenkel suche ich nicht allein nach kargen Fakten, sondern nach Erklärungen für das Verhalten meiner Eltern. Dafür müssen sich die Tatsachen zu einer Erzählung verknüpfen, die plausibel erklärt, wie mein Vater und meine Mutter die Menschen wurden, die ich kennengelernt habe. Und dafür brauche ich Antworten: Erlebte mein Vater Bombenangriffe? Wenn ja, wie? Hungerte er, als Evakuierte aus den Großstädten des nahen Ruhrgebiets hier Schutz suchten? Wie erging es ihm beim Einmarsch alliierter Truppen 1945? Was geschah in der Nachkriegszeit, als Einheimische, Evakuierte und Flüchtlinge aus dem Osten aufeinander prallten? Was von alledem war für ihn womöglich traumatisch, was nicht? Hinter diesen Fragen steht eine grundsätzliche, die zweite große Frage meiner Reise:

Was macht ein Kind zum »Kriegskind«?

Wir gehen ins kleine Arbeitszimmer. An der Wand hängt eine Weltkarte, in einer Vitrine aufgereiht stehen mehr als ein Dutzend Bücher mit blauem Ledereinband und goldfarbenem Aufdruck »Steinheim«. Mein Gastgeber setzt sich in einen Korbsessel, vor ihm auf einem kleinen Tisch liegen Fotoalben und Aktenordner. Im Hintergrund erinnert das Ticken der Wanduhr daran, wie ruhig es im Haus ist. Die beiden Söhne sind längst erwachsen, er und seine Frau leben allein hier. Ich möchte Waldhoff erzählen lassen, ohne das Gesagte sofort zu bewerten. Seine Geschichte spielt zwar vor dem Hintergrund einer ostwestfälischen Kleinstadt mit all ihren Eigenheiten. Doch sie steckt voller Parallelen zu Millionen Schicksalen in Deutschland.

II

Als der kleine Johannes Waldhoff an einem Morgen des Jahres 1940 hört, dass in der Nacht außerhalb der Stadt sieben Bomben gefallen sind, wünscht er sich, er hätte es mitbekommen. Doch der Sechsjährige hat geschlafen – und niemand ihn geweckt. Er fürchtet nicht den Krieg, sondern, ihn zu verpassen.

Die deutschen Truppen überrennen im ersten Kriegsjahr halb Europa: Polen, Frankreich, Norwegen, Dänemark, die Benelux-Staaten. Die Wehrmacht scheint unbesiegbar zu sein. Gemessen am Ersten Weltkrieg, sind ihre Erfolge Schwindel erregend, die Verluste gering. Viele Deutsche glauben spätestens jetzt Hitlers Beteuerung, er sei ein Instrument der Vorsehung. Erst recht die Kinder, die allein die Nazi-Herrschaft kennengelernt haben. In den Kindergärten der Nationalsozialistischen Volkswohlfahrt (NSV) lernen sie das Motto: »Händchen falten, Köpfchen senken, immer an den Führer denken. Er gibt euch euer täglich Brot und rettet euch aus aller Not.«

Johannes ängstigt sich auch nicht, als sich ab dem Frühjahr 1941 britische Luftangriffe auf deutsche Großstädte häufen. Im Gegenteil. Wenn das dumpfe Dröhnen der Bomberstaffeln erklingt, rennt er aus dem Haus, um die Flugzeuge hoch über ihm zu zählen. Schnell lernt er: Sind es 400 Maschinen, fliegen sie nach Braunschweig oder Hildesheim. Sind es 2.000, ist ihr Ziel Berlin. Berichte über die Angriffe stehen am nächsten Tag in der Zeitung. Das kleine Steinheim liegt in der Flugschneise, bleibt aber weitgehend verschont. Die sieben nächtlichen Bomben sind vermutlich nur zufällig hier niedergegangen. Manchmal klinken Flugzeuge, die ihr Angriffsziel nicht gefunden haben, ihre tödliche Fracht über freiem Feld aus, um vor dem Heimflug ihr Gewicht zu verringern und so Treibstoff zu sparen.

Doch als eines Nachts mit gewaltigem Knall etwa zwei Kilometer entfernt von Waldhoffs Haus eine weitere Bombe detoniert, gibt sich der Kleine die Schuld. Am Abend zuvor hat er die Fenster nicht bis zum letzten Quadratzentimeter mit Folie verhängt, ein kleiner Spalt hat etwas Licht durchgelassen. Mit kindlicher Gewissheit ist er überzeugt: Die Lichtfetzen hatten die Flieger in mehreren tausend Metern angelockt, er so den Angriff verschuldet. Bei der Explosion wird niemand verletzt.

Aber Angst? Nein, sagt Waldhoff, die habe er eigentlich nie gehabt. Sein gleichaltriger Cousin aus Dortmund hingegen, der 1943 her zog, sei »eine sensible Natur« gewesen: »Der hatte dauernd Angst. Mein Vetter hat ein halbes Jahr gebraucht, um einmal vor die Tür zu gehen und sich die Flugzeuge zu begucken.« Waldhoff kann nicht verstehen, warum der Junge sich so um seine Eltern sorgte, die in der Großstadt ausharrten: »Die wohnten doch in einem Dortmunder Vorort. Was sollte denen schon passieren, wenn die da ein paar Bomben werfen?«

Sein Cousin zählt zu den fünf bis zehn Millionen Menschen, überwiegend Kinder und ihre Mütter, die vor den immer heftigeren Luftangriffen in weniger bedrohte Gegenden fliehen. Allein bis zu zwei Millionen Schüler und Mütter mit Kleinkindern ziehen im Rahmen der Erweiterten Kinderlandverschickung aufs Land. So erreicht die

Angst vor dem Tod aus der Luft auch davon verschonte Gebiete. Doch davon gibt es ohnehin nur wenige. 161 deutsche Großstädte werden bis Kriegsende mit weit reichenden Folgen bombardiert. Auf nahezu jede Stadt mit mehr als 50.000 Einwohnern fallen Brand- und Sprengbomben. Und auch 850 kleinere Orte werden Angriffsziel alliierter Fliegerstaffeln.

Die Großstädter wohnen in leer geräumten Zimmerecken, zugigen Dachgeschossen, feuchten Kellern, alten Scheunen oder Baracken. Zwischen Evakuierten und Einheimischen spannt sich die Lage an, umso mehr, als ein deutscher Sieg nach der Niederlage bei Stalingrad Ende Januar 1943 in immer weitere Ferne rückt. Die Kapitulation einer ganzen Armee zeigt auch den Führer-Gläubigsten, dass der Krieg im Osten eine katastrophale Wendung genommen hat.

Waldhoff erlebt den Konkurrenzkampf zwischen Groß- und Kleinstädtern als Grundschüler. Meinem Vater muss es ähnlich ergangen sein. In der Volksschulklasse erblickt Johannes Waldhoff morgens unbekannte Kinder, die am Pult stehen. Neue Mitschüler lassen sich dort ins Klassenbuch eintragen. »Das sah ich als Steinheimer mit gemischten Gefühlen. Denn für unseren Lehrer« – den Ex-Offizier mit den Knüppeln – »waren die was Besonderes. Die kamen aus einer Großstadt, das war die große weite Welt. Und vor allen Dingen waren die uns schulisch weit überlegen. Wir hatten Kartoffelkäfer, Maikäfer, Heilkräuter und Altmetall gesucht«, mindestens einen Tag pro Woche. Die Großstädter hatten in dieser Zeit Unterricht gehabt. »Dadurch waren wir schulisch natürlich viel weiter zurück.« Die immer stärkeren Bombardements der Briten, die ab dem Frühjahr 1943 durch amerikanische Tagesangriffe ergänzt werden, zwingen Millionen Deutsche aufs Land. »Alles, was hier Verwandte hatte, schickte seine Kinder her«, sagt Waldhoff.

Neid vergrößert die Spannungen. Die Evakuierten erhalten andere Lebensmittelkarten als die Einheimischen. Letztere gelten als »Teilselbstversorger«, die ihre Rationen durch Schlachtungen, Ackerbau und Tauschhandel aufbessern können. Doch in Wahrheit sind auch viele Bauern nicht gut genährt, denn es mangelt an Kunstdünger. Das darin enthaltene Salpeter wird im »totalen Krieg« für die Munitionsherstellung gebraucht. So glaubt jede Seite, die jeweils andere würde bevorzugt.

Dennoch bleiben Hungersnöte, wie es sie während des Ersten Weltkriegs gab, aus. Den Preis dafür zahlen die Menschen in den ausgeplünderten Besatzungsgebieten. Als so genannte Fremdarbeiter müssen Hunderttausende von ihnen in Fabriken und auf Bauernhöfen im Deutschen Reich arbeiten, während daheim die Fabriken Güter für die Kriegswirtschaft herstellen. In Steinheim stationierte Soldaten bewachen ein Kriegsgefangenenlager nahe Paderborn, dessen Insassen Zwangsarbeit leisten müssen, unter anderem im Ruhr-Bergbau. Die Lebensbedingungen sind katastrophal, zwischen 15.000 und 70.000 überwiegend sowjetische Soldaten sterben. Trotz all dieser Maßnahmen des NS-Regimes, die auch Hungerrevolten wie im Ersten Weltkrieg verhindern sollen, reichen die Essensrationen der Deutschen selten zum Sattwerden.

Mein Vater hat in seiner Kindheit vermutlich nur unregelmäßig und unausgewogene Nahrung bekommen. Indiz ist eine Kindheitserinnerung von mir: Beim Abendbrot ekelte ich mich vor dem dicken Fettrand des Aufschnitts. Mein Vater sagte verständnislos: »Das ist doch das Beste«, nahm den weißen Fettklumpen und schluckte ihn ohne Kauen.

Viele Kriegsenkel berichten von rätselhaft erscheinendem Umgang ihrer Eltern mit Essen: Die einen horten Vorräte weit über das nötige Maß hinaus. Andere zwingen sich trockenes Brot hinein, um es nicht wegwerfen zu müssen. Wieder andere essen unkontrollierbar viel oder schnell, als könnte jede Mahlzeit die letzte sein. Die Erfahrungen der Kriegskinder haben sich auch in ihren Körpern festgesetzt.

Johannes Waldhoffs Vater hat Glück. Der Weltkriegsveteran muss zwar zunächst zum Militär, aber nicht an die Front. Später arbeitet er in einer örtlichen Fabrik: Montag bis Samstag, 9 bis 19 Uhr. Eine Nacht pro Woche muss er zudem wach bleiben, weil er »Fliegerwache« auf dem Firmengelände hält. Sonntags dient er in der Kirche als Küster. »Sie können sich vorstellen, dass der permanent überlastet war«, sagt Waldhoff. »Wir Kinder sind nie zu ihm gegangen und haben gesagt: ›Papa, wir haben das und das Problem.‹ Wir fanden an ihm keine Hilfe. Wir haben alles immer selbst gemacht.« So erlebten selbst Kinder, deren Väter nicht als Soldat kämpften, das Gefühl des Verlassenseins.

Auch mein Vater hat vermutlich keinen Halt an seinem Vater gefunden. Zwar musste dieser – schon über fünfzig Jahre alt – nicht erneut Soldat werden. Doch anhand der wenigen Dinge, die ich über ihn weiß, stelle ich mir meinen Großvater als einfachen, schwer arbeitenden, vom Ersten Weltkrieg gezeichneten Mann vor, der seinen Söhnen und seiner Tochter emotional fern war. Die meisten Kinder erlebten ihre Väter nur als drohende und strafende Macht.

Was Väter an Zuneigung nicht geben konnten, suchten viele Kinder bei der Mutter. Doch diese zentrale Lebenserfahrung scheint meinem Vater nicht vergönnt gewesen zu sein. Nur ein einziges Mal hat er mir gegenüber seine Mutter erwähnt. Scheinbar zusammenhanglos platzte es aus ihm heraus: »Meine Mutter war keine nette Frau.« Das war alles. Er sagte es in einer Ausnahmesituation, wenige Stunden nach dem überraschenden Tod unserer Mutter. Das war kein Zufall. Mit seiner Frau verlor er seine Ersatz-Mutter.

Heute wissen wir: Nicht die Notsituation an sich ist traumatisch, sondern das Erlebnis von vollkommener Hilflosig- und Einsamkeit. Was den einen zerrüttet, kann ein anderer noch verarbeiten, ohne dauerhaften Schaden zu nehmen. Entscheidend ist, als wie katastrophal das Ereignis *empfunden* wird. Wenn beispielsweise eine Mutter, ein Vater oder eine andere Bezugsperson einem Kind das Gefühl gibt, es während eines Bombenangriffs beschützen zu können, dann kann dieses Kind vieles ertragen, ohne daran dauerhaft zu leiden. Der seelische Schutzschild hält.

Doch die wenigsten Erwachsenen bringen im Krieg diese Kraft auf, während draußen ihre Welt zusammenbricht. Mütter, Tanten, Großeltern und ältere Geschwister sorgen sich um ihre Brüder, Väter, Onkel und Freunde an der Front, in Fabriken, Lagern oder Gefängnissen. Sie selbst müssen vor Luftangriffen in Schutzkeller fliehen, inmitten des aufbrausenden Chaos die Familie zusammenhalten und ernähren. Allein im Bombenkrieg über Deutschland sterben schätzungsweise 500.000 Menschen.

Von damals erhalten ist ein vergilbter, handschriftlicher Brief an die »Liebe Familie Lohre«, datiert auf den 8. Januar 1942. Darin dankt die Mutter oder der Vater eines deutschen Soldaten meinen Großeltern für die »so aufrichtige und herzliche Anteilnahme an dem schweren Verlust meines geliebten, unvergesslichen Karl«. Der Obergefreite aus dem Sudetenland hatte, so steht es im Brief, eine Zeitlang bei meinen Großeltern gelebt. Mein Vater muss ihn also gekannt haben. »Mein armer Junge«, klagt der Schreiber, »in den schweren Kämpfen bei der Insel Krim wurde er verwundet. Er hatte im rechten Ober- u. Unterschenkel Granatsplitterverletzungen. In seinem großen Schmerz musste er wohl draußen lange liegen, bis Hilfe kam, war es schon zu spät. Karl wurde in ein Lazarett eingeliefert, wo er eine Stunde später sein so junges Leben lassen musste. Was mag der Arme in den letzten Stunden gelitten haben, man konnte nicht bei ihm sein, kein liebes Wort mehr sprechen, seinen Schmerz nicht lindern. Ach, es ist dies alles so schmerzlich, einen so großen Jungen für immer zu verlieren.« An anderer Stelle heißt es: »Mein armer lieber Bub, ›er hat alles gegeben, was er konnte geben, die Seele Gott, der Heimat Blut u. Leben.‹ Liebe Familie Lohre! Für das gewidmete Gedicht ebenfalls meinen aufrichtigen Dank.«

Gott und Heimat, Blut und Leben. Wahrscheinlich ersetzten bei meinen Großeltern obrigkeitsfromme Reime die früh verlernte Sprache der Gefühle. Vielleicht spürten sie immerhin, dass hier jemand zu einer Empfindung stand, die sie selbst, wie Millionen Deutsche, unterdrückten: ehrliche, persönliche Trauer. Das möchte ich zumindest glauben. Neben den Zeilen meiner Tante Mathilde ist dieser Brief der einzige, der die folgenden Jahrzehnte im Haus meiner Großeltern überdauert hat.

Als er geschrieben wird, sind es noch zwölf Tage bis zur Wannsee-Konferenz, auf der deutsche Behörden den industriellen Mord an bis zu elf Millionen europäischer Juden auf eine Abfolge bürokratischer Schritte reduzieren. Noch knapp 13 Monate bis zur allgemein als Kriegswende verstandenen deutschen Niederlage bei Stalingrad. Der von Deutschland ausgehende Krieg, Völkermord und Besatzung werden noch mehr als drei schreckliche Jahre lang Europa verheeren. Bis dahin werden insgesamt mehr als 7 Millionen Deutsche sterben. Bis die Waffen endlich schweigen, werden im Zweiten Weltkrieg insgesamt 55 Millionen Menschen sterben.

Was bleibt den Kindern dieser Zeit anderes übrig, als *sich zusammenzureißen, die Zähne zusammenzubeißen* und *sich nicht so anzustellen,* damit sie *niemandem zur Last fallen?* Sie verinnerlichen, dass niemand ihre Bedürfnisse nach Schutz, Trost und Zuneigung versteht oder befriedigt. Der Psychotherapeut Werner Bohleber hat bei Menschen, die als Kinder wiederholt traumatischen Ereignissen ausgesetzt gewesen sind, lang anhaltende Persönlichkeitsstörungen beobachtet: »Sie ziehen sich zunehmend aus Beziehungen zurück, wirken traurig, leiden unter Affekteinschränkungen und dissoziativen Zuständen. Ihre Erinnerungen sind weniger lebendig und manchmal verzerrt.« Sie versuchen, sich »gegen erneute überwältigende Angst und Hilflosigkeit zu wappnen«. Tatsächlich gelingt es ihnen häufig, aufkommende Ängste und Aggressionen in Schach zu halten und so ihren Alltag zu meistern. Aber es »bleiben doch depressive Zustände bestehen und wirken fort. Die Depression ist eine der zentralen Langzeitauswirkungen auf der Charakterebene. Sie mag auf der psychischen Oberfläche nicht sofort erkennbar, sondern hinter rigiden Leistungsanforderungen verborgen sein.« Kriegskinder übertünchen schwelende Versagens- und Verlustängste mit Tüchtigkeit. Doch das Zurückdrängen der Ängste ins Unbewusste hat seinen Preis: die »mangelnde Fähigkeit, Freude, Lust und Glück zu empfinden«. Die früh Traumatisierten werden gefühlsblind. So wie mein Vater.

In Steinheim endet der Krieg mit einem Zischen. Fünfzig bis sechzig Granaten gehen nieder, als amerikanische Truppen am 5. April 1945 auf ihrem Vormarsch die Kleinstadt erreichen. Ein Haus in der Bahnhofsallee gerät in Brand. Mitten im Beschuss rücken niederländische und französische Kriegsgefangene aus, um das Feuer zu löschen. Sie müssen den Besitz jener Menschen retten, die sie versklaven.

Zwei deutsche Königstiger-Panzer schießen ihre letzte Munition den anrückenden Feinden entgegen und ziehen sich danach, dröhnend durch die Stadt fahrend, zurück. »Sie hatten durch ihren Unsinn den Amerikanern das Gefühl vermittelt, die Stadt würde verteidigt«, urteilt Waldhoff. »Nur Minuten später wäre von denen Luftunterstützung angefordert worden – mit unabsehbaren Folgen.« Sein Vater ist am Vorabend zum Volkssturm eingezogen worden. Alte Männer und halbe Kinder werden im Reich ins letzte Gefecht geschickt, um zu verhindern, was nicht zu verhindern ist.

Der Rückzug der deutschen Panzer kommt gerade noch rechtzeitig, ein letztes Gemetzel bleibt aus. Die vorrückenden Amerikaner schießen bloß eine Panzersperre aus dem Weg und fahren in die Stadt. Der kleine Johannes sieht, wie auf einem offenen LKW etwa zehn US-Soldaten, die Gewehre drohend auf die Hausfassaden gerichtet, durch seine Straße fahren. »Danach war der Bann gebrochen«, die Nachbarn laufen auf die Straße. Hier ist der Krieg vorbei. Aber die Not noch lange nicht.

III

Ab November 1945 steigen erschöpfte Menschen in Steinheim aus dem Zug. Sie haben Wochen oder Monate in Sammellagern hinter sich. Viele sind zuvor aus Ostpreußen, Schlesien und Pommern geflohen, als sowjetische Truppen nach Westen vorrückten. Andere sind vertrieben worden aus Siebenbürgen, dem Baltikum oder Ungarn. In Waldhoffs Elternhaus wird ein Ehepaar aus Karlsbad im Sudetenland einquartiert. »Ein Akademikerpaar, ganz feine Leute«, sagt Waldhoff, »und die wohnten jetzt so erbärmlich, auf engstem Raum.« Alle im Dorf müssen noch enger zusammenrücken. »Zwischen den Erwachsenengenerationen herrschte fast immer ein angespanntes Verhältnis, zwischen den Kindern gar nicht. Das waren Mitschüler wie alle anderen. Gut«, sagt Waldhoff, »sie wurden etwas bevorzugt bei Schulspeisungen und solchen Sachen, aber wir haben es ihnen von Herzen gegönnt.«

Wer daheim alles verloren hat, stürzt sich in die Arbeit, um sich etwas Neues aufzubauen. »Die aus dem Osten kamen, waren unter etwas härteren Bedingungen als hier groß geworden. Die fassten schneller zu und nahmen höhere Belastungen in Kauf, beschwerten sich nicht sofort.« Viele Einheimische betrachten den Fleiß ihrer neuen Nachbarn mit einer Mischung aus Bewunderung und Neid.

Waldhoffs Augenbrauen ziehen sich zusammen, als er über die bald aufkommende »Hetzerei« seitens einiger Flüchtlinge spricht: Neuankömmlinge klagten, der Tauschhandel mache die ansässigen Bauern reich, denn die verlangten für einen Sack Kartoffeln sogar Eheringe und hängten wertvolle Teppiche in ihre Schweineställe. Unsinn, findet Waldhoff: »Die Erträge auf den Feldern waren beschissen und erbärmlich. Die Söhne waren Soldaten oder tot. Die alten Bauern ackerten umso mehr. Und von der Ernte mussten sie den größten Teil abliefern.« Noch immer ist der gebürtige Steinheimer sichtlich verärgert über das, was vor sieben Jahrzehnten geschah. Warum? Der Groll wird verständlicher, wenn man das Ausmaß der Veränderung berücksichtigt. Zu Kriegsbeginn wohnten knapp 4.000 Menschen in der Kleinstadt. Bis 1947 strömen 2.400 Flüchtlinge, Vertriebene und Evakuierte dorthin. Die Nachkriegsjahre verändern Deutschland zwar auf weit weniger katastrophale Art als der Krieg, aber ähnlich tief greifend.

Aus den Gebieten östlich von Oder und Neiße fliehen insgesamt mehr als sieben Millionen Menschen in die alliierten Besatzungszonen. Weitere fünf Millionen kommen aus den deutschen Siedlungsgebieten in Osteuropa: aus der Tschechoslowakei, Polen, Jugoslawien, Rumänien, dem Baltikum und Danzig. Schätzungen zufolge sterben auf der Flucht zwischen 600.000 und zwei Millionen Menschen. Sie erfrieren, verhungern, brechen im Eis ein, krepieren an Erschöpfung, werden von Tieffliegern erschossen oder ertrinken, als ihre Schiffe nach Torpedotreffern sinken. Binnen weniger Jahre enden sieben Jahrhunderte deutscher Besiedlung in Osteuropa nahezu vollständig.

Ende Oktober 1946 zählen die alliierten Behörden in den vier Besatzungszonen 65 Millionen Einwohner. Viele Geflüchtete hoffen viele Jahre lang auf Rückkehr, leben sich nur schwer am neuen Wohnort ein und sitzen – im wörtlichen wie übertragenen Sinn – auf gepackten Koffern. Sie sind hin- und hergerissen. Einerseits wollen sie sich an ihrem neuen Wohnort möglichst geräuschlos anpassen, andererseits ihre landsmannschaftlichen Traditionen pflegen. Die Alternative, vor die sich viele Flüchtlinge und ihre Kinder gestellt fühlen, beschreibt der Psychoanalytiker Bertram von der Stein so: »Die alte Heimat kann idealisiert oder verleugnet werden.« Das kann so weit gehen, dass »nicht wenige den Dialekt der ›neuen Heimat‹ unter Verleugnung ihrer Herkunft« sprechen. Der jahrzehntelange Vorsitzende des Steinheimer Heimatvereins etwa, in dem sich auch Waldhoff engagiert, stammt aus Schlesien. Als Kind flüchtete er mit seinen Eltern 1945 aus Breslau. Wer entwurzelt worden ist, sehnt sich umso mehr nach Zugehörigkeit.

Kaum eine deutsche Familie bleibt von den Folgen des Krieges verschont. Von den bei Kriegsende insgesamt fast 19 Millionen Deutschen unter 26 Jahren sind mehr als 3,2 Millionen Vertriebene. Die getöteten Soldaten hinterlassen mehr als 1,7 Millionen Witwen und fast 2,5 Millionen Halbwaisen. Rund elf Millionen deutsche Soldaten leben bei Kriegsende in alliierter Gefangenschaft. Hinzu kommen hunderttausende Deutsche, überwiegend Frauen, die die Rote Armee 1945 zum Wiederaufbau zerstörter Orte und Fabriken in die Sowjetunion verschleppt. Weil auch die Nachkriegszeit so entbehrungsreich war, zählt der Altersforscher Hartmut Radebold die Geburtsjahrgänge 1946 und '47 zu den Kriegskindern.

Zwei Jahre nach Kriegsende sieht Waldhoff einen neuen Lehrer am Pult stehen: ein wortkarger Oberschlesier, der die 7. Klasse nach zwei Jahren Unterbrechung unterrichten soll. Der sadistische Schläger darf nicht mehr an der Schule arbeiten. Die Verunsicherung, an welche Denktraditionen die Lehrer anknüpfen sollen, ist groß. Also nehmen sie beim neuen Lehrer deutsche Klassiker durch. Goethe, Schiller, alles weltanschaulich unverfänglich. »Mitten im Unterricht«, berichtet Waldhoff, »rastete der Lehrer einmal einfach aus. Er schrie herum: ›Diese Herren von der SS mit der Pfauenfeder im Hintern!‹ Das ging fünf Minuten lang. Ich dachte, sein Kopf fliegt auseinander. Dann beruhigte er sich wieder, sagte ›Entschuldigung‹, setzte sich aufs Pult und unterrichtete weiter.« Das Erlebnis bleibt für den Dreizehnjährigen rätselhaft, wie es heute die Anekdoten der Kriegskinder für die Kriegsenkel sind – bis viele Jahre später der Lehrer stirbt.

Auf der Beerdigung in Steinheim spricht Waldhoff mit dessen Sohn, der extra aus Polen angereist ist. Dieser erzählt ihm: Der Lehrer war von November 1944 bis Januar 1945 in Auschwitz inhaftiert. Seine Frau war gestorben, seine Kinder konnte er in den Wirren des Kriegsendes nicht erreichen, und so zog er allein nach Westen. »Der Lehrer«, sagt Waldhoff, »hat nie ein Wort darüber verloren.«

Nach 1945 entsteht in Deutschland eine heute schizophren anmutende Atmosphäre: »Der Bereich ›Drittes Reich‹«, sagt Waldhoff, »spielte in den ersten zehn Jahren nach dem Krieg für uns überhaupt keine Rolle.« Jeder wusste, wer in der Partei gewesen war, aber man sprach nicht darüber. »Das war ein abgeschlossenes Kapitel.«

Wie kann das sein? Wie fühlen sich Sozialdemokraten, Kommunisten, Juden oder Sinti, die über Jahre in KZs gequält wurden oder sich verstecken mussten, und die nun neben Leuten leben, die für den Sieg des Nazi-Regimes gebetet haben? Was denken die Täter und Mitläufer, wenn sie nachts wach werden? Wem können sich die vergewaltigten Frauen anvertrauen? Wer tröstet die Kinder, die Vater, Mutter oder Geschwister verloren haben? Schweigen erstickt jede Verarbeitung der traumatischen Erlebnisse, es hüllt nicht allein die Täter und Mitläufer des Nazi-Regimes ein, sondern auch dessen Gegner und Opfer.

Die Folgen dieser »Unfähigkeit zu trauern«, die Margarete und Alexander Mitscherlich 1967 beschreiben, wird die Menschen des geteilten Nachkriegsdeutschlands prägen. Die Wunden, die in der Kriegszeit geschlagen wurden, schwären unter dem Luftabschluss der folgenden Jahre. Die ältesten Kriegskinder werden erwachsen und zeugen die ersten Kriegsenkel. Das Schweigen pflanzt sich fort.

Eine Stunde Null im Sinne eines kompletten Neuanfangs gibt es nicht. Beispielsweise kehrt schon 1948 ein ehemaliger Frontsoldat des Ersten Weltkriegs nach drei Jahren Abwesenheit zurück an die Volksschule Steinheim. Waldhoff zuckt die Achseln: »Das war ja auch richtig«, sagt er über den Mann, der ihn ungezählte Male geschlagen hat. »Sie hatten ja keine anderen Lehrer. Und ich hoffe, er hat sich nach dem Krieg geändert.« Der Mann mit dem Nussknüppel darf bis zu seiner Pensionierung Mitte der 50er-Jahre unterrichten. Mit dem Krieg endet in Deutschland die militärische, auf Brechung des Kinderwillens ausgerichtete Pädagogik noch lange nicht.

Johannes Waldhoffs Erlebnisse sind ein winziges Mosaikstück in der Geschichte des Zweiten Weltkriegs, und sie zählen bei weitem nicht zu den schrecklichsten: Seine Eltern und Geschwister überleben den Krieg, werden weder verwundet noch ausgebombt oder vertrieben. Ähnlich ergeht es meinem Vater. Und doch kommen selbst die Kinder dieser Kleinstadt in Berührung mit allen Kräften, die Millionen Menschen tief traumatisieren: Holocaust, Flucht, Vertreibung, KZ-Haft, Evakuierung und Bombenkrieg. Die Eltern sind für die Kleinen unerreichbar, und so bleiben sie dauerhaft allein mit ihrer Angst. Keine deutsche Familie bleibt von den Auswirkungen des Zweiten Weltkriegs verschont. Aber haben Johannes Waldhoff und mein Vater tatsächlich Dinge erlebt, die ihr Inneres dauerhaft verletzt haben? Sind Männer wie er und Waldhoff Kriegskinder?

Das Gespräch im Arbeitszimmer geht seinem Ende zu, ohne dass ich eine befriedigende Antwort gefunden hätte. Mein Gesprächspartner hat ausführlich und anschaulich erzählt, und ich habe zugehört, ohne viele Fragen zu stellen. Ich wollte wissen, wie er sich heute an seine Erlebnisse vor sieben Jahrzehnten erinnert: Ich wollte seine Wahrheit hören. Hatte er also tatsächlich keine Angst? Ist er ein Glückskind? Dann erzählt er eine letzte Geschichte.

Nach dem Krieg gewöhnen sich die Steinheimer an einen neuen Anblick in ihren Straßen: Schotten und Engländer. Die Briten halten bis 1949 eine Garnison in der Stadt. Der Teenager Johannes Waldhoff erlebt zwischen Kapitulation und Republikgründung »die Aufhebung fast aller Moralansprüche«. Die alten Werte der Nazi-Zeit sind diskreditiert, und die Restauration der Adenauer-Ära hat noch nicht begonnen – eine kurze Zeit der Anarchie. »Wir klauten wie die Raben«, sagt Waldhoff und lächelt. »Egal, ob wir es brauchten oder nicht. Hauptsache, wir konnten es klauen.« Mit anderen Kindern stehlen sie sogar die neu verlegten Telefonleitungen der Amerikaner. »Wir wussten gar nicht, was wir damit machen sollten.« Im Stadtzentrum stehen, »schön aufgereiht«, Kanonen und Lastwagen der britischen Armee. »Da schraubten wir den Benzintankdeckel ’runter. Dann kam ein Sieb raus.« Waldhoff erinnert sich bis heute an jedes Detail. Die Kinder lassen eine Flasche an einem Bindfaden in den Tank hinab, bis sie mit einem dumpfen Geräusch auf den Boden des Tanks sinkt. Ist sie voll, wird sie herausgezogen. »Und so habe ich ganze Kanister Benzin geklaut im Laufe mehrerer Wochen. Da machten wir uns überhaupt keine Gedanken, dass es fremdes Eigentum war.« Waldhoffs Geschichte ist an dieser Stelle eigentlich zu Ende. Doch diesmal frage ich nach:

»Hatten Sie keine Sorgen, dass Sie Ärger kriegen?«

»Ja«, sagt Waldhoff und nickt, »dabei haben sie uns ja geschnappt.«

»Geschnappt? Was ist mit Ihnen passiert?«

»Dann haben sie uns auf einen Hof gebracht. Da waren die Soldaten der Wachmannschaft. Die haben uns an die Wand gestellt und ein Erschießungskommando geholt, drei Mann.«

»Wie bitte?«

»›Der wird an die Wand gestellt‹, das gehörte bei uns ja zum normalen Vokabular. Wie man heute sagt: ›Das ist ein Schwein‹, so sagten wir damals: ›Der gehört an die Wand gestellt.‹«

»Und dann?«

»Die haben durchgeladen, angelegt – und ›Bumm‹ gerufen. Und dann haben sie uns zwei nach Hause gejagt. Wir haben beide die Hosen voll gepinkelt.« Waldhoff wischt meinen ungläubigen Gesichtsausdruck weg mit einer Handbewegung, die mich an meinen Vater erinnert.

» Das hat uns nicht beeindruckt. Am nächsten Tag klauten wir wieder Benzin. « Im Hintergrund tickt die Wanduhr.

Kurz darauf verabschieden wir uns voneinander an der Haustür. Gebeugt und hager, aber hellwach steht er im Türrahmen, als wir einander kurz die Hände schütteln. Johannes Waldhoff hat mir sehr geholfen mit dem, was er mir erzählt hat – und mit dem, worüber er geschwiegen hat. Dann schließt sich die Tür, und er ist weg.

Langsam gehe ich durch die Stadt, um meine Gedanken zu sammeln. Breslauer Straße, Königsberger Straße, Ostpreußenstraße: Hunderte Male habe ich ähnlich lautende Schilder gelesen und doch nicht an die Geschichte gedacht, die hinter den Namen steckt. Dahinter verbergen sich Neubausiedlungen aus den 50er- und 60er-Jahren. Möglich machte sie der so genannte Lastenausgleich: Wer im Osten alles verloren hatte oder ausgebombt worden war, erhielt ab Mitte der 1950er Ausgleichszahlungen. Sie ließen den Traum vom Eigenheim wahr werden. Zugleich aber, urteilt der Historiker Andreas Kossert, trat bei den Alteingesessenen nun »neben die verächtlichen Urteile über die Habenichtse« auch noch »der Neid auf die strebsamen Häuslebauer«.

Die Geschichte von Krieg und Nachkrieg erweist sich als viel facettenreicher, als ich erwartet habe. Das macht es interessant – und schwierig. So ist es auch auf der Suche nach Spuren meines Vaters: Welche Information bringt mich weiter, welche nicht? Was ist eine Deckerinnerung, was ehrliche Schilderung? Egal, wie viel ich über seine Kindheit und Jugend in Erfahrung bringe, bleibt es meine Aufgabe, die Einzelteile miteinander in Beziehung zu setzen.

Nicht alle Kriegskinder forschen im Alter nach lange verschütteten Erfahrungen; noch seltener finden sie Traumata, die ihrem Leben eine andere Richtung gegeben haben; und die wenigsten können auch noch klar benennen, was diese Erlebnisse in ihnen angerichtet haben – geschweige denn in ihren Kindern. Sie haben ihr Leben lang versucht, mit der frühen Erfahrung von Not und Verlassenheit irgendwie klar zu kommen.

»In der Kriegsgeneration war es geradezu verpönt, über Ängste zu sprechen«, urteilen die Traumatherapeuten Udo Baer und Gabriele Frick-Baer. Sie arbeiten mit vielen Kriegskindern und -enkeln. »Und Trost gab es in den Nachkriegsjahren nicht und während der Kriegsjahre sowieso nicht. Also wurde über die Angst nicht geredet.« So haben die Kinder des Krieges große Energie darauf verwendet, sich zu sagen, dass ihre Entbehrungen *ganz normal* waren, weil sie es *nicht anders kannten*. Als nichts Besonderes mag dann selbst die eigene Scheinexekution wirken. Sogar dann, wenn man vor Todesangst in die Hose macht. Sonderbar wirkt in dieser emotional eingefrorenen Welt derjenige, der bei einem Luftangriff sichtbar ums Leben seiner Eltern fürchtet.

Dieses In-Schach-Halten und Abspalten der Emotionen hat die Kriegskinder viel Kraft gekostet. Umso schmerzhafter ist es da, sich im Alter vor Augen zu führen, was einem Krieg und Nachkrieg geraubt haben, und was man ein Leben lang hat entbehren müssen. Diese Einsicht tut weh, häufig zu weh. Deshalb kann das, worüber Kriegskinder schweigen, genauso viel aussagen wie das, worüber sie sprechen.

Am Ende der ersten Station meiner Reise habe ich gelernt: »*Den* Kriegsenkel gibt es nicht, ebenso wenig wie *das* Kriegskind.« Den Satz der Autorin Sabine Bode versuche ich als Trost zu verstehen. Es gibt keinen eindeutigen Nachweis, der aus einem Angehörigen der Geburtsjahrgänge 1929 bis '47 ein Kriegskind macht, und den zu führen mir misslungen wäre. Dafür sind Menschen und ihre Lebensumstände zu unterschiedlich. Wie jemand auf potenziell traumatisierende Erlebnisse reagiert, hängt ab von Alter, Geschlecht, Dauer der Notlage, der familiären Situation davor, währenddessen und danach – und vielem mehr.

Meine Aufgabe ist es, die vielen kleinen Einzelteile, die ich auf meinem Weg finde, nach bestem Wissen und Gewissen zu untersuchen und ihnen einen Platz im Mosaik zuzuweisen. Welche Teile gehören zum Bild, welche nicht? Welche rücke ich ins Zentrum, welche an den Rand? Womöglich übersehe ich etwas Wichtiges, oder ich nehme die Deckerinnerung eines Kriegskindes für bare Münze. Doch ist es besser, mich an einer Erklärung zu versuchen, als weiter zu leben mit dem Nebel, in dem ich aufgewachsen bin.

Ich verstehe mehr und mehr, was Kinder zu Kriegskindern machte. Und damit auch, wie Hans Lohre zu dem verstummten Mann wurde, den ich kannte. Soviel ist sicher: Die Kindheit meines Vaters war geprägt von emotionaler Kälte, materieller Not und körperlicher Gewalt. Er muss sehr einsam gewesen sein. Ich stelle ihn mir vor als kleinen Jungen, der in den verhärteten Gesichtern seiner Eltern nie ein Lächeln gefunden hat, sondern bloß die Spuren eines kargen, freudlosen Lebens. *So also*, muss er gedacht haben, *ist die Welt.*

Ohne Bezugspersonen, die ein Kind lehren, seine natürlichen Impulse zu erforschen und mit ihnen umzugehen, bleibt es sich fremd. Es versteht nicht, dass es traurig, wütend oder ängstlich ist, weil niemand verständnisvoll darauf reagiert und es ihm erklärt. Lernt es so, dass Gefühle unerwünscht sind, müht sich das Kind, sie zu verdrängen. Im Extremfall führt es zur Abspaltung aller emotionalen Impulse. Der erwachsene Mensch glaubt dann, gar keine Gefühle zu haben – und kann sie auch bei anderen nicht wahrnehmen. Etwa bei seinen Kindern.

Nach einer Weile fällt mir ein, dass mein Handy noch auf Lautlos gestellt ist. Ich nehme es aus der Jackentasche und sehe: Mein Onkel Willi hat zurückgerufen. Der letzte noch lebende Mensch, der meinen Vater als Kind und Jugendlichen gekannt hat. Mein Magen fühlt sich flau an. Mir ist plötzlich, als habe dieser fremde Mann die Macht, über mich zu richten: *Ich verurteile dich hiermit zu Nichtwissen über deinen Vater, weil du so ein undankbarer Sohn warst.* Ich weiß, der Gedanke ist Unsinn. Trotzdem fühle ich das Blut in meinem Kopf pochen, als ich die Nachricht abhöre. Sie ist knapp: Mein Onkel will mich sehen. Jetzt.

Überlebensschuld & Lebensfreude

Konnten Kriegskinder glücklich werden?

I

Schildern Kriegsenkel ihr Elternhaus, kehren manche Beschreibungen immer wieder. Beispielsweise mussten sie unerklärliche Regeln einhalten, sonst gerieten Vater oder Mutter in Unruhe. Andere fragen sich bis heute, ob es je etwas gab, wofür ihre Eltern sich wirklich interessiert haben. Ihre Schilderungen haben etwas gemeinsam: Zu Hause tickten die Uhren anders.

In der Welt draußen erlebten die Kinder der Kriegskinder ab Ende der 60er-Jahre die rasante Liberalisierung der westdeutschen Gesellschaft. Sie konnten in Autos und Zügen durch halb Europa reisen, in Großstädte ziehen, studieren – häufig als Erste in ihrer Familie. Doch während die Welt dramatischen Wandel erlebte – Frauenemanzipation, sexuelle Revolution, sozialliberale Bildungsreformen, »Wandel durch Annäherung«, Ölkrise, RAF und Nachrüstung –, bemühten sich ihre Eltern in ihren Mikrokosmen um Stillstand. Alles musste sein wie immer – bis alle Spontaneität getilgt war. Die Kriegsenkel wuchsen in beiden Welten auf, aber in keiner fühlten sie sich ganz zu Hause.

Wenn ich mich dem Klinkerbau meines Elternhauses näherte, schien die Umgebung mit jedem Schritt mehr Farbe zu verlieren. Je näher ich kam, desto trübsinniger wurde ich. Wenn ich schließlich die Haustür öffnete, umfing mich, was Kriegsenkel heute als »bleierne Schwere«, »unsichtbaren Nebel« oder »schwarzes Loch« beschreiben. Hier hatte jedes Möbelstück dort zu stehen, wo es immer gestanden hatte. Egal, ob es noch benutzt wurde oder nicht. Das Radio in der Küche lief immer auf derselben Lautstärke: zu leise, um die Musik zu genießen. Und zu laut, um das Gemurmel der Wortbeiträge ignorieren zu können. Das schrille Klingeln des Telefons geriet zum Alarm, der das halbe Haus in Aufregung versetzte, denn irgendjemand musste ihn schleunigst abschalten. Ruhe war erste Kinderpflicht.

Die Regeln, denen diese kleine Welt folgte, waren mir unverständlich, aber das machte es nur noch wichtiger, sie einzuhalten. Schließlich wusste ich nicht, welches Unheil geschähe, würden sie gebrochen. Ungewissheit ist eine nie versiegende Quelle der Angst.

So geriet jedes eilige Treppensteigen auf knarzenden Holzstufen, jedes Auflegen einer Schallplatte im Kinderzimmer zum Wagnis. Das Einzige, das ich dagegen tun konnte, war, mich dem soweit wie möglich zu entziehen. Als Kind verbrachte ich viel Zeit in meinem Zimmer, als Jugendlicher traf ich fast jeden Tag Schulfreunde im Nachbarort. Sofort nach dem Abitur zog ich aus und sammelte Ausreden dafür, warum ich so selten zu Besuch kam. Nie wieder, sagte ich mir, würde ich mich all dem länger als ein paar Tage aussetzen – ohne genau zu wissen, was »all das« war. Zwischen mich und meine Kindheitserinnerungen schob sich immer dichter werdender Nebel. Sicher war nur: Wenn mir etwas klirrend zu Boden fiel, erstarrte ich vor Angst oder wurde unfassbar wütend auf mich.

Trotzdem finde ich mich heute, zwanzig Jahre später, wieder, wie ich mich dem Haus meines Onkels und meiner Tante nähere. Noch bevor es in Sicht kommt, wallen die als Kind verinnerlichten Empfindungen – Bedrückung, Angst und Schuldgefühle – in mir auf, als hätten sie hier auf mich gewartet. Es ist der Gefühlscocktail der Kriegsenkel.

Das Erstaunlichste ist, dass diese Empfindungen heute ohne ein Gegenüber auskommen, auf das sie sich beziehen. Sie begleiten mich, einfach so. *Irgendetwas habe ich sicher übersehen, irgendeine Pflicht vernachlässigt.* Sie sind wie eine Gewitterwolke, ungreifbar und bedrohlich – und ziehen niemals ab. Alles kann ständig schlimmer werden, aber nichts je gut.

Die Selbstvorwürfe kommen dann ganz von allein: Hatte nicht zum Beispiel Onkel Willi auf der Beerdigung seines Bruders gesagt, wir Kinder hätten uns mehr um unseren Vater kümmern müssen? Und traf er damit nicht ins Zentrum meiner Schuldgefühle, die mir sagen, ich täte stets zu wenig zu spät, mit möglicherweise katastrophalen Folgen? Nach wenigen Gedankenschritten erreiche ich so den Punkt, an dem ich mir die Schuld am Tod meines Vaters gebe.

Als Erstes kommt der Jägerzaun in Sicht, dann die kleine Rasenfläche dahinter, schließlich der helle, schlichte Klinkerbau. Ich erkenne ihn allein an der Adresse. Das letzte Mal muss ich als Grundschulkind hier gewesen sein. Die Sonne scheint, es ist warm geworden. Umso mehr wirken die Fenster mit den halb herab gelassenen Rollläden auf mich wie zugekniffene Augen, die die Außenwelt mit einer Mischung aus Argwohn und Angst betrachten. Ich atme tief ein und sage mir: *Reiß dich zusammen und ertrag' die Vorwürfe deines zornigen Onkels. Er ist der einzige noch lebende Bruder. Und deine letzte Chance, etwas über Kindheit und Jugend deines Vaters zu erfahren.*

Als ich die Hand nach der Türklingel ausstrecke, öffnet sich bereits die Haustür. Im Rahmen steht, über das braun gebrannte Gesicht lächelnd, ein schlanker Mann mit vollem weißen Haar und kurzen Hosen, der freudig ruft:

»Komm rein, komm rein! Schön, dass du da bist!«

Aus dem Haus dringen das Klirren von Geschirr, das Gelächter mehrerer Erwachsener und eine Kinderstimme. Noch bevor ich verstehe, was geschieht, zieht mein Onkel mich hinein. Und so manches, was ich über Kriegskinder und -enkel zu wissen geglaubt habe, bleibt draußen.

Durch den schmalen Hausflur lotst Willi mich in die Küche. Dort erkenne ich seine Frau Magdalene: klein, kurzhaarig, anpackend und mit einer kräftigen Stimme. Beide sind seit einem halben Jahrhundert ein Paar. Sie haben einander kennengelernt, als sie 18 Jahre alt war und er 22. Kinder haben die beiden nicht. Umso erstaunter bin ich, neben Magdalene eine Frau anzutreffen, die sich lächelnd als meine Cousine vorstellt. Gemeinsam mit ihrem Mann und ihrer fünf Jahre alten Tochter, die schüchtern lächelnd zu mir aufschaut, sind sie zum Mittagessen vorbei gekommen. Die Cousine erweist sich als Tochter eines verstorbenen Bruders meines Vaters. Mit ihrer Familie lebt sie ebenfalls in Steinheim, sie besuchen einander regelmäßig. Ich bin verblüfft: Im Haus meines kinderlosen, über 70 Jahre alten Onkels herrscht noch heute mehr Leben als einst bei meinen Eltern und ihren fünf Kindern.

Willis Beispiel ist auch deshalb so bemerkenswert, weil die schrecklichen Erinnerungen viele Kriegskinder gerade im Alter einholen. Dann lockern sich die Korsetts von Arbeit und Familie, die ein Erwachsenenleben lang für Ordnung und Ablenkung gesorgt haben. Ihres Schutzes beraubt, bleibt vielen Menschen nur der Rückzug in die Depression. Warum ist das bei meinem Onkel ganz und gar nicht so?

Die nächsten Stunden werden mich vieles lehren. Etwa, dass Kriegskinder sich nicht nur dadurch voneinander unterschieden, als wie belastend sie frühe Erlebnisse erfahren haben. Sondern auch dadurch, in welchem Maße es ihnen als Erwachsene gelungen ist, diese Bürde zu meistern. Denn Kriegskinder waren ebenso wenig pauschal zum Unglücklichsein verdammt, wie Kriegsenkel es heute sind. Die Jüngeren können dabei von den Älteren lernen – und ich von meinem heiteren Onkel. Anders als mein Vater hat er offenbar einen Weg gefunden, sich von seinen Kindheitsnöten nicht erdrücken zu lassen. Deshalb lautet die nächste Frage, auf die ich eine Antwort suche:

Konnten Kriegskinder glücklich werden?

II

Wir gehen durch die Küche auf die große Veranda. Ein heller, gemütlicher Ort voller Blumen, von der schlichten Straßenfront aus nicht zu sehen. Hier sonnen sich Willi und Magdalene, während sie Kaffee trinken, selbstgemachten Kuchen essen, die Lokalzeitung lesen. Willi nickt nach dem Mittagessen gern auf der Hollywoodschaukel ein. »Zwei Stunden liegt er da!«, ruft sie. »Höchstens eine«, sagt er und lächelt. Fast täglich machen sie Touren auf ihren Elektrofahrrädern. Und die Rollläden auf der Straßenseite, die aussehen »wie zugekniffene Augen, die die Außenwelt mit einer Mischung aus Argwohn und Angst betrachten«? Sind herab gelassen, um Magdalenes geliebte Orchideen vor der Mittagssonne zu schützen.

Ich glaubte, mit allem gerechnet zu haben. Wie sich herausstellt, nur nicht mit der Möglichkeit, auf zwei Menschen zu treffen, die ihr Leben genießen. Und die sich darauf freuen, sich mit mir über unsere Familiengeschichte auszutauschen. Die Schuldgefühle haben mich alles grau in grau sehen lassen, wo es Farben zu entdecken gibt.

Das Mittagessen verläuft so, wie es bei meinen Eltern nie sein durfte: Alle reden laut durcheinander und lachen. Danach verabschieden sich meine Cousine, ihr Mann und ihre Tochter. Wir verabreden, in Kontakt zu bleiben. Das Schweigen hat lange genug gedauert. Danach sind Magdalene, Willi und ich unter uns. Magdalene serviert Kaffee. Willi sagt, unruhig vom Tisch aufblickend: »Ich hab' keine Tasse abgekriegt.« Sie antwortet, sichtlich mokiert: »Mein lieber Gott, das tut mir *fast* leid.« Dann holt sie ihm eine Tasse.

Willi ist freundlich, heiter, aber auch nervös und um das richtige Wort ringend. Sätze beendet er häufig mit »und so weiter«. Früher war er Fernbusfahrer, brachte Urlauber bis nach Spanien und Ost-Berlin. Mit einem Strahlen sagt er: »Ich bin immer gerne Bus gefahren. Immer.« Magdalene hat ihr ganzes Berufsleben als Verkäuferin hinter Wurst- und Fleischtheken verbracht. Sie ist selbstsicher, redet laut und gern. Die beiden ergänzen einander.

Als ich meinen Onkel nach seinem Verhältnis zu seinem großen Bruder frage, antwortet er, wie ich es nicht erwartet habe: »Für mich war er immer ein Vorbild.« Mein Vater, ein positives Vorbild? Wie kann das sein?

Willi zeichnet das Bild einer Freundschaft, die ohne viele Worte auskam. Im Elternhaus schliefen Willi und sein Lieblingsbruder im selben Bett. Morgens überschüttete der Ältere, wenn es ihm bei der morgendlichen Toilette nicht schnell genug ging, seine jüngeren Brüder mit kaltem Wasser. »Das war ’ne Gaudi«, sagt Willi. Seine Bewunderung sieht man noch heute, wenn er bei diesen Worten übers braun gebrannte Gesicht lächelt. Bis heute nennt er den zwölf Jahre Älteren nicht – wie alle anderen – »Hans«, sondern beim Taufnamen »Johannes«. Es klingt vertraulich, fast zärtlich.

Willi erlebte, wie sein Bruder aus der Enge des alten Bauernhauses hinaus strebte. Zum Melken und Ackerpflügen hatte er keine Lust: »Johannes hatte schon immer zwei linke Hände.« Im Jahr 1946 fing der Ältere, direkt nach der Volksschule, bei der Post an. Beamter zu sein, das galt etwas und versprach ein lebenslang sicheres Einkommen. Sein Arbeitgeber schickte ihn zur Arbeit in mehrere Orte in der Gegend, darunter für drei Jahre nach Bielefeld. Das Dorfkind erlebte das erste und letzte Mal in seinem Leben, was es hieß, in einer Großstadt zu leben. Die Arbeit machte Johannes Spaß. Wenn Willi an seinen Bruder denkt, sieht er ihn bis heute vor sich, wie er stolz, mit leicht watschelndem Gang, morgens zur Post ging. »Da hatte er seine Ruhe und so weiter.« In seiner Freizeit machte mein Vater mit dem Kolping-Verein Ausflüge.

Als ich das höre, kommt mir die Szene in den Sinn, wie ich versuchte, meinem Vater von meinen Erlebnissen am 11. September 2001 in New York zu erzählen. Kaum hatte er dabei das Stichwort »Kolping« gehört, verlor er das Interesse an der Geschichte und erzählte von der katholischen Laienorganisation. Ich fühlte mich vor den Kopf gestoßen. Jetzt verstehe ich besser, warum er das tat: Mein Vater muss die 50er-Jahre genossen haben. Mit der Republik und ihm, einem einfachen Jungen vom Land, ging es damals steil aufwärts. Die Erinnerung an die Nöte der Kindheit verwischte, und die Zukunft war ein großes Versprechen.

So erging es vielen Kriegskindern in der Wiederaufbau- und Wirtschaftswunder-Zeit. Sie waren erfüllt von einer verzweifelten Lebensfreude, die sie sich häufig nicht erklären konnten. Einerseits hatten Krieg und Not ihre Unbeschwertheit geraubt. Andererseits spürten sie, dass sie noch Schlimmerem um Haaresbreite entkommen waren. Als Überlebende waren sie Glückskinder und Versehrte zugleich. Der 1940 in Vechta geborene Schriftsteller Rolf Dieter Brinkmann beschrieb die Atmosphäre seiner Kindheit rückblickend so:

»Ruinenkinder, Bombensplitterkinder, ja, Todessplitterreisen haben wir, jeder auf seine Art, gespielt, und die frühe Kulisse waren aufgerissene Straßen, abgedeckte Häuser, brennende Ruinen, – lange her und in der ersten Phase des Lebens, des Sehens, der Neugier, der ersten halbbewussten Wahrnehmungen versiegelt, eingeschlossen, nämlich was?: Trümmer, zerrissene Häuser, Betonbrocken, Brandphosphorbomben und blaue Narben am Körper eines Spielkameraden (...), das ist es, was sich als erste Lebenskulisse ergab, unter dem nicht näher fassbaren Druck und der Bedrohung der Vernichtung – das ist unsere Generation, eine Gerümpel-Generation, hastig und mit Angst vor dem Krieg oder in den ersten Kriegstagen zusammengefickt – ein verworrenes Motiv: ehe der Mann in den Krieg zieht, macht er der Frau noch ein Kind – , ich bin nur da, weil es einen Krieg gab' – und was ist dann Kindheit und Jugend? Nichts als eine einzige Entschuldigung, dass man überhaupt da ist.«

Diese Kinder empfinden eine Überlebensschuld: Sie, die den armen Erwachsenen so viel Mühe bereiten, sind wohlauf, während der tapfere Vater, Bruder oder Onkel tot, vermisst oder verwundet ist? Während Mutter und Großeltern trauern, bangen und sich dabei erschöpfen, die Familie zu ernähren? So wachsen sie im Glauben auf, sich ihre Daseinsberechtigung erst verdienen zu müssen. Rastlosigkeit, Leistungswillen und Depressivität vieler Kriegskinder rühren häufig auch hierher.

Für Willi muss es schmerzhaft gewesen sein zu sehen, wie sein Bruder 1962 das Elternhaus endgültig verließ, um seiner Braut in ihre 140 Kilometer entfernte Heimat zu folgen. Johannes war 31, Willi erst 19 Jahre alt. Danach wurde der Kontakt schwächer.

In ihrem Heimatdorf betrieb meine Mutter mit ihren Eltern ein familieneigenes Lebensmittelgeschäft, wie es sie heute nicht mehr gibt: ein Tante-Emma-Laden mit Theke und Milch in großen Kannen. Nach dem Tod ihres Vaters 1967 arbeiteten sie und ihre Mutter gemeinsam weiter. Mein Vater stand morgens um halb fünf Uhr auf, um ihnen zu helfen, indem er aus dem Nachbarort Milch heran karrte, die sie im Laden verkauften. Erst danach ging er zur Arbeit bei der Post. In diesen arbeitsamen Jahren gebar meine Mutter vier Kinder. Mir fällt es schwer, mir diese Zeit vorzustellen: meine noch recht jungen Eltern, die im Morgengrauen Kisten schleppten, umgeben von kleinen Kindern.

Seit mehr als einer Stunde höre ich Tante und Onkel zu. Sie haben mir erzählt, was für ein umgänglicher junger Mann mein Vater gewesen sei. Sie zeichnen das Bild eines netten Kerls, der seine Arbeit als Beamter genoss und gern schnell Auto fuhr, ansonsten aber in keiner Weise herausstach. Dann erzählt Magdalene eine Anekdote, bei der meine Gesichtszüge einfrieren.

Ende 1975, berichtet sie, besuchten meine Eltern Steinheim. Der Bruder meiner Mutter, der im Ort lebte, hatte ein Kind bekommen. Magdalene fragte meinen Vater:

»Habt Ihr Euren Kinderwagen mitgebracht?« Die neuen Eltern brauchten ja bald ein Gefährt.

Mein Vater antwortete: »Den Wagen brauchen wir selber.«

»Wieso? Kommen schlechte Zeiten?«

»Nein«, sagte er, »die sind schon da.«

Magdalene lacht laut auf, Willi stimmt ein. Ich lache nicht. Die Szene spielt vier Monate vor meiner Geburt. Es dauert ein paar Sekunden, bis ihre Bedeutung mir ganz bewusst wird. Zum ersten Mal höre ich jemanden offen aussprechen, was ich mein Leben lang diffus und doch schmerzhaft gespürt habe:

Mein Vater wollte mich nicht.

Für einen Moment komme ich mir sehr allein vor – und sehr dumm. *Was,* frage ich mich, *hast du denn geglaubt zu finden, als du dich auf die Suche nach Spuren deines Vaters gemacht hast? Hast du erwartet, einen ganz anderen Menschen zu entdecken als den, den du dein Leben lang kanntest? Einen perfekten Vater? In einem TV-Film mag das so funktionieren, aber nicht in einer echten Familie aus der deutschen Provinz.*

Groll steigt in mir auf, ein heißer Klumpen Wut irgendwo zwischen Magen und Kehle. Ich habe die Wahl, ihn herunter zu schlucken, wie ich es mein Leben lang getan habe. Oder ich rede darüber – und riskiere, dass ich Onkel und Tante vor den Kopf stoße. Ich entscheide mich fürs Reden.

Zweimal atme ich tief durch. Dann erzähle ich den beiden, so ruhig ich kann, wie bedrückend ich die Atmosphäre zu Hause fand. Wie die Wutausbrüche meines Vaters zu den schlimmsten Erinnerungen meiner frühen Kindheit wurden: »Hätte er klare Regeln aufgestellt, deren Verstoß Ärger bedeutet hätte, hätte ich damit vermutlich leben können. Ich hätte gewusst, woran ich bin.« Der hochrote Kopf meines Vaters hingegen, sein Brüllen, die weit über mir drohend schwebende Hand – all das schien aus dem Nichts zu kommen. In einem Moment brütete er am Wohnzimmertisch vor sich hin, im nächsten erhob er sich wie ein zürnender Gott, der seine Schöpfung zu vernichten droht. Ich wusste nicht, was ich getan hatte, und es gab keine Möglichkeit, es herauszufinden. In dieser Welt gab es kein »Warum?« und kein richtiges Verhalten, das den alttestamentarischen Gott verlässlich besänftigte. Das Unerklärliche bereitet immer die größte Angst.

Heute erkläre ich mir seine Anfälle so: Mein Vater wusste wahrscheinlich selbst nicht, was ihn dazu trieb, denn ihm war sein Inneres fremd. Er spürte nicht, dass ihm etwas zuviel wurde, und konnte deshalb auch nicht früher darauf reagieren. Wut war sein erstes und einziges Mittel, mit Ärger umzugehen. Sie ist das einzige Gefühl, das sich emotional unsichere Menschen erlauben können, ohne sich schwach zu fühlen. Ihre Anfälle ähneln Vulkanausbrüchen: Sie entladen, was sich im Innern angestaut hat, auf unkontrollierte Weise, und hinterlassen ringsum eine Zone der Verwüstung. Sie wirken kurzfristig entlastend, weil aus der nächsten Umgebung erst einmal keine weiteren Irritationen drohen, die die heikle seelische Balance gefährden könnten. Es herrscht wieder angespannte Ruhe – bis zur nächsten Eruption.

Das Bild, das ich Willi gegenüber von meinem Vater male, ist ein ganz anderes als das, das er von seinem bewunderten Bruder hat. Es fällt besonders düster aus, weil ich so gekränkt bin. Je länger ich rede, desto mehr reift meine Vermutung zur Gewissheit, dass ich gerade selbst eine Zone der Zerstörung schaffe. Mit meinen Worten bringe ich den einzigen Menschen, der mir etwas über die Jugendjahre meines Vaters erzählen kann, gegen mich auf. Als ich schließlich zum Ende komme, suche ich im Augenwinkel schon nach meiner Tasche. Ich bin bereit, sofort zu gehen, wenn ich darum gebeten werde. Dann seufzt Willi und beugt sich vor:

»Ist gut, dass du das mal gesagt hast. Wie das bei euch war als Kinder.«

Sekundenlang wage ich nicht, etwas zu antworten, als könne jedes weitere Wort die unverhoffte Nähe zerstören. Nach einer Weile sagt Willi, noch immer etwas abgelenkt, als tauche er aus seinen Gedanken auf: »Dass er ein bisschen jähzornig war, das stimmt wohl. Das will ich nicht abstreiten, das will ich ganz ehrlich sagen.«

Von diesem Moment an nimmt das Gespräch einen unverhofften Verlauf. Die beiden erzählen von einer anderen Seite meines Vaters. Magdalene sagt:

»Aufbrausend sind die Lohres alle. Von Null auf 180.« Sie blickt auf ihren Mann. »So warst du früher auch. Ist aber schon besser geworden. Dann denk' ich: Leck' mich.« Sie schaut mich an: »Als Kind hat man natürlich nicht die Möglichkeit.«

Willi berichtet von der Ungeduld, die seine drei Brüder erfüllt habe. Nichts ging ihnen schnell genug. Kaum war der Teller leer gegessen, der Kaffee getrunken, standen sie nervös auf, um aufzubrechen. Selbst, wenn es keine Termine gab. Das ist der Vater, den ich kenne.

Von großer, ihnen unerklärlicher Unruhe berichten viele Kriegskinder. Häufig dient als Erklärung das Erlebnis der Flucht: Wer einmal alles zurücklassen musste, fühlt sich häufig ein Leben lang wurzellos, immer auf dem Sprung. Aus Angst, wieder fort zu müssen. Oder in der Hoffnung, bald in die alte Heimat zurückzukehren. Die Gegenwart ist bloß eine lästige Ablenkung von der Vergangenheit oder der Zukunft.

Doch die Familie meines Vaters wurde nicht vertrieben. Ihre innere Anspannung hat andere Ursachen. Wer sein Innenleben nicht spüren kann, sucht umso stärker die Aktion in der Außenwelt. Arbeit und äußere Reize verschaffen ihnen Linderung. Bleibt die Bestätigung durch die Außenwelt aus, ist es ihnen, als existierten sie nicht. Deshalb langweilen sich diese Menschen rasch. Sie brauchen die Reibung, um sich zu spüren. Wenn im Alter ihre Tatkraft erlahmt, empfinden sie das deshalb als Katastrophe. Wenig oder nichts leisten zu können, erscheint ihnen wie der Tod selbst. Hier liegt eine weitere Ursache für Arbeitseifer und Aktionismus vieler Kriegskinder, aber auch für deren Depressivität im Alter.

Über meinen Großvater sagt Willi vorsichtig, er sei »aufbrausend« gewesen. Als Erwachsener mied er den Kontakt zu ihm, dabei wohnten beide in derselben Kleinstadt. Magdalene riet Willi, den alten, störrischen Mann trotzdem regelmäßig zu besuchen, weil sie wusste, dass er sich sonst nach dessen Tod Vorwürfe machen würde. »Das muss ich aber auch sagen«, ruft Magdalene über den Tisch, »auch wenn du mich heute Abend ausschimpfst:

Deine Schwester Mathilde hat immer gesagt, eure Mutter sei auch schwierig gewesen.«

Willi nickt. Er lässt jetzt immer mehr schmerzhafte Erinnerungen zu, die ich zu Beginn unseres Gesprächs nie erwartet hätte: »Ich kenne meine Mutter nur in schwarzer Kleidung.« Jeden Tag trug sie ein schwarzes Kleid, eine schwarze Schürze, schwarze Strümpfe, dazu einen strengen Haarknoten am Hinterkopf. Meine Großmutter muss eine stille, hart gewordene Frau gewesen sein, die ihre Hoffnungen auf ein erfülltes Leben, falls sie so etwas je hatte, spätestens durch Krieg und Not verlor. Mit wenigen Strichen zeichnen Willi und Magdalene ein Bild der Vorkriegs- und Kriegsgeneration, das sich erstaunlich genau mit dem deckt, das ich mir mit Johannes Waldhoffs Hilfe gebildet habe.

An diesem Kaffeetisch wird mir klar: Kriegsenkel können noch heute mehr über ihre Eltern und Großeltern herausfinden, als sie sich vorstellen können. Sie müssen bloß lernen, wem, wann und wie sie die richtigen Fragen stellen.

In unserem Fall haben meine emotionalen Worte über meine Kindheit das Gespräch nicht beendet, sondern erst richtig in Gang gebracht. Das hat nur klappen können, weil wir ein paar ungeschriebene Regeln befolgt haben: Uns allen war von vornherein klar, dass unser Treffen etwas Besonderes ist. So haben wir uns emotional darauf vorbereiten können. Wir haben es vermieden, dem jeweils anderen die eigene Meinung aufzudrücken. Stattdessen haben mein Onkel und meine Tante über ihre Sicht auf eine Zeit gesprochen, die ich nicht erlebt habe. Da wäre es anmaßend von mir zu behaupten, sie müssten grundsätzlich irren. Außerdem reden sie von einem Menschen, der ihnen am Herzen liegt. Natürlich werden sie erst einmal dessen positive Seiten herausstellen. Wer täte das nicht? Meine Gegenüber wiederum haben meine kindliche Sicht auf »Papa« nicht infrage gestellt. Wieso auch, sie haben den Familienalltag damals nicht erlebt. Kurz: Wir haben die Grenzen unserer jeweiligen Wahrnehmung akzeptiert. Beide Seiten haben ihr Bild von Hans Lohre, und das darf so bleiben.

Was aber, wenn ein Kriegskind nicht zum Dialog bereit ist? Wenn er oder sie immer wieder dieselben, rätselhaften Geschichten von früher erzählt – oder schweigt? Dann raten Traumatherapeuten dazu, besonders behutsam zu sein. Eine direkte Frage wie »Was hast du Schlimmes erlebt?« führt selten zum Ziel, weil es auf den Kern der traumatischen Erfahrung zielt. Noch kontraproduktiver sind Unterstellungen wie »Euch ging es damals bestimmt besser als den meisten, oder?«. Sie drängen den Befragten zurück in eine bestimmte Rolle, aus der herauszufinden er ja gerade die Unterstützung des Fragenden braucht.

Als hilfreich gelten Nachfragen zur Zeit davor oder danach: vor der Flucht oder dem Bombenangriff, nach dem Kampfeinsatz oder der Evakuierung. Weil das Trauma selbst wie ein schwarzes Loch ist, das sich nicht erzählerisch fassen lässt, wird die Beschreibung dessen, was drumherum geschah, umso wichtiger. So können sich die Kriegskinder der schmerzhaften Erfahrung nähern, ohne ihrem Sog zu erliegen. Wenn beispielsweise ein Flüchtlingskind beschreibt, wie schön der elterliche Bauernhof in Ostpreußen war, ahnt das Gegenüber bereits, wie einschneidend der Verlust der vertrauten Kindheitswelt gewesen sein muss. Um den Schmerz zu verstehen, genügt häufig ein Blick aufs Verlorene.

Wenn Fragende deutlich zeigen, dass sie wirklich an der persönlichen Sicht des alten Menschen interessiert sind, kann das die Zunge lösen. Etwa durch Fragen wie: »Woran kannst du dich besonders gut erinnern?« Auch eine nicht alltägliche Atmosphäre abseits der eigenen vier Wände, etwa beim Spazierengehen, kann helfen. Und weil Kriegskindern es meist besonders schwer fällt, über Emotionen zu sprechen, können ehrlich teilnahmsvolle Sätze des Zuhörers wie »Da hätte ich aber große Angst gehabt« Hemmungen lösen. Nur wer Mitgefühl erfahren hat, kann schmerzhafte Gefühle zulassen.

Beim Gespräch auf der Terrasse erlaubt sich Willi immer mehr unangenehme Erinnerungen an seinen Bruder, auch solche aus der jüngsten Zeit:

»Als ich ihn das letzte Mal traf, wollte Magdalene, dass er nicht mehr Auto fährt. Da ist er auch wütend geworden.«

Ich ahne etwas. Wann war das, Willi?

»Ein paar Wochen vor dem Unfall auf der Autobahn.« Ungefähr zu dieser Zeit besuchten meine Schwester Ingrid und ich unseren Vater im Seniorenheim, in dem er seit wenigen Monaten lebte. Wir suchten nach einem Weg, ihn am Fahren zu hindern. Und ahnten nicht, dass wir zu spät kommen würden.

»Er wollte uns besuchen kommen«, sagt Magdalene. »Er wollte selber fahren! Wir hätten ihn ja abgeholt. Aber dann ...« Sie schüttelt den Kopf und spricht nicht weiter.

Natürlich, das ist es: Das Ziel der letzten Reise meines Vaters war seine Heimatstadt. Er wollte noch einmal seinen kleinen Bruder sehen, sich noch einmal seiner Selbstständigkeit vergewissern, sich noch einmal spüren. Seine Gedanken müssen darum gekreist sein. Das würde erklären, weshalb er mich bei unserem letzten Aufeinandertreffen verabschiedete mit »Tschüss, Willi«. Er wollte dorthin fahren, wo ich jetzt sitze und Kaffee trinke.

»Wo wir grad dabei sind«, sagt Willi und fischt mit zwei Fingern in einer Klarsichthülle. »Ist er das? Nee, Moment. Hier.« Unruhig reicht er mir einen gefalteten Ausschnitt aus der Lokalzeitung. Was soll das? Als ich ihn aufklappe, sehe ich oben ein Foto: ein Mittvierziger mit langem Haar blickt gedankenverloren auf eine Autobahn, die im Hintergrund verschwimmt. Darunter steht: *Geisterfahrer-Unfall überlebt. Familienvater Olaf F. lag zehn Tage im Krankenhaus, der Falschfahrer starb.* Ich blicke zu Willi und von ihm zurück aufs Papier. Es dauert einen Moment, bis ich verstehe: Das ist er. Das ist der Mann, in dessen Wagen der meines Vaters prallte.

Seit dem Tod meines Vaters habe ich mich gefragt, was aus dem »Unfallgegner« geworden ist. Die Polizei verweigert den Familien der Beteiligten in solchen Fällen üblicherweise Informationen über die andere Seite, damit sie einander nicht unter Druck setzen können. Es erscheint mir unwirklich, dass der unbekannte Volvo-Fahrer Gesicht, Vorname und Beruf hat, dass er vom Unfall erzählen kann – dass er tatsächlich *lebt.* »Am Tag, als es passierte, hatte der selbstständige Garten- und Landschaftsbauer in Oerlinghausen gearbeitet. Er erinnert sich: ›Ich war auf dem Heimweg. Alles war wie immer. Kurz vor der Raststätte Herford bin ich auf den linken Fahrstreifen gewechselt. Da kommt man am besten durch.‹ (…) Bis zum Aufprall mit dem Volvo von Olaf F. sind es nur noch Sekunden: ›Ich sah plötzlich weißes Licht. Bevor ich einen Gedanken fassen konnte, krachte es. Ich hing im Gurt und wurde ins Lenkrad gedrückt. Und dann war Stillstand.‹ (…) Der Volvo, Baujahr 1992, hat keine Airbags. Doch Olaf F. lebt. ›Ich hörte, wie mein Handy klingelt. Es war ein Bekannter. Ich ging dran und sagte ihm, dass ich gerade einen Unfall hatte. Dann befreite ich mich aus dem Gurt und stieg aus dem Auto. Ich ging zum anderen Wagen, wollte helfen. Aber der Mann bewegte sich nicht mehr.‹ (…) Im Klinikum Herford diagnostizieren die Ärzte eine gebrochene Nase, ein gebrochenes Jochbein und zwei gebrochene Rippen. ›Sie haben bei der Untersuchung im Krankenhaus mit schweren, inneren Verletzungen gerechnet. Da war aber nichts. Es müssen sehr viele Schutzengel in meinem Wagen gewesen sein.‹«

Ich schaue vom Artikel auf, blicke noch einmal aufs Foto mit dem Mann an der Raststätte. Erst jetzt fällt mir auf, dass ich mit zweifelsfreier Gewissheit davon ausgegangen bin, dass diesem Mann das Schlimmste widerfahren sein muss: *Vielleicht vertröstet die Polizei ja den Gesundheitszustand von Unfallgegnern, um den Stress von Hinterbliebenen nicht zu vergrößern. Vielleicht starb der Unbekannte Wochen später an unerkannten inneren Verletzungen.* Ich schaue auf das Datum der Zeitungsausgabe: 6. Februar 2013. Etwas mehr als zwei Monate nach dem Zusammenprall.

Auch diesmal glaubte ich, mit allem gerechnet zu haben. Wie sich herausstellt, nur nicht mit der Möglichkeit, dass ein Mensch, dem Schlimmes widerfahren ist, in der Lage ist, sein Leben selbstbestimmt fortzuführen.

III

Etwas Seltsames geschieht, je länger meine Tante, mein Onkel und ich miteinander reden. Die Schuldgefühle, die mich auf dem Weg hierher begleitet haben, werden schwächer. Die Menschen, die mir in meiner Fantasie Vorwürfe gemacht haben, was für ein undankbarer Sohn ich sei, haben nichts gemein mit dem im Sonnenschein Kaffee trinkenden Ehepaar, das vor mir sitzt. Und ich bin nicht so ein grässlicher Kerl, wie die Schuldgefühle es mir weis machen wollen.

Meine Tante und mein Onkel waren verständlicherweise verletzt, als mein Vater starb. Mit etwas Abstand aber sind sie schlicht froh, dass jemand ihre Sicht hören will. Die Erinnerungsschätze der Kriegskinder zu heben, das fällt zugegebenermaßen schwer, weil viele Kriegsenkel schon als Kinder die Lehre verinnerlicht haben, dass Nachfragen zu Krieg und Nachkrieg unerwünscht sind oder ins Leere gehen. Dabei scheinen viele Verwandte, Freunde, Nachbarn oder ehemalige Arbeitskollegen ihrer Eltern nur darauf zu warten, ihre Erinnerungen teilen zu dürfen. Jetzt haben wir die letzte Chance, miteinander ins Gespräch zu kommen.

Das hilft den Kriegskindern – und ihren Kindern. Denn die quälenden Selbstvorwürfe, die viele Kriegsenkel als Gewitterwolke begleiten, wurzeln im Schweigen über die Vergangenheit. In ihrer Kindheit haben sie erspürt, dass es ihren Eltern schlecht geht. Kinder vermuten die Verantwortung für deren Wohlergehen instinktiv bei sich. Deshalb fühlen sie sich auch dafür zuständig, Vater oder Mutter glücklich zu machen: durch Wohlverhalten, Leistung, Unkompliziertheit. Doch weil sie nicht die Ursache des elterlichen Leids sind, können Kinder es auch nicht heilen.

Wenn ihnen etwas geschieht, das ihr Verständnis übersteigt, machen sie sich dafür verantwortlich. Ohnmacht und Ratlosigkeit werden so unerträglich, dass Kinder diesen Empfindungen alles andere vorziehen, sogar quälende Selbstvorwürfe: *Du hast es nicht geschafft, du bist nichts wert, du bist ein schlechtes Kind.* Die Anklagen verleihen ihnen die Illusion von Macht, und sei es nur die Macht, sich selbst beschimpfen zu können.

Ins Selbstbild des Erwachsenen graben sie sich schließlich ein als massive Schuldgefühle. So tief, dass diese sich im späteren Leben verselbständigen. Dann fühlen sie sich im Extremfall für Gelingen und Scheitern von allem verantwortlich, was in ihrer Umgebung geschieht. Natürlich, ohne diesem – meist unbewussten – Auftrag je gerecht werden zu können. Die Folge sind noch stärkere Selbstvorwürfe. So haben sich in den Kriegsenkeln die Folgen traumatischer Erfahrungen eingeschrieben, die sie selbst nicht erlebt haben. Ja, von deren Existenz sie häufig gar nichts wissen. Es entsteht ein quälendes Nichts im Zentrum des eigenen Lebens, ähnlich dem Gefühl der Überlebensschuld vieler Kriegskinder. Deshalb ist es umso wichtiger, die noch Lebenden zu befragen.

Auf der Veranda ist das dritte Stück Kuchen gegessen, die Kaffeekanne leer. Mein Treffen mit Willi und Magdalene wendet sich heitereren Themen zu. Magdalene zeigt mir ein Album mit Fotos von der Abschiedsfeier ihres Arbeitgebers. Vor wenigen Jahren ging sie nach einem halben Jahrhundert Teilzeitarbeit hinter Wurst- und Fleischtheken in Rente. Sie hat ihren Job geliebt, ebenso wie mein Onkel, der langjährige Fernbusfahrer. Von Fotos aus den 70er-Jahren lächelt mir ein fröhlicher Mann mit roten Wangen entgegen, umringt von gut gelaunten Urlaubern. Noch immer weiß ich nicht, wie es Menschen wie Willi gelingen konnte, trotz einer Kindheit in Krieg und Nachkrieg ein zufriedenes Erwachsenenleben zu führen.

Ist der 1943 Geborene tatsächlich als einer der wenigen seiner Alterskohorte von Schicksalsschlägen verschont geblieben? Womöglich litt er als Säugling, der weder Flucht noch Evakuierung erfuhr, keinen Hunger. Das Dritte Reich erlebte er mit Sicherheit nicht mehr bewusst und wuchs heran im Wirtschaftswunder-Deutschland. Vielleicht waren seine Eltern auch nachsichtiger mit Willi, dem unerwarteten Nachzügler. Oder seine vier älteren Geschwister beschützten ihn. Moment, das ist es: Willi bewunderte den zwölf Jahre älteren Hans. Wahrscheinlich bot ihm der große Bruder Ersatz für die entbehrte Väterlichkeit. Wenn das stimmt, zeugt Willis Leben von der viel beschriebenen Resilienz, also der psychischen Widerstandsfähigkeit, die es ermöglicht, seelische Krisen auf gesunde Art zu verarbeiten. Wer darüber verfügt, holt sich instinktiv Zuneigung, Schutz und Unterstützung dort, wo sie oder er sie kriegen kann. Ein tröstlicher Gedanke: Zumindest einem Menschen wäre Hans Lohre dann ein guter Vater gewesen.

Dann steht Willi auf, rückt sein Hemd beiseite und zeigt auf eine leichte Erhebung an der rechten Schulter: Unter der Haut steckt ein Herzschrittmacher, sein fünfter.

Vor fast 30 Jahren erlitt Willi, damals ein 43-jähriger Workaholic mit deutlichem Bauchansatz, allein in einem Hotelzimmer einen Schlaganfall. Ein Kollege fand ihn und brachte ihn ins Krankenhaus. Acht Wochen lang konnte er nicht sprechen. Seinen Beruf, den er so geliebt hatte, konnte er nicht mehr ausüben. Aber Willi war zäh, er erlernte das Sprechen wieder, konnte seinen Führerschein behalten und fuhr lange Zeit Taxi. Womöglich war der Schlaganfall, rückblickend betrachtet, ein willkommenes Warnsignal: zu deutlich, um es ignorieren zu können, aber nicht stark genug, um Willi zu brechen. Die Erkrankung zwang ihn früh zu jener Schonung, die sich viele Kriegskinder selbst im Alter selten gönnen. Hatte er also einfach Glück?

Wir gehen durch den Flur zurück zur Haustür. Willi gibt mir Tipps, wie ich auf dem Rückweg eine Abkürzung nehmen kann. Magdalene drängt mir Kuchen auf: »Jetzt nimm, sonst wird er doch schlecht!« Und erst jetzt, im allerletzten Moment unseres Treffens, wird mir etwas Wichtiges klar. Wie konnte ich es nur übersehen? Ein Grund, weshalb mein Onkel ein glücklicher Mensch geworden ist, steht seit einem halben Jahrhundert neben ihm: seine Frau.

Zu den wichtigsten Entscheidungen im Leben eines erwachsenen Menschen zählt die Partnerwahl. Willi entschied sich früh für die 1947 geborene Magdalene. Sie ist kein Kriegskind. Sie schluckt nichts herunter, sondern sagt alles, was ihr passt – oder nicht passt. Die Depression vieler Kriegskinder ist ihr fremd. Dabei hatte auch sie keine leichte Kindheit. Ihr Vater hatte neun Kinder aus zwei Ehen, sie war in der Mitte. Doch: »Der Zusammenhalt war immer super.« Noch heute trifft sie ihre Halbgeschwister, fährt mit ihnen in Urlaub. Magdalene hat nicht dieselben Ängste wie Willi. Sie ist für ihren Mann ein Felsen, an dem er sich aufrichten kann, wenn es ihm schlecht geht. Vielleicht kommt bei Willi alles zusammen, was es Kriegskindern möglich gemacht hat, ein zufriedenes Leben zu führen: Glück, Resilienz und richtige Partnerwahl.

Als ich kurz darauf im Auto sitze und Willi und Magdalene zum Abschied winke, denke ich dankbar an die vergangenen zwei Tage zurück. Angereist bin ich voller Zweifel, ob ich hier etwas über Kindheit und Jugend meines Vaters erfahren würde. Nun fahre ich ab mit jeder Menge neuem Wissen über die Vergangenheit und einem unverhofften neuen Kontakt zu meiner Familie im Hier und Jetzt.

Nur etwas nagt an mir: Wenn Kriegskinder die Chance hatten, glücklich zu werden, hatten meine Eltern sie auch? Wenn ja, was lief so schrecklich schief?

Warum gerieten die Ehen der Kriegskinder so häufig zur Qual für sie und ihre Kinder?

Täter & Opfer

Was machte das Schweigen der Mittäter mit ihren Kindern?

I

Was wissen wir schon über die Häuser, in denen wir leben? Über die Menschen, die vor uns darin wohnten? Über jene, die sie erbaut haben, und denen sie einst gehörten? Über ihre Träume, Ängste und Hoffnungen? Wir bewegen uns in Räumen, begreifen sie als unsere, ohne zu ahnen, was vor unserer Zeit dort geschah. Auch ich. Was gab es da schon zu wissen?

Meine Mutter liebte das Haus, in dem wir lebten. Es war ihr Erbe und ihre Heimat. Ihr Vater hatte es als junger Mann gekauft und darin mit seiner Frau drei Kinder aufgezogen. Nach einem arbeitsreichen Leben war er dort auch gestorben, an einem Herzinfarkt im Lehnsessel. Das war 1967, neun Jahre vor meiner Geburt. Mein Großvater erschien in den wenigen Geschichten meiner Mutter als gütiger, kluger, aber auch prinzipienstrenger Mann, der nicht viel redete. Meine Mutter, Jahrgang 1937, war sein erstes Kind. Ihr gesamtes Leben hat sie in ihrem Elternhaus verbracht, es gepflegt, durch Anbauten vergrößert. Mehrere Tage fort war sie nur, wenn eine Geburt oder Erkrankung sie ins Krankenhaus zwang. Hier hat sie mit meinem Vater und fünf Kindern gelebt, und hier ist sie 2002 gestorben – an einem Herzinfarkt, wie ihr Vater. Jetzt fahre ich dorthin. Zum ersten Mal seit der Beerdigung meines Vaters besuche ich mein Heimatdorf, in dem ich mich nie wirklich heimisch fühlte.

Dabei ist der Ort ein Idyll. Je näher ich ihm komme, desto flacher wird die Landschaft, und der Blick kann schweifen. Auf Weiden beiderseits der Landstraße grasen Pferde und Schafe. Der Himmel über den abgeernteten Feldern ist weit, blau und klar. Er kommt mir unwirklich vor. Denn in meinen Erinnerungen sehe ich mein Elternhaus nicht im Sonnenschein vor mir, sondern grau in grau. Im Traumland meiner Kindheit ist immer Sonntagnachmittag im Spätherbst.

Als das Ortsschild in Sicht kommt, schalte ich einen Gang herunter. Früher habe ich gescherzt, mein Heimatdorf sei so klein, dass es reichte, einmal zu spät zu bremsen, um es zu verpassen. Das ist zwar nicht ganz richtig, denn es hat immerhin rund 3.000 Einwohner, ein hübsches barockes Wasserschloss am Ortsrand, eine schlichte katholische Kirche im Zentrum, daneben einen Kindergarten und eine Grundschule. Bis Anfang der 1980er-Jahre hielten am alten Bahnhof, nur wenige hundert Meter hinter meinem Elternhaus, Personenzüge. Heute sorgen Internetzugänge und Autos vor jedem Einfamilienhaus für Kontakt zur Welt. Doch die Einwohnerzahl ist seit meinem Fortzug vor zwanzig Jahren nahezu gleich geblieben, und auch sonst scheint sich in dieser Zeit wenig verändert zu haben. Dass die Schweinezucht bis heute ein wichtiger Wirtschaftsfaktor ist, bezeugt der stechende Geruch, den ich einatme, als ich das Autofenster einen Spalt weit öffne. »Landluft« nannte mein Vater das und meinte die als Dünger auf Äckern verspritzte Gülle.

Zum letzten Mal biege ich ab. Die kleine Straße, die zu meinem Elternhaus führt, sieht unverändert aus. Wie in vielen deutschen Dörfern, so lässt sich auch hier nur noch schwer bestimmen, wie alt die Häuser sind, sie haben in den vergangenen Jahrzehnten ein Facelifting erhalten. Rotbraune Klinkersteine verdecken alte Fassaden ebenso wie ihre Geschichte. So ist es auch bei dem frei stehenden, großen Haus mit Giebeldach, in dem ich aufgewachsen bin.

Als ich auf der gegenüberliegenden Straßenseite parke, wirkt auf den ersten Blick alles wie früher. Die Rollläden in den Fenstern zur Straße sind halb herab gelassen, als wolle mein Vater im Wohnzimmer in Ruhe fernsehen. Ein etwa sechsjähriger Junge fährt auf seinem Rad vorbei und blickt mich mit fragenden Augen an. Man weiß, wer im Dorf wohnt, und wer nicht. Eigentlich ist das hier ein Paradies für Kinder, mit reichlich Platz zum Spielen in Gärten und Wäldern. Warum bloß erinnere ich mich, wenn ich an meine Kindheit denke, vor allem an permanente Anspannung, Unsicherheit und Angst? Die trübe Stimmung legte sich wie ein unsichtbarer Schleier auf alles, was ich sah und tat. Warum möchte ich aus diesem Paradies schnell wieder weg?

Anstatt nach Berlin zurückzukehren, bin ich kurz entschlossen hergefahren. Dabei gibt es hier nichts, wohin ich zurückkehren könnte. Das Haus steht leer. Es gehört nicht mehr der Familie, ich kann nicht hinein. Alles, was ich dabei habe, passt in meine Umhängetasche: ein paar Bücher, Zettel und mein Telefon. Vielleicht kann ich hier ja trotzdem etwas lernen. Ich will verstehen, warum ich als Kind graue Wolken sah, selbst wenn die Sonne schien.

Ich nehme mein Smartphone und stecke ein Kopfhörerkabel ein. Nach ein paar Klicks höre ich mir den Mitschnitt eines Gesprächs an, das ich vor einigen Wochen mit meiner Tante geführt habe. Sie ist die jüngere Schwester meiner Mutter: Jahrgang 1939, klein, rotwangig, kontaktfreudig, und wenn sie lacht, wogt ihr ganzer kompakter Körper. Früher war sie Grundschullehrerin und bei ihren Schülern so beliebt, dass sie nachmittags zu ihrer Haustür kamen, um ihr im Wald gesammelte Blumen zu schenken. Seit Jahrzehnten liest sie ständig irgendeinen neuen Roman, von dem ich noch nie gehört habe. Früher ist sie gern gereist. Eigentlich wollte ich gemeinsam mit ihr hierher fahren, um sie zum Ort ihrer Kindheit zu befragen. Doch seit ihr geliebter Mann vor wenigen Jahren gestorben ist, fürchtet sie die Strapazen längerer Fahrten. »Ich will mir das nicht zumuten«, hat sie mir gesagt.

Wenn sie spürt, wie diese unerklärliche Unruhe in ihr aufwallt, raucht sie eine Zigarette, wie sie es ihr Leben lang getan hat. Wenn das nicht reicht, trinkt sie einen Schnaps. Und beruhigen muss sie sich, seit sie so viel Zeit zum Nachdenken hat, immer häufiger.

So ähnlich tat es meine Mutter, wenn sie nach einem arbeitsreichen Tag erschöpft und nervös am Küchentisch saß. In der einen Hand hielt sie eine Zigarette, vor ihr stand ein Bier. Schnell fürchtete sie die Stille. Dann stellte sie die halb volle Flasche zurück in den Kühlschrank, um sie – schal geworden – am nächsten Abend zu leeren. Ausgießen konnte sie das Bier nicht, es war schließlich noch gut. Bevor sie todmüde und mit geröteten Augen ins Bett fiel, arbeitete sie weiter: bügelte, wusch Wäsche, hängte sie auf und ab, deckte den Frühstückstisch. Vor allem aber machte sie sich Sorgen.

Es muss eine Zeit gegeben haben, da das anders gewesen war. Auf Fotos ihrer Verlobungsfeier, sie war etwa 23, wirkt sie heiter und vor allem sehr schön: eine schlanke, elegante Frau mit großen runden braunen Augen, die stolz darauf war, die Tochter ihrer fleißigen Kaufmanns-Eltern zu sein. Diese Frau habe ich nicht kennengelernt. In den arbeits- und kinderreichen Jahrzehnten, die auf diese Fotos folgten, sanken ihre Mundwinkel, ihr Lachen wurde selten und geriet zur Anstrengung, wie alles andere auch. Ihr Leben schien mir wie eine ständige Strapaze, ein permanentes *Weiter!* – aber ohne Ziel. Wirklich gelassen habe ich meine Mutter nie gesehen.

Die gleiche Nervosität erfüllt im Alter auch meine Tante. Was sie sich »nicht zumuten« will, ist vor allem der womöglich letzte Blick auf ihr Elternhaus. Also habe ich auf dieser Station meiner Reise allein ihre Tonbandaufnahme dabei. Ich stecke mir die Kopfhörer in die Ohren und drücke auf Play. Die angeraute Stimme meiner Tante erzählt von den letzten Kriegsmonaten vor der alliierten Besetzung im April 1945. Was ich höre, will partout nicht passen zu dem, was ich sehe.

»Ende 1944 funktionierte die Sirenenwarnung nicht mehr«, die Bevölkerung wurde nicht mehr vor Fliegerangriffen gewarnt. »In der näheren Umgebung des Hauses sind drei Bomben eingeschlagen.« Eine detonierte in einem Kaninchenbau, ungefähr an der Stelle, an der ich gerade stehe. »Ich sehe heute noch die Latten, den Dreck und die toten Kaninchen herunterfallen.« Da war meine Tante fünf Jahre alt, meine Mutter sieben. Auch das kleine Dorf wurde mehrfach Ziel von Bombenabwürfen, denn am nahe gelegenen Bahnhof luden Soldaten ab Ende 1944 riesige, zylinderförmige Gebilde von Eisenbahnwaggons ab. Es waren V2-Raketen. Trupps aus Wehrmachts- und SS-Soldaten fuhren die Stahlkolosse in ein nahe gelegenes Waldstück, wo sie nachts unter gewaltigem Dröhnen starteten. Wenige Minuten später gingen die »Vergeltungswaffen« über Antwerpen und Städten in England nieder, töteten Frauen, Männer und Kinder. Die britischen Flugzeuge sollten deshalb Bahnhof und Startrampe zerstören, doch ihre Bomben trafen nicht genau. Explosionswellen pusteten Glassplitter geborstener Fensterscheiben ins Haus meiner Großeltern, nur durch Zufall wurde niemand verletzt. Einmal blies die Wucht einer Detonation gar das halbe Dach fort.

In dieser Zeit hielt meine Großmutter die Familie zusammen. Damals war sie Anfang 30, groß, auf dem Kopf eine »Entwarnungsfrisur«: hoch gekämmte und gesteckte Haare. Der Name soll daher stammen, dass nach Fliegerangriffen wieder »alles nach oben« ging – nicht nur die Bevölkerung aus den Bunkern, sondern auch die Frisur. »Meine Mutter war einfach sehr lieb und freigebig«, höre ich meine Tante sagen. »Sie und wir drei Kinder schliefen alle in einem Bett.« Ihr Vater war seit 1943 oder '44 als Wehrmachtssoldat an der Ostfront. »Und da dachte meine Mutter wohl: ›Wenn wir schon sterben müssen, dann sterben wir alle zusammen.‹« Meine Tante seufzt: »Das letzte Kriegsjahr war schon verrückt.«

Ich drücke auf Pause. Meine Mutter hat mir nie davon erzählt. Dabei müssen ihre Erinnerungen besonders wach gewesen sein. Immerhin hat sie ihr ganzes Leben am Schauplatz ihrer Kindheit verbracht. Wenn sie ums Haus ging, muss jedes Mal ihre Erinnerung daran wach geworden sein, wo einst die Bombenkrater gelegen hatten. Ihre Angst war vermutlich groß, aber gelindert durch den Umstand, dass dabei niemand zu Schaden kam. Die ganze Familie überstand den Krieg körperlich unverletzt. Selbst ihr Vater, der spät einberufene Wehrmachtssoldat, kam schon zwei Monate nach der Kapitulation Deutschlands, im Juli 1945, aus amerikanischer Kriegsgefangenschaft heim. Warum hat sie dann über ihre Kindheit so eisern geschwiegen – mit einer bezeichnenden Ausnahme?

Die eine Geschichte, die ich über die Vorkriegszeit kenne, handelt vom edelmütigen Verhalten meines Großvaters in schwieriger Zeit. Meine Tante schildert sie mit nahezu denselben Worten wie einst meine Mutter. Ich tippe auf Play: »Das muss Ende 1938 gewesen sein oder Anfang 1939. Die Davids' wollten auswandern.« Davids hieß eine der beiden jüdischen Familien, die seit vielen Jahrzehnten im Dorf lebten.

»Man durfte als Geschäftsmann da schon keine Juden mehr beliefern«, sagt meine Tante. Seit Jahren hatten die Nürnberger Rassegesetze und weitere Verordnungen jüdischen Deutschen das Alltagsleben schrittweise immer unerträglicher gemacht. »Aber mein Vater – dein Opa – hat sich daran überhaupt nicht gestört. Der ist nach wie vor zu denen rein und hat ihnen Milch und Butter gebracht.« Mein Großvater arbeitete damals in einer ortsansässigen Molkerei. »Der alte Davids wusste wohl, dass mein Vater ein Haus kaufen wollte. Da sagte er ihm: ›Wenn wir weggehen, verkaufen wir das Haus. Wenn Sie es haben wollen, kriegen Sie es.‹ Weil er trotz Judenverfolgung die Familie beliefert hat.« Mein Großvater kaufte es – inklusive einer darauf lastenden Hypothek, wie meine Tante betont. So wurde das Haus geflohener Juden zum Elternhaus meiner damals eineinhalbjährigen Mutter. »Ich meine auch, von den Davids ist niemand durch äußere Gewalt umgekommen. Die Eltern Davids sind wohl in Holland gestorben. Aber umgebracht worden ist aus der Familie niemand.«

Wahrscheinlich hatten die reichsweiten Pogrome in der Nacht vom 9. auf den 10. November 1938 das jüdische Ehepaar Davids dazu gebracht, aus seiner Heimat zu fliehen. Dabei zerstörten von der örtlichen NSDAP-Führung angeleitete SA-Trupps mehr als 1.400 Synagogen und Beträume. SA, SS und Gestapo ermordeten mehrere hundert Juden. In den folgenden Tagen und Wochen wurden rund 30.000 weitere in Konzentrationslager verschleppt. Wenige Wochen nach der Pogromnacht trat die »Verordnung über den Einsatz des jüdischen Vermögens« in Kraft. Diese verpflichtete Juden dazu, ihre Geschäfte und Häuser zu verkaufen. Nach der behördlichen Aufforderung blieben ihnen nur sechs Wochen Zeit, einen geeigneten Käufer zu benennen.

Während meine Tante erzählt, wende ich den Blick fort von der Hausfront auf etwas Glänzendes im Gehweg davor. Eingefügt zwischen den Pflastersteinen liegen neun kleine quadratische Messingplaketten. Es sind so genannte Stolpersteine, die seit Ende 2013 an jüdische Bürger erinnern, die einst hier lebten. Ich sehe sie zum ersten Mal. Auf allen neun steht der Nachname »Davids«, nur auf vier von ihnen »Überlebt«. Zwei Familienmitgliedern gelang die Flucht nach Südafrika, je einem nach Chile beziehungsweise Palästina.

Zwei weitere flohen, so lese ich, 1938 in die Niederlande. Sie sind deutlich älter als die anderen. Das muss das Paar gewesen sein, das meinem Großvater das Haus verkauft hat. Leopold Davids, Jahrgang 1872, starb laut Gravur am 16. Mai 1943 im Durchgangslager Westerbork in den deutsch besetzten Niederlanden. Seine 1875 geborene Frau Julia wurde von Westerbork aus ins Vernichtungslager Sobibor deportiert und dort am 27. Juli 1943 ermordet. Auf zwei weiteren Platten lese ich unter dem Namen ebenfalls den Todesort »Sobibor«, auf der letzten »Auschwitz«.

Aus den Kopfhörern dringt noch immer die Stimme meiner Tante, aber ich achte nicht mehr auf sie. Als Kind hörte ich mehrmals die Erzählung vom standhaften Opa, bei dem emigrierende Juden ihr geliebtes Haus in guten Händen wussten. Später dachte ich nicht mehr daran. Als ich an der Universität Geschichte studierte, kam ich nicht auf die Idee, sie infrage zu stellen. Erzählung und Realität existierten unabhängig voneinander, in getrennten Welten. So, wie meine Kindheit in der Provinz nichts mit meinem Studentenleben in der Großstadt zu tun zu haben schien. Doch jetzt, als ich vor meinem Elternhaus stehe, zerfällt die unsichtbare Mauer zwischen mir und der Vergangenheit. Was ich über den Ort, an dem ich aufgewachsen bin, zu wissen glaubte, muss sich in Wahrheit ganz anders zugetragen haben. Ich drücke auf Stop.

Die Geschichte meines Elternhauses zeigt, dass vielfach nicht allein Bombenangriffe, Flucht und materielle Not die Kriegskinder verstummen ließen. Sondern auch Gefühle von Scham, Schuld und verzweifelter Liebe zu den Eltern. Von ihren Müttern und Vätern haben Millionen deutsche Kriegskinder eine besondere Form des Schweigens gelernt – und weiter gegeben an die Kriegsenkel.

II

Die Nazi-Zeit ist genauer erforscht als jede andere Epoche der europäischen Geschichte, und doch wissen wir meist wenig darüber, was unsere Eltern, Großeltern und Urgroßeltern damals taten. Die Kriegsgeneration redete kaum darüber – und wenn doch, dann in Rechtfertigungen, Heldengeschichten oder formelhaften Anekdoten. Ihre Söhne und Töchter – die Kriegskinder – waren hin- und hergerissen. Einerseits wollten sie loyal sein gegenüber den Eltern, die doch so Schlimmes erlebt hatten. Andererseits wurde in den Nachkriegsjahrzehnten immer offener über Ausmaß und Formen der deutschen Verbrechen gesprochen. Den Kriegskindern drängte sich die Ahnung auf, dass Vater und Mutter auf die eine oder andere Weise darin verstrickt gewesen sein mussten. Sollten sie sie also verurteilen oder frei sprechen, hassen oder lieben? Ein Dilemma.

Das Beispiel meiner Mutter zeigt, wie Millionen Deutsche versuchten, mit der tatsächlichen oder vermuteten Schuld ihrer Eltern und Großeltern umzugehen. Wie sie es taten, hat auch das Selbstverständnis der Kriegsenkel beeinflusst. Die nächste Frage meiner Spurensuche lautet deshalb:

Was machte das Schweigen der Täter und Mitläufer mit ihren Kindern und Enkeln?

Solange ich mich zurück erinnern kann, hing in unserer Küche ein gerahmtes Schwarz-Weiß-Foto der Eltern meiner Mutter. Darauf sitzen sie, als junges Brautpaar ohne Kinder, gesittet nebeneinander auf einer Parkbank. Erst lange nach meinem Auszug fiel mir bei einem Besuch ein kleiner runder Anstecker am Revers meines Großvaters auf. Als ich meine Mutter fragte, ob es das sei, wofür ich es hielt, antwortete sie mit einer erstaunlichen Geschichte. Meine Tante erzählt noch heute dieselbe Geschichte, nur detaillierter. Auf meinem Smartphone drücke ich auf Play:

»Dein Großvater war ein Quertreiber und Querdenker.« Er habe immer gesagt, was er dachte. Und er hatte Glück. Im Jahr 1904 auf die Welt gekommen, zählte er zu den so genannten Weißen Jahrgängen. Die zwischen 1901 und 1913 geborenen deutschen Männer waren zu jung, um als

Soldat im Ersten Weltkrieg zu kämpfen. In der Weimarer Republik mussten sie ebenso wenig zum Militär einrücken: Weil die Siegermächte dem besiegten Reich im Versailler Vertrag nur eine kleine Armee von hunderttausend Mann zugestanden hatten, bestand keine allgemeine Wehrpflicht. Der ab 1935 eilig aufgerüsteten Wehrmacht schließlich galt mein Großvater anfangs als zu alt.

Als junger Mann absolvierte mein Großvater eine Schlosserlehre und arbeitete später in einer Molkerei in dem Dorf, in dem ich viele Jahrzehnte später aufwachsen würde. »Der Chef der Molkerei war Ortsgruppenleiter der NSDAP, also mussten da alle in die Partei«, erzählt meine Tante. So kam mein Großvater zum runden Anstecker. Er »war seit '33 in der Partei. Damals hat man das Ganze ja noch nicht durchschaut. Später, im Krieg, arbeitete er als Fleischbeschauer, kontrollierte also bei den umliegenden Bauern das geschlachtete Vieh. Damals musste man sich ja mit ›Heil Hitler‹ grüßen. Einmal ging dein Großvater zu einem Bauern und sagte: ›Heil Hitler, wo hängt das Schwein?‹« Meine Tante lacht bei der Anekdote, und ich erinnere mich, dass sie sie mir schon einmal erzählt – und ebenfalls gelacht hat. »Wenn ihm etwas nicht passte, dann sagte er es gerade heraus. Das wusste auch jeder. Deshalb wurde er als Einziger aus seinem Jahrgang eingezogen.«

1943 oder 1944 wurde mein Großvater Wehrmachtssoldat. Sein Marschbefehl: Sowjetunion. »Er war nicht direkt an der Front, sondern bei einem Nachschubreparaturkommando.« Indem sie nie alle Ersatzteile herausrückten, die sie hatten, hätten sie sicher gestellt, dass ihre

Einheit bestehen blieb – und sie nicht in die vorderste Reihe ziehen mussten. So erzählt es meine Tante. Nach dem Krieg gelang es meinem Großvater, der gefürchteten sowjetischen Kriegsgefangenschaft zu entgehen, indem er sich nach Westen durchschlug und dort den Amerikanern ergab. Dabei habe ihn ein Vernehmungsoffizier gefragt, ob er NSDAP-Mitglied gewesen sei. »Mein Vater war ein grundehrlicher Mensch, der hätte nie versucht, sich herauszureden. Er meinte, der Mann, der ihn befragte, sei ein deutschstämmiger Jude gewesen, der nach Amerika ausgewandert war.« Mein Großvater habe ihm geantwortet: »›Jawoll, war ich, seit '33.‹ Und dann war das o.k.. Die Leute, die später in die Partei eingetreten waren, wurden mehr drangsaliert.« Die amerikanischen Besatzungstruppen seien davon ausgegangen, »dass die Leute am Anfang noch nicht wussten, was da läuft« bei den Nazis. »Die waren auf den Verbrecher hereingefallen.« Wegen seiner Ehrlichkeit habe mein Großvater schon zwei Monate nach der Kapitulation der Wehrmacht, im Juli 1945, aus der Kriegsgefangenschaft nach Hause zurückkehren können.

Wieder schalte ich auf Stop. Ich schüttele den Kopf. An dieser Erzählung ist nichts glaubhaft, sie steckt voller Auslassungen, Verzerrungen und Beschönigungen. Ich bin wütend – auf mich. Nicht nur meine Tante, auch ich hätte schon vor Jahren sehen können, dass all das hinten und vorne nicht stimmen kann. Stattdessen wollte ich nicht darüber nachdenken. Das geht jetzt nicht mehr. Warum also habe ich meiner Mutter nie klar widersprochen?

Jeder Satz steckt voller Widersprüche: Wer erst Ende der 30er-Jahre in die NSDAP eingetreten war, wurde von den alliierten Entnazifizierungskommandos kritischer gesehen als die »Märzgefallenen«? Das waren jene fast zwei Millionen Deutschen, die im März und April 1933 eilig Mitgliedsanträge ausfüllten, um vom Machtwechsel zu profitieren, bevor sich die Partei Neuzugängen wieder verschloss. Demnach war ein früher Parteieintritt kein Zeichen von Opportunismus, sondern von gutmütiger Ahnungslosigkeit gegenüber den Zielen der Nazis. Wenn man diese Logik weiter spinnt, müssten die überzeugten »alten Kämpfer«, die mitgeholfen hatten, die Weimarer Republik zu stürzen, den Alliierten besonders unverdächtig erschienen sein. Verkehrte Welt.

Und was ist mit der Anekdote, mein Großvater habe gegenüber einem Bauern gesagt: »Heil Hitler, wo hängt das Schwein?« Erstens ist sie unüberprüfbar. Zweitens: Falls sich die Szene ereignete, dann im geschützten Bereich zweier Menschen, die einander kannten und offenbar vertrauten. Drittens hatten nach dem Krieg beide Seiten – mein Großvater und der Bauer – ein Interesse daran, sie zu verbreiten. Sie ließ sie nachträglich als heimliche Regimegegner erscheinen. Ähnliche Geschichten kursieren in vielen deutschen Familien.

Schließlich: das Haus. Sicher »wollte« das Ehepaar Davids sein Heim nicht veräußern; es wurde dazu gezwungen. Das Angebot meines Großvaters lag deshalb vermutlich weit unter dem tatsächlichem Wert des Hauses. Die dazu gehörigen Unterlagen sind verschollen. Selbst falls beide Seiten noch vor Inkrafttreten der Verordnung über den Verkauf verhandelten, muss meinem Großvater klar gewesen sein: Leopold und Julia Davids saßen am kürzeren Hebel, und ihnen lief die Zeit davon. Falls es mehrere Interessenten gab, trug die langjährige Parteimitgliedschaft meines Großvaters womöglich gar dazu bei, ihm den Zuschlag zu verschaffen. So oder so: Mein Großvater zählte zu den hunderttausenden Deutschen, die von der systematischen Entrechtung und Verfolgung ihrer Nachbarn profitierten. Sie kauften ihre Häuser, übernahmen ihre Geschäfte und ersteigerten auf staatlichen Auktionen beschlagnahmtes »Judengut«. Im ganzen Land wurden so aus Zuschauern Komplizen.

Und die Behauptung, die Soldatenzeit meines Großvaters habe sich ausschließlich abseits der Frontlinie abgespielt? Auch nicht sehr überzeugend. Zwar gab es in der Wehrmacht tatsächlich Nachschub- und Werkstatt-Kompanien, die Soldaten mit Munition und Waffen belieferten und Lastwagen reparierten. Aber bekam er dort vom Grauen an und nahe der Ostfront wirklich nichts mit? Ausgerechnet in den riesigen »Bloodlands« – jener heftig umkämpften Landmasse zwischen Ostsee und Schwarzem Meer, in der damals mehr Menschen starben als in jeder anderen Weltregion? Die Wehrmacht ermordete Millionen Juden, sowjetische Kriegsgefangene, tatsächliche oder angebliche Partisanen, Sinti, Roma und Zivilisten. Dass mein Großvater nach 1945 über seine Soldatenzeit schwieg, ist kein Beleg für eine Teilnahme an Kriegsverbrechen. Aber er muss vieles gesehen und noch mehr gehört haben.

Besonders perfide finde ich die Anekdote über die Entnazifizierung. Darin wird der amerikanische Vernehmungsoffizier zum deutschstämmigen Juden, der meinem Großvater Respekt für dessen Ehrlichkeit zollt – und ihn deshalb rasch aus der Gefangenschaft entlässt. Ähnliche Geschichten über erstaunlich vergebungsfreudige Alliierte gibt es in vielen deutschen Familien. Ihre Bedeutung liegt im symbolischen Gehalt für die, die sie erzählen. In der Episode meines Großvaters spricht ausgerechnet ein mit dem Leben davon gekommenes Opfer des deutschen Rassenwahns einen NSDAPler, Wehrmachtssoldaten und Arisierungs-Profiteur von aller Schuld frei. Und das mit der Begründung, dieser »grundehrliche« Mensch habe dazu gestanden, 1933 in die Partei eingetreten zu sein. Wie in einem Beichtstuhl wird dem reuigen Sünder durch das Eingeständnis seiner Tat vergeben. Diese Beichte ist sogar besonders bedeutsam, denn hier erteilt kein Priester die Absolution, sondern ein Opfer selbst.

Es ist erstaunlich, wie leicht man heutzutage via Internet sogar Informationen aus alten, vergilbten Akten erhalten kann. Nur ein Onlineformular musste ich ausfüllen, und wenige Wochen darauf mailte mir eine Mitarbeiterin des Bundesarchivs Scans zweier Karteikarten. Die eine belegt die Aufnahme meiner Großmutter in die NS-Frauenschaft, eine Unterorganisation der NSDAP mit zeitweise 2,3 Millionen Mitgliedern. Die andere ist die NSDAP-Mitgliedsbescheinigung meines Großvaters. Schwarz auf Weiß steht darauf das Datum seines Parteieintritts: »1.3.32«. Ein Jahr früher, als meine Tante erzählt, und elf Monate vor der Machtübernahme.

Der Mitgliedsnachweis, die Arisierungs-Bestimmungen oder die Lage an der Ostfront in den letzten Kriegsjahren – all das lässt sich heute mit geringem Rechercheaufwand in Erfahrung bringen. Warum haben Kriegskinder wie meine belesene, intelligente Tante ihn nie betrieben? Warum haben sie sich stattdessen Geschichten zurecht gelegt, in denen aus ins NS-Regime verstrickten Eltern – insbesondere Soldatenvätern – heimliche Nazi-Gegner und Juden-Freunde werden? In der Frage liegt bereits die Antwort: weil es nun mal ihre Eltern waren.

III

Kriegsenkel wissen aus eigener Erfahrung, wie quälend die Bindung an die Eltern sein kann. Sie fühlen sich ihnen gegenüber fremd, sehnen sich aber noch als Erwachsene nach ihrer Zuneigung. Innerlich ähnlich zerrissen waren die Kriegskinder.

Auch sie lernten früh, dass hinter dem Schweigen ihrer Eltern Monströses lauern musste. In die private Stille drangen Berichte über das große, verdrängte Verbrechen. Weltweites Aufsehen erregte 1961 der Jerusalemer Prozess gegen einen der Organisatoren des Holocaust, Adolf Eichmann. Als Referatsleiter im Reichssicherheitshauptamt hatte er im Dienst der NS-Größen Reinhard Heydrich und Heinrich Himmler die konkrete Umsetzung der »Endlösung der Judenfrage« koordiniert. Als Ende 1963 in Frankfurt am Main die so genannten Auschwitz-Prozesse begannen, machten es die Zeugenaussagen ehemaliger Insassen und SS-Mitglieder immer schwieriger, die Gräuel im größten Vernichtungslager öffentlich zu leugnen oder klein zu reden. Die Frage »Was habt Ihr damals gemacht?«

befeuerte den aufbrechenden Generationskonflikt, der schließlich in die 68er-Bewegung mündete. Die Rollen schienen klar verteilt: hier die verstummten Alten, dort die aufklärerischen Jungen. Doch so einfach war es nicht.

Öffentlich mühten sich viele erwachsen gewordene Kriegs- und Nachkriegskinder, die verdrängten deutschen Verbrechen ans Licht zu holen. Im Umgang mit Vater und Mutter erwies sich das als besonders heikel, erklärt der Psychoanalytiker Werner Bohleber: Die unbewusste emotionale Bindung der Kriegskinder an ihre Eltern »überdauerte vielfach alle späteren Auseinandersetzungen (...) über ihre Verwicklung in den Nationalsozialismus«. In den Seelen vieler Kriegskinder rangen zwei Sehnsüchte miteinander. Einerseits wollten sie Fehler, Lügen und Verbrechen der Älteren nicht gut heißen, indem sie schwiegen. Andererseits spürten sie den starken kindlichen Wunsch, die eigenen Eltern zu bewundern und zu lieben. Nur wenn sie im Wortsinn »nicht von schlechten Eltern« waren, konnten sie sich selbst als gut und liebenswert wahrnehmen. Die Kriegskinder waren hin- und hergerissen. Wagten sie den offenen Bruch, riskierten sie den endgültigen Liebesentzug durch Vater und Mutter. »Es war zu schmerzhaft und mit katastrophischen Ängsten verbunden, sich hier vorzuwagen«, urteilt Bohleber. Hielten sie ihnen wider besseres Wissen die Treue, waren sie »damit unbewusst immer wieder der Gefahr ausgesetzt, zum Komplizen der Eltern und ihrer Einstellungen zu werden«. Das Ergebnis war ein schwerer Loyalitätskonflikt, insbesondere im Verhältnis zu ihren Vätern, denn die hatten als Soldaten am offensichtlichsten Schuld auf sich geladen. Wie sollten die Kriegskinder ihn auflösen?

Viele spalteten ihr Bild vom Vater auf: Auf der einen Seite gab es da den »guten« Papa aus ihrer Kindheit, auf der anderen den kompromittierten Mann, »der mitgemacht hatte oder selbst in Verbrechen verwickelt war«. So konnten sie ihre kostbaren Kindheitserinnerungen retten, denn »böse« war ihr Vater ja erst später und durch äußere Umstände geworden. Doch auch diese Lösung hatte ihre Tücken: Um ihr Bild vom »guten« Papa zu schützen, war es besser, lieber nicht zuviel über ihn zu wissen. So lernten sie, »die Tabus der Eltern nicht zu hinterfragen, sondern zu respektieren«.

Viele Kriegskinder verdammten die Nazi-Zeit im Allgemeinen, schirmten ihre Eltern aber von jeder persönlichen Verantwortung ab. Das konnte so weit gehen, dass der Nachwuchs die Familienlegenden weiter spann. Beispielsweise tritt mein Großvater in der Version meines Onkels wahrheitsgemäß 1932 in die Partei ein, nicht erst 1933. Vielleicht hat also mein Großvater in diesem Punkt gar nicht gelogen. Stattdessen könnten meine Mutter und meine Tante die Erzählung erst später bewusst oder unbewusst verändert haben, um sie gegen wachsende Zweifel zu immunisieren – vor allem die eigenen. Geschichten handeln auch von den Menschen, die sie erzählen.

Die Übermalungen können sogar so weit gehen, dass die weiter getragenen Familiengeschichten nur noch wenig mit den historischen Fakten zu tun haben. Schon 2002 zeigte der Sozialwissenschaftler Harald Welzer in der Studie *Opa war kein Nazi*, wie häufig das zur Umdeutung von Tätern und Mitläufern in Opfer und Gegner des NS-Regimes führt. Für ihre Untersuchung hatten er und seine Mitarbeiter Kinder und Enkel der Kriegsgeneration befragt. »Die Ergebnisse waren verblüffend«, urteilt Welzer sarkastisch. »26% der damals erwachsenen Bevölkerung haben Verfolgten geholfen, 13% waren im Widerstand aktiv, 17% haben immer den Mund aufgemacht, wenn es darum ging, Unrecht beim Namen zu nennen und Drangsalierte zu verteidigen.« Im Nachhinein wollten viele mutig gewesen sein, und böse waren immer nur die anderen gewesen.

Die Sehnsucht nach den »guten« Vätern und Müttern hatte einen hohen Preis. Unbewusst blieben viele Kriegskinder ihren Eltern eng verbunden, erspürten ihre verdrängten Ängste und füllten sie mit eigenen Fantasien. In der Folge konnten viele von ihnen die eigene Biografie nicht klar von der ihrer Eltern trennen. Beispielsweise entwickelten Kinder von Flüchtlingen häufig selbst Sehnsucht nach einer alten Heimat, die sie gar nicht kennen gelernt hatten. Das Leben der Älteren überlagerte und durchdrang das der Jüngeren.

Solche Kriegskinder wurden nie emotional von ihren Eltern unabhängig. Doch das ist nötig, um sich als selbstständiger Mensch begreifen zu können, mit eigener Geschichte, eigenen Wünschen und Zielen. In der Folge wussten viele Kinder der Kriegsgeneration nicht recht, wer sie sind. Bohleber spricht von »nebelhaften Zonen des eigenen Realitätsgefühls«. Der Nebel, von dem Kriegsenkel heute berichten, zog schon eine Generation zuvor auf.

Bevor ich mein Heimatdorf wieder verlasse, gehe ich einmal um mein verwaistes Elternhaus herum. Auf der Rückseite des Klinkerbaus erstreckt sich ein großer, grüner Garten voller Kirschbäume und Linden. Er reicht bis zu einem kleinen, klaren Bach, in der Nähe rauscht Wasser über ein altes Mühlrad. Eigentlich ist es schön hier. Warum überkommen mich, während ich hier spazieren gehe, keine wehmütigen Erinnerungen an meine Kindheit? Stattdessen bin ich mitten im tiefsten Frieden nervös. So war es schon als Kind. Nie war einfach »alles gut«. Jederzeit drohte etwas Schreckliches zu passieren, und dass ich nicht wusste, was, machte es nur umso bedrohlicher.

Wieder drücke ich auf meinem Smartphone auf Play. Meine Tante erzählt von der Nachkriegszeit, als mein Großvater die Macht im Haus übernehmen wollte. »Er war ein sehr geradliniger Mann, ein bisschen jähzornig. Er hat seinen Sohn ganz schön verkloppt. Der hat es natürlich auch immer herausgefordert.« Als mein Großvater aus dem Krieg heim kam, war sein Sohn – mein Onkel – drei Jahre alt. Der blonde Junge hatte keine bewussten Erinnerungen an seinen Vater, verstand nicht, warum plötzlich dieser fremde Mann im mütterlichen Bett schlief, und rief: »Der soll weggehen!« Vater und Sohn wurden Rivalen um die Gunst meiner Großmutter. Ihr soll mein Großvater gesagt haben: »Die Mädchen hast du erzogen, den Jungen erziehe ich.« Unter Erziehung verstand er dasselbe wie Generationen deutscher Väter vor ihm: Schläge. »Er sollte ja«, höre ich meine Tante sagen, »›ein echter Kerl‹ werden.« Nur: Was war ein echter Kerl?

Vom Bachlauf geht mein Blick über den Garten, in dem schon meine Mutter als Kind spielte. Wie mochte sich die bezopfte Achtjährige mit den großen braunen Augen gefühlt haben, als ihr Vater im heißen Sommer 1945 zu Fuß heim kam? Sicher hatte sie die jahrelange Angst ihrer Mutter um den Ehemann gespürt und verinnerlicht und ihren Wunsch nach Stärke auf den Mann in Uniform gerichtet: *Wenn Papa zurückkommt, wird er uns beschützen, und alles wird gut. Und jetzt?*

Der ideale deutsche Mann war über Generationen vor allem eines gewesen: Soldat. Die Anforderungen des Militärs – Gehorsam, hohe Schmerztoleranz, Selbstverleugnung und als einzig erlaubte Emotion die Wut auf äußere Feinde – hatten den »echten Kerl« definiert. »Die Ferne und Fremdheit machten die Väter vielleicht um so mehr für die Kinder zum Objekt ihrer Sehnsucht«, sagt die Sozialwissenschaftlerin Ulla Roberts. Für die Kriegskinder wurden die kaum bekannten Männer »zum Gegenstand der Suche nach Ergänzung ihrer Erfahrungen, der seelischen Strebungen und Vorstellungen von einem Leben, in dem die Väter auch einen konkreten Platz hätten«. Mütter trugen zur Idealisierung bei, indem sie erzählten, wie stark und mutig der Vater sei.

Nach der Kriegsheimkehr prallte die Phantasie auf die Wirklichkeit. Statt eines »echten Kerls«, der kindliche Sehnsüchte nach Stärke und Halt befriedigte, kehrten emotional und körperlich Versehrte heim. Mit dem Zusammenbruch der Wehrmacht zerfiel auch das alte Bild vom Mann als Krieger. Zudem wuchsen Millionen Kinder ohne Vater auf, weil dieser tot war oder als vermisst galt. Ihre Sehnsüchte nach einem männlichen Vorbild blieben unerfüllt. Aber auch die Soldatenväter, die zwischen 1945 und 1955 aus dem Krieg heimkehrten, taugten nicht als Ideal. Sie hatten Schreckliches gesehen und häufig selbst getan. Nun waren sie traumatisiert, verroht, verstummt. Die alten Werte, für die sie jahrelang unter Entbehrungen gekämpft hatten, waren moralisch diskreditiert. Neue Werte hatten sie nicht. In dieser Atmosphäre aus Wut, Frustration und Ratlosigkeit schlugen Millionen deutsche Väter – und Mütter – noch häufiger zu als vor dem Krieg.

»Man kann hier häufig als Begründung hören«, urteilt Psychoanalytiker Bohleber, »dass darin doch die autoritäre Erziehung fortwirke, die schon vor der NS-Zeit in Deutschland vorherrschte. Aber diese Erklärung greift zu kurz. Sie übersieht die Dynamik zwischen den Generationen, die durch die innere Verunsicherung der Eltern nach dem Zusammenbruch des NS-Regimes entstand.« Die alten Wertvorstellungen sollten nach dem Willen vieler Deutscher zumindest in den eigenen vier Wänden fortbestehen. Was früher richtig gewesen war, durfte jetzt nicht falsch sein. »So wurden Kindern häufig Erziehungsideale eingetrichtert, aus denen an der Oberfläche die NS-Ideologie getilgt war.« Doch die Botschaft blieb dieselbe: »Härte, Verachtung von Krankheit und Schwäche, ›Haltung bewahren‹, ›Charakter haben‹, ›bedingungslose Hingabe‹«, oft »zusammen mit körperlichen Züchtigungen«. Manche Wunden der Kriegskinder wurden lange nach der Kapitulation geschlagen.

Sicher freute sich meine Mutter über die Rückkehr ihres Vaters. Zugleich aber endete damit eine Zeit besonderer Nähe zur Mutter. Gemeinsam hatten sie Bombenangriffe und Todesängste durchgestanden. Welche Folgen die Extremsituation für ihr Verhältnis hatte, kann ich nur erahnen.

Viele Mütter hatten im Krieg gelernt, »typisch männliche« Funktionen zu übernehmen: Sie führten auch offiziell ihre Familien, während die Männer fort waren, und arbeiteten in Fabriken, Büros oder Bauernhöfen. Nach außen hin erschienen sie also sehr selbstständig. Andererseits offenbaren Untersuchungen wie die der Psychoanalytikerin Gertraud Schlesinger-Kipp, dass viele Frauen unter der Oberfläche eher »schwach und schutzbedürftig« blieben. Sie benötigten ihre Kinder als Partnerersatz oder drängten sie in die so genannte Parentifizierung: Söhne und Töchter wurden zu Ersatzeltern ihrer Eltern, Kinder trösteten Erwachsene.

Diese ungesunde Familien-Konstellation geriet ins Wanken, wenn der Vater heimkehrte. Millionen Kinder empfanden die fremd erscheinenden Männer, die die Rolle des »Familienoberhaupts« beanspruchten, als Eindringling und Konkurrenten um die mütterliche Zuneigung. Die Folge, so Ulla Roberts, war »entweder totale Ablehnung« oder »Idealisierung mit dem dann folgenden Werben um seine Anerkennung und Gunst«. In meiner Mutter überwog offensichtlich der Wunsch nach Überhöhung. Ihr Vater konnte und durfte nichts falsch gemacht haben. An dieser Maxime hielt sie ihr Leben lang fest, auch Jahrzehnte nach seinem Tod.

Noch immer bescheint die Herbstsonne Garten, Haus und Bach, aber ich sehe sie in anderem Licht. Wie viel Kraft muss es meine Mutter gekostet haben, ihr Bild vom Vater gegen wachsende Zweifel zu verteidigen? Ihr ganzes Leben verbrachte sie in dem Heim, das er seiner Familie geschaffen hatte, hier lebte sie mit Ehemann und fünf Kindern. Sein Haus wurde ihr Haus. Die Geschichte meines Großvaters verwuchs mit ihrer Geschichte, bis Vergangenheit und Gegenwart nicht mehr voneinander zu unterscheiden waren. Als Erwachsene konnte meine Mutter keine Zweifel an der Unschuld ihres Vaters mehr zulassen, ohne sich selbst schuldig fühlen zu müssen. Das bleierne Schweigen in deutschen Familien, von dem Kriegsenkel berichten, rührt auch von vererbten und verdrängten Schuldgefühlen.

Doch erklärt die NS-Vergangenheit meines Großvaters allein die Nervosität und Rastlosigkeit von Kriegskindern wie meiner Mutter, ihre unerklärliche und gerade dadurch überwältigende Angst?

Moment mal: unerklärliche Angst? NSDAP? Mütter? Auf dem schmalen Pfad bleibe ich stehen, als könne sich der Gedanke verflüchtigen, wenn ich mich zu rasch bewege. Nahe des Bachs setze ich mich auf einen Stein. Aus meiner Umhängetasche ziehe ich den zweiten Zettel, den das Bundesarchiv mir geschickt hat: die Aufnahmeerklärung meiner Großmutter in die NS-Frauenschaft, datiert auf den 1. Oktober 1935. Das war wenige Monate vor der Hochzeit mit meinem Großvater, eineinhalb Jahre vor der Geburt meiner Mutter. Der Mitgliedschaft in der Unterorganisation der NSDAP habe ich bislang kaum Beachtung geschenkt. Was sollte meine Großmutter da schon Schlimmes getan haben? Sicher, rund 2,3 Millionen Deutsche traten der NS-Frauenschaft in den 30er-Jahren bei. Aber Frauen oblag in der nationalsozialistischen Ideologie doch allein die Fürsorge für Heim und Herd als »weiblichem Lebensraum«. Ihr Einfluss auf die neue Gesellschaft, dachte ich, musste gering gewesen sein. Wieder habe ich eins und eins nicht zusammengezählt.

Schon im Geschichtsstudium bin ich auf den Namen einer Frau gestoßen, die die Kindererziehung hierzulande über Jahrzehnte geprägt hat. Aber nie bin ich auf die Idee gekommen, ihn mit meiner Großmutter oder meiner Mutter in Verbindung zu bringen. Die deutsche Geschichte und die meiner Familie schienen ja nichts miteinander zu tun zu haben. Ein großer Irrtum.

Der Name der Frau, die Millionen Kinder traumatisiert hat, lautet Johanna Haarer.

Die deutsche Mutter & ihre Kinder

Was richtete die Nazi-Ideologie in den Seelen der Kleinsten an?

I

Die gelernte Lungenfachärztin Johanna Haarer, Jahrgang 1900, setzte stets ihren Willen durch – und brach den von Millionen Kindern. Gegen den Willen ihres nationalkonservativen Vaters machte sie als einziges Mädchen an einer Knabenschule Abitur, weil sie unbedingt Medizin studieren wollte. 1925 bestand sie in München das Staatsexamen. Nachdem sie 1933 Zwillinge geboren hatte, gab Haarer ihre Arbeit an einem Sanatorium auf und begann, Kolumnen über Säuglingspflege zu schreiben. Schon 1934 erschienen die Empfehlungen der glühenden Nationalsozialistin zum ersten Mal in Buchform. Der Titel: *Die deutsche Mutter und ihr erstes Kind.*

Der Ratgeber stieß in eine Lücke. Literatur zum Thema existierte kaum, die Säuglingssterblichkeit war hoch, Mädchen und Frauen schauten sich den Umgang mit Babys meist bei Verwandten ab. Zur selben Zeit forderte das sich festigende NS-Regime immer vehementer, schon die Jüngsten nach der neuen Staatsideologie auszurichten. Sie sollten »flink wie Windhunde« sein, »zäh wie Leder und hart wie Kruppstahl«. In diesem Sinne erklärte Haarer: »Vorüber sind die Zeiten, wo es erstes und oberstes Ziel aller Erziehung und Aufzucht war, nur die Eigenpersönlichkeit im Kind und Menschen zu vervollkommnen und zu fördern.« Stattdessen sei es die »unaufschiebbare, dringlichste, uralte und ewig neue Pflicht der deutschen Frau«, der »Familie, dem Volk, der Rasse Kinder zu schenken«. Der Mensch sollte in der Masse aufgehen. Härte und Gehorsam bestimmten zwar seit Langem die Kindererziehung in Deutschland. Durch Haarer aber erhielt der Drill System, pseudowissenschaftlichen Anstrich und weltanschauliche Begründung.

Die vermeintliche Expertin, die weder Pädagogin noch Spezialistin für Kinderheilkunde war, predigte unbedingte Disziplin als höchstes Erziehungsziel. Schreiende Kinder erschienen ihr als Gegner, deren Eigensinn Mütter von Geburt an brechen sollten: »Versagt auch der Schnuller, dann liebe Mutter, werde hart! Fange nur nicht an, das Kind aus dem Bett herauszunehmen, es zu tragen, zu wiegen, zu fahren oder es auf dem Schoß zu halten, es gar zu stillen. Das Kind begreift unglaublich rasch (…). Nach kurzer Zeit fordert es diese Beschäftigung mit ihm als ein Recht, gibt keine Ruhe mehr, bis es wieder getragen, gewiegt oder gefahren wird – und der kleine, aber unerbittliche Haustyrann ist fertig.« Das Ziel: Das Kind sollte erst gar keine Bindung zur Mutter entwickeln, geschweige denn zum Vater. Der tauchte in Haarers Buch überhaupt nicht auf. Stattdessen lehrte die Autorin, Neugeborene, sobald sie gewaschen, gewickelt und angezogen waren, für 24 Stunden zu isolieren. Erst danach kam das Baby zur Mutter, um von ihr gestillt zu werden. Für das Füttern, Windelwechseln, Anziehen und Baden gab sie starre Zeitpläne vor. Das Stillen durfte höchstens zwanzig Minuten dauern, das Fläschchen geben maximal zehn. Wenn das Kleine »trinkfaul« war oder »trödelte«, sollte die Mutter das Füttern abbrechen, um es zu lehren, sich beim nächsten Mal mehr zu beeilen. »Auch das schreiende Kind muss tun, was die Mutter für nötig hält, und wird, falls es sich weiterhin ungezogen aufführt, gewissermaßen ›kaltgestellt‹, in einen Raum verbracht, wo es allein sein kann und so lange nicht beachtet, bis es sein Verhalten ändert. Man glaubt gar nicht, wie früh und wie rasch ein Kind solches Vorgehen begreift.« Soldatischer Gehorsam schon in der Wiege wurde zum Erziehungsziel, elterliche Zuneigung galt als schwächliche »Affenliebe«. Bis Kriegsende wurden von *Die deutsche Mutter und ihr erstes Kind* 690.000 Exemplare verkauft.

Haarers Lehren sollten bei aller Nazi-Ideologie wissenschaftlich fundiert wirken, doch das waren sie nie. »In den 20er- und 30er-Jahren des 20. Jahrhunderts war in der Fachwelt bekannt, dass man eine natürliche Annahme der Mutterbrust durch frühes Anlegen (zwanzig Minuten nach der Geburt) förderte und dass strenge Ernährungs- und vor allem Zeitregeln die Hauptursachen für Stillschwierigkeiten sind«, urteilt die Erziehungswissenschaftlerin und

Psychotherapeutin Annedore Schiffer. Die Ärztin handelte also wider besseres Wissen. Warum? »Haarer und die nationalsozialistische Säuglingspflegeideologie wussten sehr genau, dass familiäre Gemeinschaft und eine glückliche Mutter-Kind-Beziehung eine Konkurrenz für die Hitlerjugend war, die dem Jugendlichen das erste Gemeinschaftserlebnis vermitteln sollte.«

Rasch erkor die NS-Führung das Buch zur Grundlage so genannter Mütterschulungskurse. Organisiert wurden sie vom Reichsmütterdienst. Dieser wiederum war eine gemeinsame Abteilung des Deutschen Frauenwerks (DFW) – und der NS-Frauenschaft. Im Jahr 1937 hatten bereits 1,14 Millionen Frauen einen Kurs absolviert, überwiegend Gattinnen von Beamten, Angestellten und Selbstständigen. Bis April 1943 wuchs ihre Zahl auf rund 3 Millionen. Eine von ihnen war vermutlich meine Großmutter.

II

Längst hätte mir klar sein können, dass meine 1937 geborene Mutter nach den Idealen der Zeit erzogen worden war. Und doch verstehe ich, was die Erziehung zur Kälte in Millionen deutschen Kindern bewirkt haben muss, erst jetzt, als ich eins und eins zusammenzähle: die Mitgliedschaft meiner Großmutter in der NS-Frauenschaft und die Art, wie sie ihre Kleinkinder erzogen haben muss. Wie das konkret ausgesehen haben mag, schildert der Tagebuchauszug einer deutschen Mutter für ihr im Zweiten Weltkrieg geborenes Kind. Wie die Unbekannte könnte auch meine Großmutter über meine Mutter gesprochen haben:

»Ich habe schon im dritten Monat begonnen, Dich an das Töpfchen zu gewöhnen – Du solltest so bald wie möglich sauber sein. Du warst ein unruhiges und lebhaftes Kind; wenn Du beim Füttern nicht still hieltest, musste ich dir ordentlich was hinten drauf geben, bis Du es gelernt hattest, still zu halten – später genügte es meist schon, wenn ich Dich drohend ansah, dass Du brav warst. So habe ich von ganz früh an darauf gesehen, dass Du Deinen Trotz nicht durchsetzen konntest, wie ich es in einem Buch gelesen hatte: Man soll den Trotz im ersten Ansatz brechen. So habe ich auch, wenn Du brülltest, wenn ich aus dem Zimmer ging, Dir ein paar Kräftige hinten drauf gegeben; Du brülltest dann erst noch mehr, aber ich habe Dich allein gelassen, bis Du Dich müde geschrien hattest – es war zu deutlich, dass Du mich nur ärgern wolltest. Du warst dann auch lieb; später hat es keinen solchen Machtkampf mehr gegeben und die Leute wunderten sich, dass Du ein so gehorsames Kind warst und schon mit Blicken regiert werden konntest. Manchmal musste ich mich selbst überwinden, so hart zu sein – aber ich sah ja, dass es so am besten für Dich war, und dachte, Du würdest später schon verstehen, dass ich nur das Beste für Dich wollte und dass ich aus Liebe so streng zu Dir war. Vater war ja in diesen Jahren im Krieg, und ich hatte allein die ganze Verantwortung für Dich; wenn er zurückkam, sollte er doch ein wohlerzogenes Kind vorfinden.«

Was für ein Horror. Was für ein armes, malträtiertes Kind. Und seine eigene Mutter glaubte auch noch, dem schutzlosen Wesen einen Liebesdienst zu tun, indem sie es schlug und allein ließ. Jede spontane, lebendige Regung ihres Babys quittierte sie mit Bestrafung für dessen »Trotz« und klagte gar, sie habe sich »überwinden« müssen, »so hart zu sein«. So vertauschte sie die Rollen von Opfer und Aggressor. Nicht der hilflose Säugling bedurfte des Mitgefühls, sondern seine Mutter. Das erwähnte Buch ist vermutlich das Johanna Haarers.

Die Pädagogin Sigrid Chamberlain, die den Ratgeber analysiert hat, urteilt: »Er ist gewissermaßen eine Anleitung zu Kaltherzigkeit und Beziehungsarmut«, mit dramatischen Folgen für das systematisch vernachlässigte Kind. »Das Baby hat Todesangst wegen des Hungers, denn es weiß ja nicht, ob es überhaupt noch etwas bekommt. Und es erleidet die sogenannte Körperkontakt-Verlustangst, die ebenfalls eine Todesangst ist. Jedes kleine Kind, jedes Lebewesen braucht die Berührung, den Körperkontakt, sonst stirbt es.« Deshalb wird es alles tun, um den Forderungen seiner Bezugspersonen nachzukommen. Selbst, wenn das bedeutet, die eigenen Emotionen und Wahrnehmungen zu verdrängen: Wut, Angst, Freude, Ekel, aber auch Hunger, Schmerzen oder Kälte. Dem Kind bleibt sein Innenleben fremd.

Traumatische Erfahrungen durch väterliche Gewalt lassen sich vergleichsweise einfach benennen. Schläge und Schreie graben sich ins Gedächtnis ein, hinterlassen Bilder, die man nicht vergisst. Hingegen sind die Leiden, die deutsche Mütter ihren Söhnen und Töchtern in frühester Kindheit bereiteten, weniger offensichtlich. Sicher haben die meisten Frauen, die den Erziehungsvorgaben der NS-Frauenschaft folgten, ihrem Kind nicht bewusst schaden wollen. Vielmehr waren sie froh, eine scheinbar wissenschaftlich begründete Handreichung zur Babypflege zu bekommen. Diese mussten sie nicht einmal mit der Staatsideologie in Verbindung bringen, schließlich erfanden die Nazis nicht die Logik von Gehorsam und Strafe, sondern weiteten sie bloß mit kalter Konsequenz auf alle Lebensbereiche aus. Und doch haben diese Mütter ihren Kindern bleibende Schäden zugefügt: die Todesangst des allein gelassenen Kleinkinds, das nicht abschätzen kann, ob es je wieder Nahrung und Zuwendung erhält; die Kraftanstrengung des schutz- und hilflosen Wesens, das verzweifelt darum ringt, nicht wieder in die Einsamkeit zurückgestoßen zu werden, und deshalb alles zu tun versucht, was von ihm verlangt wird.

»Das genügt wohl, um zu zeigen, dass ein solches Kind es von ganz früh an lernen muss, seine Impulse sofort abzubremsen, abzudrosseln, um nicht abgewiesen zu werden oder zu stören.« So kommentierte der Psychoanalytiker Fritz Riemann schon 1961 den von ihm veröffentlichten Tagebuchauszug. Zu jener Zeit gewann die Kritik an der »schwarzen Pädagogik« in der Bundesrepublik immer mehr Anhänger. Sie begriffen, wie tief frühkindliche Erfahrungen uns prägen. Die Langzeitfolgen für die Psyche eines von Geburt an gedrillten Menschen beschrieb Riemann bereits damals anschaulich:

Die übermäßige Selbstkontrolle werde ihm »zur ›zweiten Natur‹, zu Reflexen, die sich schließlich automatisieren. Man schiebt dann später zwischen jeden Impuls und seine Ausführung ein An-sich-Halten, (...) weil man erst überlegen muss, ob man es riskieren kann, dem Impuls nachzugeben, oder ob man besser darauf verzichtet.« Denn jeder

Handlung wohnt die Angst vor Bestrafung inne. Das führt zu ständigem Zweifeln. »Er ist ein Schutz vor gefährlicher Spontaneität, vor dem Sich-zu-etwas-hinreißen-lassen, was man bereuen müsste. (...) Alle diese Zweifel lassen sich biografisch letztlich auf den Urzweifel zurückführen: Darf ich ich selbst sein und tun, was ich will, oder muss ich gehorchen und auf meine Impulse verzichten – muss ich also ›gut‹ oder darf ich ›böse‹ sein bzw. ist das, was ich tun möchte, gut oder böse?« Sobald man etwas will, setzen Schuldgefühle ein, denn dieser Wille könnte ja unerwünscht sein und zu Zurückweisung führen. »Das zweifelnde Zögern und Zaudern, das quälende Sich-nicht-entscheiden-können wird noch verständlicher, wenn man weiß, dass für diese Menschen einmal gefasste Entschlüsse und Entscheidungen etwas Endgültiges haben, etwas Unwiderrufliches; sie müssen ›absolut‹ richtig sein, denn sonst müssen sie ja mit einer Strafe rechnen. Dadurch können für sie auch schon belanglose Entscheidungen zum Problem werden – sie müssen ja immer die richtige Lösung finden, sonst setzt Angst ein.« Wer die Welt so früh als lebensfeindlichen, bedrohlichen Ort erfahren hat, den beherrscht zeitlebens unerklärliche Angst. Die Furcht ist älter und tiefer als jede bewusste Erinnerung, sie ist ohne Bild oder Form. Das macht sie so mächtig.

Haarer predigte den Müttern auch, ihre Kleinkinder extrem früh »sauber« zu bekommen. »Stellen wir ihnen die Durchnässung mit Harn, die Beschmutzung mit Stuhl und schlechte Gerüche als etwas Abscheuliches hin, und zeigen wir ihnen, daß derartiges immer sofort entfernt, beschmutzte Kleidung gewechselt werden muß. Wenn wir dies immer wieder unermüdlich tun, bekehren wir das Kind bald zu unserem Standpunkt. Es wird zunehmend unglücklich und unbehaglich, wenn es naß oder schmutzig ist. Es verlangt nach Sauberkeit. Haben wir es erst soweit, dann ist der Kampf schon halb gewonnen.«

Schon Kinder, die weniger als ein Jahr alt waren, sollten dazu erzogen werden, ihren Stuhlgang zu kontrollieren. Dabei ist das physisch nur den wenigsten möglich. Erst, wenn ein Kind laufen lernt, reifen die so genannten Pyramidenbahnen. Diese Nervenverbindungen zwischen Gehirn und Rückenmark sorgen auch dafür, dass ein Mensch die Schließmuskeln an Blase, Harnröhre und After kontrollieren kann. Solange ein Kind also nicht laufen kann, kann es auch die eigenen Ausscheidungen nicht oder kaum kontrollieren. Mädchen und Jungen lernen, dass sie dadurch etwas »Abscheuliches« tun, und werden mit aller Kraft versuchen, es im Wortsinne zu unterdrücken. Die Kinder verkrampfen innerlich, strengen sich schier übermenschlich an, aus Angst, die Zuneigung ihrer Bezugsperson zu verlieren. Als Erwachsene streben sie häufig nach extremer Reinlichkeit und Korrektheit.

Die Kehrseite der Angst ist die Aggression. Jeder Mensch hat sie, aber zum Gehorsam gedrillte Menschen fürchten sie besonders. Wie aber lebt man Aggression aus, wenn man sie sich aus Furcht vor Strafe nicht zugesteht? Viele Menschen suchen sich Berufe und Anlässe, in denen sie ihre unterschwellige Wut in »regelgerechte« Bahnen lenken können: »Die Möglichkeiten, seine Affekte durch solche Korrektheiten auszuleben bis zu ans Sadistische grenzenden Verhaltensweisen, sind außerordentlich zahlreich«, so Riemann: »der

Beamte, der auf die Minute pünktlich den Schalter schließt, auch wenn er leicht noch jemanden abfertigen könnte; der Lehrer, der den kleinsten Interpunktions- oder Unaufmerksamkeitsfehler ankreidet; der Prüfer, der nur die haargenau von ihm erwartete Antwort als richtig gelten lässt; der Richter, der sich an den Buchstaben des Gesetzes hält, für den Tat Tat ist, ohne Berücksichtigung der Motivation. (…) Sie alle leben auf solche scheinbar legitime Weise durch Überkorrektheit ihre Aggressionen aus, missbrauchen ihre Macht und tarnen ihr Verhalten vor sich selbst damit, dass sie ja nur konsequent etwas Richtiges, einen Wert vertreten.«

III

In der Ferne plätschert das Mühlrad, und ich blicke mich um. Selbst hier, im bürgerlichen Idyll aus Eigenheim, Obstgarten und plätscherndem Bach, kann ein falscher Schritt, eine unbedachte Handlung die tief verankerte Todesangst wecken. Ins Bewusstsein dringt sie häufig nur als unerklärliche Nervosität und Unsicherheit. Oder als Zwang, alles hübsch ordentlich und unter Kontrolle zu behalten. Keine Experimente, keine Überraschungen. Vor mir sehe ich das Bild meiner erschöpften Mutter am abendlichen Küchentisch, die Hände voller Schwielen, und dazu ein müder Blick, der zu sagen schien: *Wann ist endlich alles gut?* Ihre permanente Anspannung wurzelte – außer in Kriegserfahrungen und ererbten Schuldgefühlen – womöglich in einer Zeit, als sie noch ein Säugling war.

Ich ahne, dass ich auf etwas Wichtiges gestoßen bin, doch muss ich die Einzelteile erst ordnen. Deshalb stehe ich auf und spaziere weiter entlang des Bachs. Zwei Drittel des Rundgangs um Haus und Garten liegen hinter mir, ich nähere mich wieder Hausfront und Auto. Mein Elternhaus erscheint mir etwas weniger rätselhaft, meine widersprüchlichen Empfindungen bei seinem Anblick verständlicher.

Die mehrjährige Psychoanalyse hat mir viele verdrängte Wahrheiten eröffnet, darunter die, wie sehr ich insgeheim glaubte, perfekt sein, sogar nur vermuteten äußeren Anforderungen bis aufs Letzte entsprechen zu müssen. Nur dann war ich etwas wert. Wenn ich diesem Anspruch nicht gerecht wurde, ich also etwas »falsch« gemacht hatte, setzte übermäßige Angst ein. Um ihr zu entgehen, verfiel ich in etwas, für das die deutsche Sprache ein weises Wort erfunden hat: Arbeitswut. Ich wollte um jeden Preis funktionieren und geriet dabei immer wieder an den Rand der Erschöpfung, weil es doch nie genug sein konnte. Weil ich ja doch nie genügen konnte. Obwohl es mir materiell gut ging, glaubte ich mich in einem ständigen Balanceakt auf schwankendem Grund, immer in Sorge, der nächste Schritt könne in den Abgrund führen: in Armut, Krankheit, soziale Ächtung. Ein Leben in Habachtstellung.

Unerklärliche Angst, quälende Zweifel, diffuse Schuldgefühle und ein Hang zum Perfektionismus, der sich mal als immenser Fleiß zeigt, mal als lähmende Entscheidungsschwäche: Die scheinbar so unterschiedlichen Kriegskinder und -enkel ähneln einander in ihren tiefsten Ängsten sehr. Sie bilden zwei Generationen *German Angst.*

Haarers Lehre vom Kind als Feind der Mutter zählte zu den hartnäckigsten Erbschaften des Dritten Reichs. Beispielsweise fragte der Stuttgarter Kinderarzt Eugen Knapp 1949 die mehr als drei Millionen Leser seines *Abc der Säuglingspflege*: »Wer kennt nicht jene unerträglichen kleinen Haustyrannen, die alles mit Geschrei und Wut erzwingen? Und was wird aus diesen Kindern in späteren Jahren?«

Selbst, als die 68er-Bewegung mit der »schwarzen Pädagogik« abrechnete und der bundesdeutsche Buchmarkt sich im großen Stil für ausländische Publikationen zur Erziehungsfrage öffnete, änderte sich bei den Vorstellungen von der frühesten Lebenszeit wenig. »Der kleine Tyrann, der nur mit Uhr, Waage, frischer Luft und kalten Abreibungen gebändigt werden konnte, bestimmte weiterhin das Bild«, urteilt die Historikerin Miriam Gebhardt von der Universität Konstanz. In der vermeintlich ideologiefreien Kleinkindbetreuung war die Entnazifizierung schlicht ausgeblieben. So konnten in den 30ern und 40ern ausgebildete Erzieherinnen, Säuglingsschwestern und Fürsorgerinnen ihren Arbeitsbereich bis in die 80er-Jahre hinein prägen.

Auch Haarers Ratgeber selbst blieb in der Bundesrepublik ein Bestseller – bereinigt von völkischer Rhetorik und unter dem Titel *Die Mutter und ihr erstes Kind*. Die Gesamtauflage des Buchs betrug 1,2 Millionen Exemplare, die jüngste Auflage erschien 1987.

Die Ideologie, die als Wissenschaft daher kam, hat mehreren Generationen systematisch Bindungs- und Verlustängste eingeimpft. »Erwachsene, die eine solche Kindheit erlebten«, urteilt Sozialwissenschaftlerin Chamberlain, »haben oftmals Schwierigkeiten, überhaupt eine enge Beziehung mit einem anderen Menschen einzugehen. Es fällt ihnen schwer, liebevoll, einfühlsam und warmherzig mit ihren Kindern umzugehen.« Wer früh zu wenig Zuwendung erfahren hat, kann sie später nicht zuteil werden lassen – auch nicht sich selbst. Daher neigen diese Menschen zu Depressionen: »Sie spüren oft eine große Hilflosigkeit, nicht nur in Bezug auf Kinder, sondern auch auf sich selbst. Sie haben das Gefühl, dass das Leben schwer fällt, ohne dass sie dafür eine Erklärung hätten.«

Doch während die Kriegskinder ihre Not meist durch Gründung einer eigenen Familie zu lindern suchten, haben die Jüngeren die bloß vordergründig heile Welt ihrer Eltern zu fürchten gelernt. Auch deshalb binden sie sich häufig erst spät oder gar nicht oder trennen sich bei Problemen rasch wieder. Viele Kriegsenkel folgen der Maxime, das Gegenteil dessen zu tun, was die Eltern taten, müsse richtig sein – und leben gerade dadurch ein Leben im ständigen Bezug zu ihnen. So verschleiert die Art, wie Kinder der Kriegskinder mit ihren Ängsten umgehen, den Blick auf die Erkenntnis, wie sehr sie ihren Eltern ähneln.

Mein Rundgang geht zu Ende, ich erreiche wieder die Hausfront. Auf dem Fußgängerweg glänzen im Sonnenschein die Stolpersteine, die an die Familie Davids erinnern.

Was wissen wir also über die Häuser, in denen wir leben? Über die Menschen, die vor uns darin wohnten? Über jene, die sie erbaut haben, und denen sie einst gehörten? Über ihre Träume, Ängste und Hoffnungen? Meine Antwort darauf ist eine andere, hoffnungsvollere, als vor meinem Besuch im Heimatdorf: Kein Mensch lässt sich durch ein einziges Erlebnis, eine Tat, einen Charakterzug erklären. Auch nicht Kriegskinder und Kriegsenkel. Aber wir können das, was uns an unseren Eltern und Großeltern so lange unverständlich schien, besser verstehen lernen. Wir können eine Menge über unsere Familiengeschichte in Erfahrung bringen, indem wir die befragen, die im Alter endlich reden wollen. Indem wir Hintergrundwissen und Akten, die heute leichter zu beschaffen sind denn je, zusammentragen. Und indem wir offen bleiben für neue Sichten, selbst auf scheinbar bis zum Überdruss Bekanntes. Wir sehen nur, was wir bereit sind zu sehen.

Die Stöpsel in meinen Ohren hatte ich ganz vergessen, jetzt drücke ich auf dem Smartphone ein letztes Mal auf Play. Meine Tante erzählt von ihrer Liebe zu ihrer älteren, seit fast eineinhalb Jahrzehnten toten Schwester. »So gern würde ich ihr noch einige Dinge sagen. Wir wollten unsere nackten Füße in den Bach halten, wie wir es als Kinder gemacht haben. Aber es ist halt zu spät.« Sie atmet einmal tief ein und aus. »Und dein Vater? Tja ...« Meine Tante hat ihn nie gemocht, doch ihre abschließenden Worte klingen überraschend versöhnlich: »Irgendwie war er in seiner ganzen Situation ein Gefangener.« Als mein Vater seiner Braut in ihr Heimatdorf folgte, konnte er nicht ahnen, in welche Welt des schuldigen Schweigens und der Nervosität er einheiratete. Hierher brachte er seine eigene Form des Schweigens, das emotionale Vakuum. Da sie miteinander über nichts reden konnten, mussten sie über alles schweigen. Wie bei vielen Kriegskindern, gebar ihre Ehe deshalb immer komplexere ungeschriebene Regeln und Tabus. Ihr

Leben geriet zu einem einzigen, erschöpfenden Ausweichmanöver. Meine Tante seufzt ein letztes Mal und sagt: »Die beiden haben einfach nicht zueinander gepasst.«

Meine Eltern waren 40 Jahre lang verheiratet.

Erst, als ich die Ohrstöpsel herausnehme und zurück zum Wagen gehe, wird mir klar, warum ich die krude Geschichte meiner Mutter über ihren wackeren Vater lange nicht infrage gestellt habe; warum ich so spät eins und eins zusammengezählt habe. Die Antwort lag direkt vor mir, trotzdem habe ich sie übersehen: weil auch ich meine Mutter geliebt habe.

Als Kind muss ich die Bedrängnis hinter ihren Worten gespürt haben. Sie wollte ihren Vater als Helden sehen, um ihre ererbten Schuldgefühle in Schach zu halten. Um ihre Not nicht zu vergrößern, fragte ich nicht nach – und verlängerte so das Schweigen in die dritte Generation. Als Erwachsener hoffte ich, emotionalen Nebel, Schuldgefühle und diffuse Angst meiner Eltern hinter mir gelassen zu haben. Aber je älter ich wurde, desto schmerzhafter wurde mir klar, dass es nicht geklappt hatte. Die Frage ist bloß: Wieso eigentlich nicht? Was ist damals schief gelaufen?

Während ich den Wagen anlasse, losfahre und mein Elternhaus im Rückspiegel langsam schrumpft, geht die Spurensuche im Leben meiner Eltern zu Ende, und ein neuer Abschnitt meiner Reise beginnt. Als Nächstes will ich verstehen, wie die Kriegskinder ihre verdrängte Seelenlast vererbt haben, und was das mit den Kriegsenkeln macht. Dafür muss ich das Generationen lange Schweigen brechen. Und ich weiß auch schon, wer mir dabei helfen kann.

Kriegsenkel & Kriegsenkelinnen

Was macht das Erbe der Kriegsenkel mit Frauen und Männern?

I

Wenn es eng wird, hilft nur noch Rotwein. Während meine Schwester zwei bauchige Gläser füllt, geht hinter der Kölner Innenstadt die Herbstsonne unter. Das Abendessen ist vorüber. »Also, wie genau hast du dir das vorgestellt?«, fragt Ingrid und setzt sich an ihren Küchentisch. Ihr schräg gegenüber sitze ich und wünsche mir, ich hätte eine Antwort. Wie spricht man über etwas, das so lange selbstverständlich schien – und heute umso fremder? Wie redet man über die eigene Kindheit?

Während wir in der Küche sitzen, dringen aus den Nachbarzimmern Teenager-Geräusche. Gerade hat sich ihr zwölfjähriger Sohn zurückgezogen, um auf dem Tablet gebannt noch eine Folge der US-Fantasy-Serie *Arrows* zu schauen. Ihre Tochter und deren beste Freundin lachen laut über irgendetwas, das nur 15-jährige Mädchen verstehen. Es tut mir gut, nach dem Besuch in unserem Heimatdorf, nach all den Erinnerungen an Trübsinn und Schwere, wieder unter Menschen zu sein, die lachen, streiten und sich versöhnen. Zurück im Leben.

Meine Schwester hat sich und ihren Kindern ein wirkliches Zuhause geschaffen. Wie sie das hingekriegt hat, erstaunt mich immer wieder, denn dabei standen ihr nicht nur unsere Kindheitsprägungen im Weg. Seit ihrer Scheidung vor ein paar Jahren leben die Kinder größtenteils bei ihr, aber das Geld ist knapp. Kurz nach der Trennung erkrankte sie lebensbedrohlich an Brustkrebs. Damals krempelte sie ihr Leben um. Die energiegeladene Ingrid, die immer viel und gern gearbeitet hat – früher als Sozialpädagogin, heute als Eventorganisatorin eines großen Museums –, trat kürzer. Sie arbeitete weniger, absolvierte eine Psychoanalyse und lernte, was sie sich zumuten will und was nicht. Heute ist sie wieder gesund, treibt viel Sport und ist neu verliebt. Die 50-Stunden-Büroarbeits-Woche fehlt ihr nicht, und sie freut sich über die Zeit mit ihren Kindern. Sie akzeptiert, dass ihre Tochter und ihr Sohn mit jedem Tag etwas unabhängiger werden, sich einen Schritt weiter von ihr entfernen. Das ist schmerzlich, aber o.k., denn sie genießt die Gegenwart. Ihre Drei-Zimmer-Wohnung ist ein Ort des Austausches, der Nähe und Erholung, wie es unser Elternhaus nie war.

Meine Schwester und ich haben uns verabredet, um über unsere Eltern zu reden. Auf dem Küchentisch suche ich nach Antworten auf Ingrids Frage – und finde nur zwei Rotweingläser und eine halb leere Flasche. Für das, was ich als Nächstes tun will, habe ich keinen Plan, nur ein Ziel. Ich möchte verstehen, wie sich traumatische Erfahrungen früherer Generationen in uns fortgepflanzt haben. *Was genau ist das Erbe der Kriegsenkel, und was macht es mit uns?*

Kein Mensch gleicht einem anderen. Auch die Biografien der etwa zwischen 1955 und 1975 Geborenen unterscheiden sich stark voneinander. Wer und was sie geprägt hat, hängt von vielen Einflüssen ab. Wuchsen sie als Einzelkinder auf oder unter Geschwistern? Waren Vater und Mutter Kriegskinder, oder nur ein Elternteil? Lebte die Familie unter einem Dach oder getrennt? Banden die Kriegskinder ihre Söhne und Töchter eng an sich, um sich von ihnen trösten zu lassen, oder stießen sie sie weg, weil sie deren kindliche Lebendigkeit nicht ertrugen? Herrschte zu Hause verordnete Fröhlichkeit oder banger Trübsinn? Auch die Eingrenzung auf bestimmte Geburtsjahrgänge taugt nur bedingt zur Definition eines Kriegsenkels. Beispielsweise bin ich erst 1976 geboren worden, und doch waren beide Elternteile eindeutig Kriegskinder.

Sogar Geschwister können dieselben traumatisierten Eltern auf unterschiedliche Weise erfahren haben. Meine Schwester Ingrid und ich sind dafür ein gutes Beispiel. Sie kam 1967 als zweites Kind zur Welt, ich neun Jahre später als fünftes. Ingrid lernte »Mama« und »Papa« kennen, als sie in ihren Dreißigern waren, bei mir waren sie über vierzig Jahre alt. Ingrids früheste Erinnerungen stammen aus den späten Sechzigern und frühen Siebzigern, als es noch üblich war, Mädchen und Jungen in getrennten Schulklassen zu unterrichten. In meiner Welt herrschte von Beginn an Koedukation. Wie alle Kinder, prägte auch uns die Geburtsrangfolge: Ingrid hat erlebt, wie es ist, ein älteres Geschwisterkind zu haben und drei jüngere zu bekommen, die von ihr Aufmerksamkeit einforderten. Als Letztgeborener musste ich meinen Platz in einer Familie suchen, in der vier ältere Geschwister ihre Positionen schon besetzt hielten.

Je mehr ich auf meiner Spurensuche lerne, desto facettenreicher erscheint mir der Satz der Autorin Sabine Bode: »*Den* Kriegsenkel gibt es nicht, ebenso wenig wie *das* Kriegskind.« Sprechen die Kinder der Kriegskinder bei all den Unterschieden überhaupt eine gemeinsame Sprache, in der sie sich austauschen können? Können sie einander den emotionalen Nebel beschreiben?

»Dass wir miteinander über Mama und Papa reden«, sagt Ingrid, »ist schon was Besonderes. Schließlich wurden wir ja nicht dazu erzogen, einander zu mögen. Wir Geschwister konkurrierten ja um Mamas Aufmerksamkeit.«

Wie in vielen Familien der langen deutschen Nachkriegszeit, so thronte auch bei uns die Mutter im Zentrum des häuslichen Sonnensystems. Um sie herum kreisten wir Kinder auf der steten Suche nach Wärme und Aufmerksamkeit. Auch unser Vater zog seine – für uns Kinder unvorhersehbaren – Bahnen um die Sonne: als großer, dunkler Planet, unter dessen undurchsichtiger Wolkendecke eine mal eiskalte, mal höllisch heiße Atmosphäre herrschte. Mit seinen fünf Kindern konkurrierte er um die Zuwendung unserer Mutter. Ähnliches geschah in Millionen Familien mit emotional blockierten Vätern. Denn wer nicht weiß, was er empfindet und braucht, richtet sich nach Menschen, die ihm sagen, was er tun soll: im Verein, in der Partei, beim Arbeitgeber oder in der Partnerschaft. So schrumpfte unser Vater gewissermaßen zum sechsten Kind. Unser Ziel war es, seine Umlaufbahn um die Sonne möglichst selten zu kreuzen, um Zusammenstöße zu vermeiden. Wir lernten, dass es das Beste war, zu schweigen und auszuhalten. Wie unsere Eltern.

»Und trotzdem«, sagt Ingrid lächelnd, »haben wir es geschafft, aus dieser bescheuerten Logik ’rauszukommen und darüber zu reden. Ist das nicht super?«

Wer meine Schwester zum ersten Mal trifft, dem fällt sofort auf, wie gern sie lacht. Dabei strahlt sie auf eine so gewinnende Art, dass sogar Berliner Busfahrer vergessen, sie grundlos anzumaulen. Ich bin Zeuge.

»Wenn Mama das noch erleben würde«, sagt sie, »sähe sie darin bestimmt einen Vorwurf und hätte leidend gesagt: ›Tut mir das *bitte* nicht an.‹«

»Und Papa«, fällt mir ein, »wäre wütend geworden. Vielleicht hätte er den verwirrenden Gedanken einfach mit der Hand weggewischt und gesagt: ›Wie man’s auch macht, macht man’s falsch.‹ Oder: ›Jetzt stellt euch nicht so an.‹«

Wir nicken und schauen stumm auf unsere Gläser. Zu den größten Hindernissen der Kriegsenkel beim Reden über ihre Nöte zählt die Sorge, sie könnten gegenüber Mutter oder Vater illoyal sein. Schließlich haben sie früh die Lehre verinnerlicht, dass sie es ihren Eltern leicht machen, sie trösten müssen. Deshalb schmerzt sie die Einsicht, die es erst ermöglicht, ehrlich über die eigenen frühen Verletzungen zu sprechen, besonders stark. Sabine Bode bringt sie auf den Punkt: »In ihrem Fall hatten ja nicht die Kriegserlebnisse ihnen Schaden zugefügt, sondern ihre Eltern.« Kritisch über Vater oder Mutter zu reden, fällt Kriegsenkeln extrem schwer, es kommt ihnen vor »wie Verrat«, urteilt Bode. »Und zwar auch dann, wenn ein Elternteil schon tot war. Das Gefühl saß in den tiefsten Tiefen.« Erschwerend hinzu kommt, dass sich die meisten Kriegskinder selbst ein Leben lang gar nicht als traumatisiert angesehen haben. »Wie sollten deren Kinder, die Kriegsenkel, auf die Idee kommen, sie könnten ein kollektives, belastendes Erbe mit sich herumtragen?« Wenn Kriegsenkel es trotz allem wagen, in ihren Eltern die Verursacher ihres Leids zu erkennen, eilen sofort ihre alten Weggefährten herbei: die Schuldgefühle.

Auch deshalb geht mir der Satz meines Vaters noch einmal durch den Kopf. *Jetzt stellt euch nicht so an.* Das ist es! Natürlich sprechen die Kinder der Kriegskinder eine gemeinsame Sprache, mit deren Hilfe sie sich und anderen begreiflich machen können, wie ihre Kindheit sie prägte! Es ist die Sprache ihrer Eltern.

»An welche Sätze erinnerst du dich als erstes«, frage ich Ingrid, »wenn du an Mama denkst?«

Sie braucht nicht lange zu überlegen: »›Was sollen denn die Nachbarn denken.‹ Es ging ihr nicht mal darum, was die Nachbarn ›sagen‹ mochten. Mama schien sogar zu wissen, was in ihren Köpfen vorging. Dabei redete sie nicht mit ihnen.« Die bedrohliche Außenwelt begann für unsere Mutter schon am Gartenzaun.

Mir fällt ihr sorgenvolles »Meinst du *wirklich*, dass das eine gute Idee ist?« ein. »Spätestens nach dem Satz war ich sicher, dass es eine miserable Idee war. Es war falsch von mir gewesen, irgendwas zu wollen. Denn etwas zu wollen, hieß ja, dass sich womöglich was änderte. Aber Veränderung war gleich Gefahr, und Gefahr bedeutete Angst. Wie hätte ich es wagen können, Mama noch mehr Angst zu machen, als sie ohnehin hatte?«

Wir erinnern uns an Leitsätze unserer Kindheit, als hätten sie nur darauf gewartet, wieder ausgesprochen zu werden. Auch sie sitzen bis heute in den tiefsten Tiefen. Sätze unseres Vaters: »Die wollen alle nur unser Geld.« »Ich glaub', dir geht's zu gut.« »Am besten ist, gar nichts zu hoffen, dann kann man nicht enttäuscht werden.« »Du kannst niemandem trauen.« Unsere Mutter: »Lass gut sein, um des lieben Friedens Willen.« »Das wird mir alles zu viel.« »Ich krieg' schon Angst, wenn ich das nur höre!«

Schon wenige ausdrucksvolle Sätze können zeigen, welche Stimmung die Familien einst beherrschte. Sie beleuchten eine längst vergangene Zeit, offenbaren, wie die Eltern sich und die Welt sahen, und welche Botschaften ihre Kinder verinnerlicht haben. Indem wir sie heute aussprechen, trägt das Problem zu seiner Lösung bei.

In unserem Fall zeichnen die Sätze unserer Mutter das skizzenhafte Porträt einer hart arbeitenden und zutiefst unglücklichen Frau. Ihr war »alles zuviel«, was über ihre vielen Alltagsaufgaben hinaus ging. Obwohl sie ihr Leben bloß ertrug, erschien ihr jede Veränderung als bedrohlich, die Welt jenseits der eigenen vier Wände als feindlich.

Ihre Kinder lenkte sie gerade durch den Hinweis auf ihre Schwäche und Überforderung. So brachte unsere Mutter uns dazu, sie so zu stützen, wie sie womöglich während des Krieges unsere Großmutter hatte stützen müssen. Sicher war ihr nicht klar, wie gewaltig die psychische Macht einer Mutter über ihre Kinder ist – und damit der Wunsch der Söhne und Töchter, von ihr geliebt zu werden. Aber sie nutzte sie. Dadurch, dass unser Vater als Ansprechpartner für seine Kinder ausfiel, wuchs die Anziehungskraft unserer familiären Sonne umso mehr. Das brachte ihr die ungeteilte Liebe ihrer Kinder ein, aber auch die volle Verantwortung für sie. Die kindliche Zuwendung linderte vermutlich die schmerzliche Erinnerung an das, was sie einst selbst hatte entbehren müssen.

Ihre Liebe speiste sich nicht aus der Freigebigkeit einer emotional gesunden Erwachsenen, die weiß, was ihr gut tut, und nur das gibt, was sie kann, ohne sich selbst zu schaden. Unsere Mutter hatte als Kind gelernt, dass mütterliche Zuneigung nicht bedingungslos war. Sie hatte dafür arbeiten, brav sein, die Zähne zusammenbeißen müssen. Gegenüber ihren Kindern machte sie es später ähnlich. Wir Kinder hatten brav zu sein. Wer es ihrer Meinung nach nicht war, galt als böse, jähzornig oder gierig. Dann geschah das Schlimmste, das ich mir vorstellen konnte. Meine Mutter wandte ihren Blick ab, verfiel in vorwurfsvolles Schweigen und war über Stunden oder Tage nicht mehr für mich ansprechbar. Die Sonne entzog mir ihre Wärme und ihr Licht, meine kindliche Welt fiel in Kälte und Dunkelheit, und ich wusste nicht, ob und wann sie je wieder scheinen würde. So marterte ich mich beim Gedanken, was ich falsch gemacht hatte. Doch meine Mutter erklärte nie, was sie hatte verstummen lassen. In meiner Kindheitswelt gab es kein Warum. Mir blieb allein die Hoffnung, dass sie ihr Schweigen irgendwann brechen würde, um mich – verwirrt, verängstigt und erschöpft – wieder in ihre Gunst aufzunehmen. Bis zum nächsten Mal. So lernte ich, in ihrem Gesicht zu lesen, bis ich besser wusste, wie es ihr ging, als sie selbst.

Heute sehe ich im Liebesentzug meiner Mutter vor allem die Züge eines nie ganz erwachsen gewordenen Menschen, der sich auf kindliche Weise Zuneigung ertrotzen wollte, weil er selbst als Kind nie eigenwillig hatte sein dürfen: Endlich stellte sie die Regeln auf. Dahinter aber scheinen die Umrisse langlebiger deutscher Erziehungstraditionen auf.

Die Traumatherapeuten Gabriele Frick-Baer und Udo Baer haben bei ihrer Arbeit mit Kriegskindern beobachtet, dass viele »Menschen, die sich an den Verbrechen des nationalsozialistischen Regimes aktiv beteiligt haben, in der Erziehung ihrer Kinder eine Atmosphäre der Kälte, der Härte, der Unberechenbarkeit von Strafen und des Drucks schufen. Es gab oft Schläge, die klaglos hinzunehmen waren, mindestens so oft aber perfide Zwangsmaßnahmen wie berechnend eingesetztes Schweigen.« Da ist sie wieder, die Erziehung zur Sprachlosigkeit. Die Haarersche Lehre, Neugeborene »kalt zu stellen«, bildete nur den grässlichen Auftakt dazu.

Auch ältere Kinder wurden durch Liebesentzug zur Folgsamkeit gezwungen. Später wandten sie die bewährte

Methode bei ihren Kindern an, häufig ohne es zu merken. Das früh Erlebte war ihnen zur zweiten Natur geworden. Es ist eine tragische Ironie, dass Menschen so häufig das, worunter sie selbst gelitten haben, später selbst praktizieren. Das Opfer wird zum Aggressor.

Auch die Aussprüche unseres Vaters zeigen eine triste Sicht aufs Leben. Die Welt war in seinen Augen ein Hort der Niedertracht. Nichts bereitete ihm Freude, sie war ihm sogar suspekt. Denn sie und ihre Schwester, die Hoffnung, drohten ihn daran zu erinnern, dass es womöglich ein anderes, erfüllteres Leben gab als das, in dem er sich eingerichtet hatte. Seine Niedergeschlagenheit aber zeigte sich anders als bei unserer Mutter. Während sie Kinder an sich band, stieß er sie weg. Extrem früh in seiner Kindheit hatte er gelernt, dass seine Bedürfnisse und Gefühle nicht zählten, weshalb er sie weder bei sich noch bei anderen gelten ließ. So wurde er unfähig, sich in andere einzufühlen, und suchte sich Menschen, die ihm sagten, was er wollen und müssen sollte.

Außerhalb unseres Elternhauses war das fast ein halbes Jahrhundert lang sein streng hierarchisch aufgebauter Arbeitgeber, die Deutsche Post, innerhalb der Mauern seine Frau. Mit eifrigem Nicken fügte er sich Menschen, die selbstgewiss auftraten – Polizisten, Ärzten, Lehrern –, und verachtete alle, die die bestehende Ordnung verändern wollten, etwa die Frauenrechtlerinnen und Gewerkschafter aus der *Tagesschau*. Lange dachte ich, so sei nur unser Vater. Heute, da ich mehr über seine Herkunft weiß, sehe ich darin Wesenszüge, die weit über den Menschen Hans Lohre hinaus weisen.

Unser Vater offenbarte, was der Sozialpsychologe Erich Fromm schon in den 1930er-Jahren einen »autoritären Charakter« nannte. Menschen mit dieser Persönlichkeitsstruktur sind zu Gehorsam erzogen worden: *Es gibt nur eine richtige Handlungsweise, und welche das ist, entscheide nicht ich, sondern bestimmt eine höhere Macht.* Ihr Eigensinn ist gebrochen, ihr Selbstwertgefühl sehr gering. Deshalb lehnen sie Fremdes als Bedrohung ab und fürchten Veränderungen. Indem sie das Unbekannte herabsetzen, halten sie das lauernde Gefühl eigener Nichtigkeit in Schach. Verletzt jemand tatsächliche oder vermeintliche Regeln, reagieren sie extrem wütend: Sie selbst wagen es aus Angst vor Strafe nicht, *aus der Reihe zu tanzen*, wie können es dann andere tun? Zugleich sind sie nicht willens oder in der Lage, in sich hineinzuhorchen. Auf ihre Gefühle hat als Kind niemand Rücksicht genommen, und so ist ihnen ihr eigenes Innere fremd. Sie fühlen sich nicht mehr so ohnmächtig, wertlos und leer, indem sie sich an Mächtigere anlehnen und mit ihnen identifizieren: Parteien, Nationen, Religionen, Ethnien oder Vereine. So war auch mein Vater. Damit steht er in einer jahrhundertelangen Erziehungstradition, die keine Individuen formte, sondern Untertanen.

Das zu schreiben, fällt mir schwer. Ich will mich nicht über meine Eltern erheben oder sie anklagen, sondern herausfinden, wie sie wurden, wer sie waren, und was das mit mir gemacht hat. Dafür muss ich auch und gerade unangenehme, peinliche Dinge zur Sprache bringen, die ich lieber verschwiege. Aber das Schweigen hat seine Zeit gehabt.

Je mehr ich über meine Eltern erfahre, desto klarer sehe ich, in welchem Maße sie lebenslang Kinder ihrer Jugendzeit blieben. Meine Mutter kam nicht deprimiert auf die Welt, sondern wurde es aus Überforderung. Mein Vater entschied sich nicht dafür, seinen Willen und seine Wünsche aufzugeben, sie wurden ihm geraubt. Unermesslich viel von dem, was uns heute selbstverständlich erscheint, blieb ihnen verwehrt. Was hätte aus Kriegskindern wie meinen Eltern werden können, hätten sie die Möglichkeiten gehabt, die wir heute haben?

Meine Schwester und ich sind nicht geworden, wie unsere Eltern waren, aber wir haben vieles von ihnen geerbt. Die Frage ist nur, wie das geschehen konnte. Schließlich wollten Kriegskinder ihren Kindern ja nicht bewusst schaden, im Gegenteil. Auch an den Satz unserer Eltern »Ihr sollt es mal besser haben« können wir uns gut erinnern. Was ist da so gründlich schief gelaufen?

Während Ingrid uns Wein nachschenkt, kommt ihr zwölfjähriger Sohn in die Küche, um sich etwas aus dem Kühlschrank zu nehmen. Als er mich sieht, lächelt er und wuschelt mir durch die Haare. »Spielen wir gleich *Quiz Duell*?«, fragt er, und ein sanfter Hinweis seiner Mutter erinnert ihn daran, dass sie und ich gerade mitten im Gespräch sind. »In einer Stunde, o.k.?«, sage ich. Er nickt und geht kauend und zufrieden wieder in sein Zimmer. Vielleicht steckt in dieser kleinen Szene alles drin: der ganze Unterschied zwischen einer emotional gesunden Kindheit und einer, wie sie Kriegsenkel erlebten.

Anders als ich früher hat mein Neffe keine Angst, seine Mutter oder mich zu überlasten, indem er seine Bedürfnisse befriedigt: Er besorgt sich Essen, wenn er Hunger hat, und fragt, ob ich mit ihm spiele, weil er weiß, wie schön das wäre. In meiner Antwort vermutet er zu Recht keinen unterschwelligen Vorwurf, kein *Was willst du denn jetzt schon wieder?*, sondern einen sachlichen Hinweis darauf, dass ich gerade etwas anderes zu tun habe. Weil er gelernt hat, dass Erwachsene sich im Großen und Ganzen an Absprachen halten, kann er darauf vertrauen, dass auch ich mich diesmal daran halten werde. Seine Welt hat weder doppelte Böden noch heimliche Regeln. Er erlebt keine Kindheit auf Zehenspitzen. Als hätte Ingrid meine Gedanken gelesen, sagt sie:

»Vielleicht habe ich meinen Kindern irgendetwas mitgegeben, das ihnen nicht gut tut. Aber eines haben sie von mir nicht geerbt: diese verdammte, tief sitzende Lebensangst.«

Ihr Sohn und ihre Tochter können Ärger, Angst oder Freude zeigen, ohne dafür Liebesentzug oder Strafe fürchten zu müssen. Sie haben mehrere verlässliche Bezugspersonen, wissen, wie sie sich Hilfe besorgen können, und dass es auch nach Krisen immer irgendwie weiter geht. Diese Gewissheit fehlte uns.

Wir wuchsen im wachsenden Wohlstand auf, doch der erschien unseren Eltern immerzu auf seltsame Weise gefährdet, ja irreal. Wer erlebt hatte, wie ein Reich in Staub zerfiel, das tausend Jahre hatte währen sollen, der lernte zu misstrauen. Selbst ein abbezahltes Haus im Grünen, eine sichere Beamtenstelle und ein schickes Auto in der eigenen Garage konnten nie den Zweifel tilgen, dass all das Schöne trügt. Die Vergangenheit erschien realer als die Gegenwart.

Bei vielen Kriegskindern haben »die Schwere, die Not, die Mühsal das ganze Erleben« eingenommen, urteilen die Traumatherapeuten Udo Baer und Gabriele Frick-Baer. Sie »beeinflussen die Art und Weise, wie alle anderen Geschehnisse beurteilt werden. Bei der zweiten Generation kann es gar nicht anders ankommen, als ob ihnen das Glück nicht gegönnt wird, als ob nichts gut sein darf.« So sind die Kinder der Kriegskinder in einer Art doppelten Realität aufgewachsen: halb in der sichtbaren Welt des materiellen Wohlstands, halb in einer unsichtbaren Sphäre verschwiegener Nöte. Beides schien partout nicht zusammen zu passen. Auch an sonnigen Tagen erschien ihnen der Himmel grau.

Wer als Kind Not und Hunger litt, konnte die Ursache seiner Leiden meist klar benennen: den Krieg. Wer in materieller Sicherheit aufgewachsen ist, dem fällt die Erklärung schwerer. Die Eltern als Verursacher der eigenen Seelennot zu benennen, kommt vielen Kriegsenkeln nicht in den Sinn. *Du hast so viel mehr als wir damals. Wir meinten es doch nur gut. Sei nicht so undankbar.* Wer mit solchen Botschaften aufgewachsen ist, den plagen als Erwachsener vielmehr extreme Schuldgefühle. Wer glücklich werden will, fühlt sich schnell als Verräter an den unglücklichen Eltern. Oder er bleibt, wie diese, sich selbst emotional fremd. Denn wer als Kind nicht gesehen wurde, der entwickelt keinen Blick für sich selbst.

So haben die Kinder der Kriegskinder früh gelernt, der eigenen Wahrnehmung zu misstrauen: *Was ist bloß mit mir los, es ist doch alles gut?* Die von Margarete und Alexander Mitscherlich beschriebene »Unfähigkeit zu trauern«

der Kriegsgeneration und der Kriegskinder hat sich in den Kriegsenkeln fortgepflanzt: als Unfähigkeit, sich und anderen zu vertrauen. Sie leben im ständigen Zweifel. Die Älteren haben den Jüngeren nicht ihre Traumata vererbt, sondern deren Folgen.

Die Metapher vom »emotionalen Nebel« passt also nicht allein auf das rätselhaft erscheinende Verhalten der Kriegskind-Eltern und die seltsame Fremdheit zwischen Älteren und Jüngeren. Sondern auch auf das Unverständnis vieler Kriegsenkel für das, was in ihnen selbst vorgeht. Wie lichten wir den Nebel?

Wie viele Menschen unserer Generation, sind meine Schwester und ich unabhängig voneinander an einen Punkt gekommen, an dem Körper und Geist streikten und wir wussten: Es reicht. Beide suchten wir die Hilfe von Psychotherapeuten. Sie in Köln, ich in Berlin. In langen Gesprächen haben wir gelernt, was uns heimlich quält und lenkt und was unsere Eltern damit zu tun haben könnten. All das hat uns sehr geholfen, doch etwas Entscheidendes musste dabei unbeantwortet bleiben: *Warum* haben sich unsere Eltern so mysteriös verhalten?

Wir wussten nicht, was Nazi-Zeit, Krieg und Nachkrieg in ihnen angerichtet hatten, und was das mit unserer persönlichen Seelenlast zu tun hat. Wir blieben gefangen in der kindlichen Annahme, dass wir etwas »falsch« gemacht haben mussten, das sie wütend oder traurig gemacht hatte. Dass der Ursprung ihrer Wut und Niedergeschlagenheit nichts mit uns zu tun hatte und der Art, wie wir uns als Kinder verhalten hatten – das konnten wir ahnen, aber nicht wissen. Nehmen wir das neu gewonnene Wissen hinzu, wird der Blick auf unsere Familiengeschichte tiefer und klarer, und unser Verständnis für Mutter und Vater kann wachsen.

Während Ingrid und ich reden und draußen die Straßenlaternen leuchten, wird mir etwas Erstaunliches klar. Obwohl uns immerhin neun Lebensjahre trennen, war das Verhalten unserer Eltern stets von den gleichen Ängsten und Zwängen beherrscht. Der Nebel war in den 60ern, 70ern und 80ern gleich dicht. Je länger wir reden, desto klarer wird uns, dass etwas anderes uns die Kindheit so unterschiedlich erleben ließ. Es ist der Umstand, dass sie ein Mädchen war und ich ein Junge.

II

Als Ingrid neun oder zehn Jahre alt war, setzte unsere Mutter sich neben sie auf die Treppe und klagte, sie sei so unglücklich in ihrer Ehe. Meine Schwester wollte ihr unbedingt helfen, und so riet sie ihr, sich scheiden zu lassen. Unsere Mutter wiegelte ab, das komme nicht infrage. Sie fürchtete, das geliebte Haus verkaufen zu müssen. »Ich war ganz verzweifelt, Mama tat mir so leid«, sagt Ingrid. »Sie hatte ja sonst niemanden.« So musste ein Kind seine Mutter trösten, anstatt von ihr Trost zu erfahren. Es wurde in die Rolle der Erwachsenen gedrängt, die Erwachsene schrumpfte sich zum Kind. Und Ingrid, die auch noch um ihr Heim fürchten musste, blieb mit ihren Ängsten allein.

Kinder fühlen sich für das Wohlergehen von Mutter und Vater verantwortlich. In Familien, in denen die Eltern traumatische Erfahrungen gemacht haben, setzt das Kinder unter extremen Druck: »Viele Angehörige der jüngeren Generation, vor allem Kinder, glauben, dass sie selbst Schuld haben, dass ihre Eltern sich seltsam oder verstörend verhalten«, erklären Udo Baer und Gabriele Frick-Baer. »Sie suchen danach, was sie getan haben könnten, um dieses Verhalten hervorzurufen. Dieses Verantwortungsgefühl beziehungsweise Schuldgefühl ist ihnen grundsätzlich eigen. Sie fragen sich, ob sie selbst die Ursache von Ängstlichkeit, Aggressivität oder anderem sind. Diese Suche muss ergebnislos bleiben, weil selbstverständlich nicht die Kinder, egal welchen Alters, die Traumafolgen hervorgerufen haben, sondern die traumatischen Ereignisse.«

Doch das konnten die Söhne und Töchter nicht wissen, denn die wahren Ursachen der elterlichen Nöte wurden ja beschwiegen. Und so versuchten die Kriegsenkel mit aller Kraft, ihre Eltern glücklich zu machen oder zu trösten. Weil dic Mütter in den meisten Familien weitaus präsenter waren, richteten sich ihre verzweifelten und vergeblichen Versuche vor allem auf sie.

Ingrid kümmerte sich um jüngere Geschwister, um unsere Mutter zu entlasten. Sie nahm sie als Teenager mit zu Verabredungen mit Freundinnen, wartete nach Schulschluss auf sie, um sie auf der Busfahrt zu begleiten. »Ich musste immer, immer Verständnis zeigen«, sagt sie, und noch heute merke ich ihrer Stimme die Überforderung an. Wenn die Geschwister versorgt waren, hörte Ingrid aufmerksam zu, wenn unsere Mutter klagte, wie schlecht es ihr ging.

Viele Kriegskinder, die einst zu schnell »groß« hatten werden müssen, machten sich als Eltern gegenüber ihrem Nachwuchs wieder klein. So zwangen sie Söhne und Töchter unbewusst in eine Rolle, unter der sie einst selbst gelitten hatten: Wieder mussten Kinder eine Stärke demonstrieren, die sie nicht besaßen, um traumatisierte Erwachsene zu stützen.

So wurden vielfach Töchter zu Vertrauten ihrer traumatisierten Mütter, geeint durch das gemeinsame Geschlecht. Die Mädchen spürten einen Auftrag, der ungefähr so lautete: *Deine Mutter versteht dich besser als irgendjemand sonst, denn sie ist wie du. Also halte zu ihr und hilf ihr, sonst verrätst du sie.*

»Das mit der Trennung von Papa höre ich zum ersten Mal«, sage ich schließlich überrascht. Dass unsere Mutter meiner Schwester die Rolle der besten Freundin aufgedrückt hatte, habe ich nicht gewusst. »Mama hat mir gegenüber auch geklagt, aber mich nie um Rat gefragt.« In einer raren Erinnerung an meine frühe Kindheit stand meine Mutter am Herd und weinte leise. Ich reichte ihr bis zur Hüfte, war also vermutlich nicht älter als sechs, und fragte besorgt, was mit ihr sei. Schniefend beugte sie sich zu mir: »Du machst deine Mama nicht so traurig, wenn du mal groß bist, ja?« Ich hatte keine Ahnung, wer oder was sie zum Weinen gebracht hatte, aber ich schwor mir, sie nicht traurig zu machen, sondern glücklich und froh.

Von da an legte ich schon am Vorabend meine Kleidung für den nächsten Tag zurecht, brachte Einsen nach Hause und zog mich in mein Zimmer zurück, so oft es ging. Ich wollte ihr das Leben leichter machen. Statt um Aufmerksamkeit zu kämpfen, begann ich zu lesen. Indem ich ein besonders braver Sohn war, versuchte ich, ihr und mir zu beweisen, was für eine gute Mutter sie war. Wenn sie die Sonne war, wollte ich der Mond sein, der ihr Licht reflektiert. Doch eine Hälfte von mir blieb dauerhaft im Dunkeln.

Söhne traumatisierter Mütter, durch ihre Zugehörigkeit zum anderen Geschlecht von ihnen getrennt, sehen sich vielfach in die Rolle eines starken Helfers gedrängt: *Mach mich stolz und werde ein besserer Mann als dein Vater.* Oder aber sie finden sich wieder in einer unfreiwilligen Komplizenschaft mit dem abgelehnten Elternteil: *Du bist genauso schlimm wie dein Vater.*

Nur eine Möglichkeit haben Söhne und Töchter, die solchem Druck ausgesetzt sind, nicht: ihr eigenes Leben zu führen. Als Erwachsene sind sie häufig unsicher, wer sie eigentlich sind und was sie wollen. »Die Kinder der Kriegskinder fühlen sich oft genauso fremd im eigenen Leben wie ihre Eltern und nehmen den eigenen Kummer, die eigenen Bedürfnisse nicht ernst«, urteilt Michael Ermann. Der Psychoanalytiker hat 2009 in einer aufwendigen Studie am Universitätsklinikum München das Verhalten von Kriegskindern und -enkeln untersucht. Was Ermann über die Älteren herausgefunden hat, passt erstaunlich gut auch auf die Jüngeren:

»Männer versuchen meistens, ihre Probleme über Pflichtbewusstsein und Leistung zu bewältigen.« Sie reagieren auf die erspürten Ängste ihrer Eltern, indem sie betont stark, selbstkontrolliert und beschützend auftreten. »Frauen hingegen werden oft altruistisch und engagieren sich sozial. Wir führen das darauf zurück, dass die Mütter im Krieg ihre Söhne als Ersatz für das Familienoberhaupt betrachtet haben; die Mädchen hingegen waren die Vertraute, die Freundin, mit der sie den Kummer geteilt haben. Kurz: Die Jungs mussten handeln, die Mädchen zuhören.« Wie früher die Kriegskinder, so zeigen sich heute deren Kinder »sehr leistungsorientiert und pflichtbewusst. Sie kümmern sich um die Eltern, übernehmen im Job viele Pflichten, wählen oft soziale Berufe und versuchen meist unbewusst, etwas wiedergutzumachen.«

Wenn Kriegsenkel das verstehen, können sie häufig kaum glauben, was sie so lange übersehen haben. Ingrid beispielsweise studierte Sozialpädagogik, um Menschen mit Problemen kompetent helfen zu können. Ihre Diplomarbeit handelte von Depressionen bei Frauen. »Das Thema hatte ich mir ausgesucht«, sagt sie, »weil ich über etwas schreiben wollte, das nichts mit mir zu tun hatte.« Sie lacht und schüttelt den Kopf. Als Erwachsene suchte sie noch immer nach einem Weg, um unsere Mutter glücklich zu machen, und wusste es nicht.

Auf den ersten Blick verlief mein Weg ganz anders. Weil ich Emotionen misstraute, interessierten mich Fakten. Als Kind fand ich im Garten hinter dem Haus eine alte Kupfermünze, auf deren Rückseite ein seltsames Symbol mit vielen Zacken prangte. Von da an versuchte ich mehr herauszufinden über die ferne Zeit unter dem Hakenkreuz. Ich las ungezählte Bücher über das Dritte Reich und schaute jeden historischen Dokumentar-, Kriegs- und Antikriegsfilm, den ich sehen konnte. Als junger Erwachsener redete ich mir ein, ich schriebe mich fürs Geschichtsstudium bloß deshalb ein, weil ein Studienplatz so leicht zu bekommen war. Selbst noch, als ich Jahre später meine Magisterarbeit über Köln im Bombenkrieg schrieb, kam ich nicht auf die Idee, dass das etwas mit meinen Eltern zu tun haben könnte. Sie waren ja, dachte ich, in der sicheren Provinz aufgewachsen, fern von Luftangriffen, Evakuierungen und Not. Als Erwachsener häufte ich noch immer Wissen an, um hinter das Schweigen meiner Eltern zu kommen, und merkte es nicht.

Nach dem Studium zog ich für drei Monate nach New York. Als unbezahlter Praktikant schrieb ich Artikel für eine winzige, seit Jahren von der Schließung bedrohte Wochenzeitung namens *Aufbau*. Aus Deutschland und Österreich geflohene Juden hatten sie 1934 gegründet, um den Exilanten eine Stimme zu geben. Für meine Texte traf ich orthodoxe Rabbiner mit langen Bärten und osteuropäischen Nachnamen, besichtigte verfallende Synagogen und trank Kaffee mit uralten Damen, die Englisch mit deutschem Akzent sprachen. Nichts sollte in Vergessenheit geraten. Ich wollte etwas wieder gut machen und wusste nicht, was es war.

Die frühe Not der Kriegsenkel zeigt sich auch im Privatleben. Ingrid versuchte, alles unter einen Hut zu kriegen: Job, Partnerschaft, Freunde, Sport. Vor allem wollte sie ihren beiden Kindern eine perfekte Mutter sein. »Aber ich hatte immer das Gefühl, ich tue zu wenig.« Wenn sie damals im Flugzeug den Sicherheitshinweis hörte, die Passagiere sollten sich im Notfall zuerst selbst die Atemmasken aufsetzen, bevor sie Kindern und anderen Menschen helfen, kam ihr das egoistisch vor. »Wie konnte ich mein

Wohl über das meiner Kinder stellen?« Täte sie das, wäre sie doch eine Rabenmutter. »Ich dachte, man hält alles aus, wenn die Liebe zu den Kindern groß genug ist.«

Unsere Mutter hatte uns vorgelebt, dass bis zur Erschöpfung zu arbeiten das Minimum ist. Nie war sie mit etwas zufrieden, weil sie sich selbst nicht wert schätzen konnte. So lernten wir, dass auch wir nie genug tun konnten. In letzter Konsequenz hieß das: Wir konnten als Mensch nie genügen. Vor dieser Erkenntnis flüchteten wir in noch mehr rastlosen Fleiß. Wir versuchten, unsere Probleme mit den Mitteln zu lösen, die sie erzeugt hatten.

Als der Druck unerträglich wurde, ließ Ingrid sich 2009 nach zehn Jahren Ehe scheiden. Ihr Mann zog aus. Es war hart, aber das Schlimmste schien geschafft. Nur drei Monate später erhielt sie die Diagnose Brustkrebs.

»Das war vielleicht kein Zufall«, sagt Ingrid leise, damit ihre Kinder sie nicht hören. »Der Krebs fraß mich im Wortsinne in meiner Weiblichkeit an.« Sie sah darin ein Zeichen: Das Leben als Frau und Mutter, wie sie es zu führen gelernt hatte, zehrte sie auf. Dabei dachte sie selbst jetzt noch nicht an sich. »Was sollte aus meinen Kindern werden, wenn ich sterbe? Meine Angst wurde noch schlimmer.« Ihr wurde klar, sie musste ihr Leben umkrempeln, und begann die Psychoanalyse.

Schrittweise begriff sie, dass sie nicht ständig allen Freundinnen tröstend zur Seite stehen musste, und wieso sie sich in ihrer Ehe immer mehr wie unsere Mutter verhalten hatte, obwohl sie zuvor hätte schwören können, alles ganz anders gemacht zu haben. Das Schwerste war, den

Gedanken zu verinnerlichen, dass ihr Wert als Mensch nicht von ihrer Leistung abhängt. Sie hat die Logik überwunden, die besagt, dass man immer geben muss, um angenommen zu werden – zumindest an guten Tagen. Die schlechten Tage, an denen die Zweifel überwiegen, werden immer seltener. Heute ist Ingrids Krebs geheilt, ihre neue Beziehung ist glücklich, und wenn sie im Flugzeug die Sicherheitshinweise hört, schüttelt sie nicht mehr den Kopf.

Als Ingrid eine zweite Weinflasche entkorkt und wir beide einander versichern, dass wir sie ganz bestimmt nicht leer trinken werden, ist es Abend geworden. Draußen ziehen Feiernde lachend in den Freitagabend. Ich freue mich für Ingrid. Sie hat es geschafft, aus dem vorgelebten Muster unserer Kriegskind-Eltern auszubrechen. Eigentlich könnte meine Suche hier zu Ende gehen. Happy End, Vorhang, Applaus. Ich habe bloß zwei Details übersehen. Meinen Vater. Und mich.

III

Draußen ist es jetzt dunkel. Ingrid blickt hinaus und sagt: »Manchmal denke ich abends an Papa. Mir kommt dann der Gedanke: ›Jetzt lässt er bestimmt gerade zu Hause die Rollläden herunter, um in Ruhe fernzusehen. Dann erst wird mir klar, dass er ja nicht mehr da ist.« Sie blickt zu mir herüber: »Papa war so wenig präsent, dass er sich jetzt, wo er tot ist, gar nicht weniger anwesend anfühlt.« In diesem Satz steckt das ganze Dilemma vieler Kriegsenkel im Verhältnis zu ihren Vätern. Positive Vorbilder waren nur wenige.

Natürlich habe ich meinen Vater weder übersehen noch vergessen. Ich habe den Gedanken an ihn verdrängt, weil er mir so unangenehm ist. Als Kind erstarrte ich, wenn er schrie und beleidigte, bis ich nichts mehr fühlte. Als Erwachsener hielt ich Distanz zu ihm, so gut es ging. Bevor ich ihn pflichtschuldig alle paar Wochen anrief, legte ich mir Themen zurecht. Politik, meine Arbeit, seine Nachbarn. Wenn ich zwanzig Minuten und ungezählte Gesprächspausen später den Hörer auflegte, war ich nass geschwitzt, und ich atmete flach. Mein Vater erschien mir als Fremder, der zufälligerweise mit mir verwandt war.

Heute sammle ich Fakten über sein Leben, wie ich als Journalist Fakten für einen Artikel recherchiere. Noch immer halte ich ihn gewissermaßen auf Armlänge entfernt. Denn die unangenehme Wahrheit ist: Mir war es immer peinlich, sein Sohn zu sein. Wie viele Kriegsenkel, sah ich im eigenen Vater kein Vorbild, sondern ein Problem. Dahinter stand eine gesellschaftliche Frage: Welchen positiven Vorbildern konnten junge Männer nacheifern, nachdem ihre Väter und Großväter halb Europa verheert hatten?

Auch nach Kriegsende hatte in den meisten Familien Friedrich Nietzsches Devise gegolten, dass gelobt sei, was hart macht. Ein deutscher Junge weinte noch immer nicht. Gefühle blieben ebenso Frauensache wie die Kinderaufzucht. Doch die Stärke, die männliche Kriegskinder ausstrahlen sollten, war aufgesetzt. Ihre Vorbilder hatten nicht nur zwei Weltkriege verloren und Traumata erlitten, sie waren auch moralisch diskreditiert. Eigenschaften, die noch wenige Jahrzehnte zuvor als positiv männlich gegolten hatten, waren ins Negative verkehrt. Was über Jahrhunderte »Opferbereitschaft«, »Selbstüberwindung« oder »Tapferkeit« genannt worden war, hieß nun »Kadavergehorsam«, »Militarismus« und »Gewalttätigkeit«.

Schätzungen zufolge haben Wehrmachtssoldaten, SS und Polizeibataillone allein in der Sowjetunion mehrere Millionen Vergewaltigungen verübt. Beim Vormarsch der alliierten Truppen in den letzten Kriegsmonaten wurden vermutlich zwei Millionen deutsche Frauen vergewaltigt. Beides wurde in der Nachkriegszeit in Ost wie West beschwiegen, wirkte aber unterschwellig fort im Verhältnis zwischen Frauen und Männern. »Möglicherweise sind die durch deutsche Soldaten begangenen Vergewaltigungen auch eine Erklärung dafür, dass viele deutsche Männer nach ihrer Rückkehr aus dem Krieg von den sexuellen Gewalterfahrungen ihrer Frauen und Töchter nichts wissen wollten«, vermutet Anne-Ev Ustorf in ihrem Buch *Wir Kinder der Kriegskinder.* »Das Schweigen der Ehemänner, die sexuelle Moral der 1950er und die Kriegsschuld erschwerten eine Beschäftigung mit den traumatischen Erlebnissen.« Die drückende Stille in vielen Ehen der Kriegsgeneration und ihrer Kinder wurzelte also womöglich auch in verdrängten und vererbten Schuld- und Beschämungsgefühlen.

Die körperlich und seelisch gebrochenen Männer der Kriegsgeneration hatten angesichts von Völkermord, Kapitulation und Zusammenbruch ihre Autorität verloren, und sie ahnten es. Die Schläge, die sie in verzweifelter Wut auf ihre Kinder nieder gehen ließen, sollten sie wieder herstellen. Doch damit demonstrierten sie keine authentische *auctoritas*, also weder »Ansehen« noch »Würde«. Solche Väter lehrten ihre Kinder nichts außer der Furcht vor ihnen. Wessen Macht aber allein auf der Fähigkeit basiert, Angst zu säen, der ist kein positives Vorbild. Insgeheim spürten viele Kriegskinder den Unterschied zwischen echter und hohler Autorität. Sie ahnten, dass ihre Väter, die sich ihnen gegenüber als Allmächtige aufspielten, in Wahrheit ohnmächtig waren.

Warum erzähle ich das alles? Weil das, was ihre Großväter und Väter getan haben, sich tief ins Selbstverständnis der Kriegsenkel eingegraben hat.

Auf die sichtlich ausgehöhlte Macht ihrer Väter reagierten viele Söhne der Kriegsgeneration mit dem Versuch, lebenstüchtiger und zugleich weniger ideologisch zu werden. Sie ackerten im Job, hielten sich aus der Kindererziehung heraus und klagten nicht über Krankheiten oder Stress. So verengte sich das diskreditierte Krieger-Ideal auf den Mann als Workaholic – und lebte in einer Lightversion weiter. Indem die Söhne der Kriegsgeneration diesem Männlichkeitsbild zu entsprechen versuchten, erschöpften sie sich selbst.

Häufig zogen Kriegskinder aus ihren Prügel-Kindheiten die Lehre, dass jede Art von Aggression ein Zeichen von Schwäche sei, jede Form von Autorität nur aufgesetzt. Das konnte bis zur Ansicht führen, Väterlichkeit, Männlichkeit und Unterdrückung seien letztlich dasselbe. Ihren stärksten Ausdruck fand sie in der 68er-Bewegung.

Beide Reaktionen auf das zerstörte Kriegerideal hatten trotz aller Unterschiede etwas Entscheidendes gemeinsam: Ihnen fehlte eine Vorstellung davon, wie eine Männlichkeit aussehen konnte, die weder Frauen noch Männern schadete.

In der Ehe meiner Eltern prallten beide Strömungen aufeinander. Meine Mutter fürchtete und verachtete jede Art von Aggression bei Männern. Schon ein zu lautes Geräusch versetzte sie in Schockstarre, das Geschrei unseres Vaters erst recht. Ihr war es am liebsten, wenn sie mit den Kindern allein war. Meine Mutter gab uns so das Gefühl, alles könne so schön sein, wäre bloß unser Vater nicht da. Ein Signal mit fatalen Folgen.

Kinder wollen ihren Vater bewundern können. Wenn sie beginnen, die Welt jenseits der Mutter zu entdecken, sehnen sie sich nach einem Menschen, der sie bei den ersten unsicheren Schritten auf unbekanntem Terrain bei der Hand nimmt. Einen Erklärer, Ratgeber und Freund, der ihnen nach und nach beibringt, auf eigenen Beinen zu stehen. »Durch sein Hinzukommen löst der Vater die Mutter-Kind-Einheit auf und eröffnet neue Horizonte«, erklärt der psychologische Berater Matthias Stiehler. Zugleich lerne das Kind, »sich als ein eigenständiges, von allen anderen getrenntes Wesen wahrzunehmen, wenn es eine Vater-Mutter-Aktion erlebt, in die es selbst nicht einbezogen ist«. In dieser Konstellation könne sich ein »stabiles, seiner selbst bewusstes Ich« herausbilden. Dafür aber muss der Vater einen festen Platz zwischen Mutter und Kind finden. Gelingt das nicht, »bleibt das Kind an der Mutter ›kleben‹«. Ein guter Vater lehrt also – im Wortsinne – Selbst-Ständigkeit. Dafür braucht es das Vertrauen von Vätern, Müttern und Kindern.

Kleinkinder haben keine Bindungsängste, sondern vertrauen instinktiv. Hilflos, wie sie sind, müssen sie darauf setzen, dass ihre Bezugspersonen sie beschützen können und wollen. Erst negative Erfahrungen lehren sie, anderen Menschen zu misstrauen. So etwas erfuhren auch Ingrid und ich.

Weil unser Vater sich selbst fremd war, richtete er sich ganz nach unserer Mutter aus. Sie sagte ihm, was er zu tun und zu lassen hatte. Die Folge für seine Kinder war etwas, das der Psychotherapeut Hans-Joachim Maaz »Vaterterror« nennt: »Der Vater erlebt das Kind von Anfang als Konkurrenten, der ihm Aufmerksamkeit, Zuwendung und Versorgung raubt, seinen Raum einschränkt, seine Macht gefährdet, seine Bedeutung schmälert.« Die blinde Wut unseres Vaters wuchs, und so band unsere Mutter ihre verängstigten Kinder noch enger an sich. Anstatt seinen Kindern zu helfen, Schritt für Schritt selbstständiger zu werden, stieß er sie damit zurück in die Arme ihrer Mutter. Paradoxerweise verschärfte der »Terror« die Konkurrenz zwischen Vater und Kindern um die Gunst unserer Mutter immer weiter. Ein Teufelskreis.

Heute erkenne ich im Verhalten meiner Eltern ein weit verbreitetes Verhalten der Kriegskinder. Als junge Erwachsene hatten sie ihre frühen Verletzungen zwar einigermaßen erfolgreich verdrängt, aber als sie selbst Vater und Mutter wurden, schmerzten die alten Wunden wieder. »Wenn die Bewältigung dieses Grauens und Elends keine Unterstützung durch andere Menschen findet, wenn die schwer traumatisierten Menschen damit allein bleiben«, urteilen die Traumatherapeuten Udo Baer und Gabriele Frick-Baer, »dann setzt es sich in den künftigen Beziehungen fort.« Insbesondere »in der Ehebeziehung lebt sich die beiderseitige Traumatisierung aus. Die Erfahrungen der Gewalt, der Missachtung und der Erniedrigung haben den Selbstwert oft so tief gehend geschädigt, dass sie sich danach in fehlender Selbstwertschätzung äußert. Und diese wiederum schlägt sich in der Verachtung der eigenen Person oder des Partners nieder.«

Meine Eltern reinszenierten, ohne es zu merken, das Spannungsverhältnis ihrer Kindheit: Wieder zog eine de facto alleinerziehende Mutter ihre Kinder eng zu sich heran. Wieder bot sie diesen Schutz und forderte dafür im Gegenzug Trost, den sie sich nicht selbst geben konnte und von ihrem Partner nicht erhielt oder einzufordern wagte. Und wieder war der Ehemann und Vater abwesend. Diesmal aber nicht, weil er im Krieg, in Gefangenschaft, tot oder schwer traumatisiert war, sondern weil er viel arbeitete und in der eigenen Familie keine Rolle für sich fand. Er blieb außen vor, wie eine Generation zuvor die Kriegsheimkehrer außen vor geblieben waren, und reagierte wie sie mal mit blinder Wut, mal mit stiller Resignation.

Unsere Mutter hatte sich einen Partner ausgewählt, der wenig Ähnlichkeit mit dem Vater-Bild hatte, das sie sich zurechtgelegt hatte: stark, edel und fair. Umso mehr ähnelte er dem Vater, unter dem sie einst gelitten hatte: einem emotional unerreichbaren Mann, der seine Kinder weniger beschützte als einschüchterte. In ihrer Ehe konnte unsere Mutter der Enttäuschung Raum geben, die sie als Kind hatte unterdrücken müssen. Endlich war Platz für ihre zuvor verdrängte Verachtung für einen Mann, der eine Autorität behauptete, aber nicht besaß. Der vermeintlich »falsche« Ehepartner erwies sich so auf einer unbewussten Ebene als der richtige.

Unsere Eltern waren eins von Millionen deutscher Nachkriegs-Paare, deren Ehe bei genauem Hinsehen dem Grabenkrieg des Ersten Weltkriegs ähnelte. Beide Seiten hatten sich in ihren Positionen verschanzt, verstanden den Gegner immer weniger und trauten ihm gerade deshalb jede Niedertracht zu. Attacken führten nie zu dauerhaften Kräfteverschiebungen oder gar Frieden, sondern zur immer tieferen Erschöpfung der Kontrahenten. Wer zwischen ihre Fronten geriet, musste in Deckung gehen oder Stellung beziehen. Wir flüchteten uns auf die Seite unserer Mutter. Kein Wunder, dass wir lange glaubten, unser Vater habe uns kaum geprägt. Er war ja nie für uns da.

Lange lehrten selbst Psychologen, dass die Reifung eines Kindes fast ausschließlich von der Bindung zur Mutter abhänge. Heute ist klar, dass das nicht stimmt. Für Mädchen wie Jungen ist ihr Vater in den meisten Fällen die erste männliche Bezugsperson. Das hat weit reichende Folgen, erklärt der psychologische Berater Matthias Stiehler: »Egal, ob Mann oder Frau, jeder Mensch wird seine Erfahrungen, die er in der frühen Zeit, aber auch noch später mit Väterlichkeit gemacht hat, zur Maxime seines Handelns machen. Es spielt dabei auch keine Rolle, ob er sich dessen bewusst ist oder nicht. Erwachsene Menschen werden von ihren frühen Erfahrungen und den sich darin gebildeten inneren Mustern bestimmt und sie tragen diese Erfahrungen in ihre Partnerschaften, in die von ihnen gegründeten Familien, aber auch in ihre Arbeitswelt hinein.« Die Auswirkungen unterscheiden sich je nach Geschlecht.

»Was ich beruflich mache, hat Papa nie interessiert«, sagt Ingrid. Schon als Kind fühlte sie sich von ihm nicht gesehen. Sie kämpfte um Aufmerksamkeit, wollte als Teenager mit ihm über Frauen und Politik diskutieren – und stieß auf die immer gleiche Reaktion: Wut. Damals zog sie daraus den Schluss, etwas müsse mit ihr nicht stimmen. Heute schmerzt es meine Schwester zwar noch immer, sich das einzugestehen. Aber sie hat gelernt, dass sie nicht die Ursache dieser Wut war. Mit ihr stimmte alles, aber nicht mit unseren Eltern.

»Früher sah ich das anders«, erzählt sie. »In meiner Ehe habe ich meinen damaligen Mann durch ständige Kritik dazu gebracht, dass er nicht weiter wusste, als wütend zu werden. Ich habe ihm vorgeworfen, dass er nicht aufmerksam genug ist. Das habe ich damals nicht verstanden, aber: Natürlich habe ich in meiner Ehe Mamas und Papas Verhalten nachgeahmt.«

Wer als Kind nicht gesehen wird, glaubt als Erwachsener, keiner Aufmerksamkeit wert zu sein. Heterosexuelle Töchter eines physisch oder psychisch abwesenden Vaters suchen deshalb häufig nach einem Mann, der sie unbewusst an diesen erinnert. Von ihm erhoffen sie sich endlich die Wertschätzung, die sie einst entbehren mussten. Bleibt die Hoffnung unerfüllt – und das muss sie, schließlich ist der Mann nicht der Vater – , wird der Partner zum Ziel der aufgestauten Frustrationen.

Söhne wiederum erkennen im Vater das erste Rollenmodell: So wie er könnten sie einmal werden. Doch welches Vorbild gaben Väter ab, die ihre Söhne nicht umarmen oder trösten konnten, weil sie selbst nie geherzt worden waren? Die immerzu arbeiteten, weil sie nicht wussten, was sie sonst tun sollten? Die in jedem anderen Lebensbereich so viel ratloser wirkten als ihre Frauen? Und die obendrein einem Geschlecht angehörten, das scheinbar im Alleingang die halbe Welt zerstört hatte? Viele Söhne der Kriegskinder blieben rat- und orientierungslos zurück. Wann war ein Mann ein Mann?

Die Frage stellte ich mir als Kind natürlich nicht bewusst, und doch suchte ich nach einer Antwort. Positive Rollenvorbilder hatte ich nicht, so blieb das Negativ. Ich wusste, wie ich nicht sein wollte: aggressiv, engstirnig, unfähig zur Selbstkritik und zum Dialog, desinteressiert an der Welt und den Menschen. Positiv ausgedrückt: freundlich, weltgewandt, belastbar, offen für Neues und vor allem selbstkritisch. An sich keine schlechten Ziele. Doch damals ahnte ich nicht, wie sehr ich damit versuchte, das Versprechen einzulösen, das ich als kleines Kind meiner am Herd weinenden Mutter gegeben hatte: Ich wollte diese Ziele nicht um meinetwillen erreichen, sondern um meine Mutter glücklich zu machen.

Wie eine Generation zuvor Millionen deutsche Jungen sich damit überfordert hatten, ihren Müttern die toten, vermissten, in Kriegsgefangenschaft ausharrenden, körperlich oder seelisch gebrochenen Väter zu ersetzen, so überforderte ich mich jetzt beim Versuch, ein besserer Mann zu sein als mein Vater. Doch wie sollte das gehen, wenn nicht klar war, was ein guter Mann überhaupt ist?

»Viele Männer der Kriegsenkel-Generation plagen umher wabernde Schuldgefühle«, erklärt Traumatherapeut Udo Baer. In der Arbeit mit ihnen hört er einen Satz in Variationen immer wieder: »Ich weiß gar nicht, warum, aber ich bin immer schuld.« Gleichzeitig sehen sich diese Männer ständig in der Verantwortung, Frauen retten zu müssen. »Wenn es ihrer Partnerin schlecht geht, ist ihr erster Gedanke: ›Was habe ich getan?‹« Baer sieht darin eine »tiefe Verunsicherung darüber, was es bedeutet, ein Mann zu sein«. Hinzu komme »ganz häufig eine existenzielle Scham«. Seine Klienten sagen ihm beispielsweise: »Ich schäme mich, dass ich sexuelle Lust habe.« »Ich schäme mich, dass ich Erfolg habe.« »Ich schäme mich, dass ich scheitere.« Oder: »Ich schäme mich, dass Leute mir Komplimente machen.« Die verunsicherten Männer fürchten permanent, zu wenig zu leisten und zu viel zu wollen.

Für Männer, die so empfinden, wirken jeder Konflikt und jedes Missverständnis rasch wie eine Katastrophe. Wenn ich mich beispielsweise mit einer Freundin stritt, war mir im selben Moment klar, dass diese Beziehung keine Zukunft hatte. Denn ein perfekter Mann stritt sich nicht, sondern fand einen Weg, gar nicht erst wütend zu werden. Probleme konnte ich mir selbst oder anderen gegenüber nicht benennen, denn unbewusst versuchte ich noch immer, meiner depressiven Mutter nicht zur Last zu fallen. Wenn das misslang, empfand ich mich als Versager: Mit so jemandem wie mir konnte doch keine Frau zusammen sein wollen. So endeten Beziehungsversuche immer wieder nach wenigen Monaten.

Leistung sollte mir auch die Achtung meines Vaters einbringen. Als bundespolitischer Korrespondent meiner Zeitung tauchte ich einige Male in Fernsehinterviews auf. Erst langsam verstand ich, warum mir das so viel bedeutete. Wenn ich an meinen Vater denke, dann fällt mir zuerst das Bild ein, wie er, nebenbei Kreuzworträtsel lösend, vor dem Fernseher saß und Nachrichten schaute. Ein Vierteljahrhundert später zwängte ich mich gewissermaßen durch die Bildröhre in sein Blickfeld. Die Sehnsucht nach väterlicher Anerkennung löst sich im Lauf des Lebens nicht auf, sie wechselt nur die Form.

Auch im Job tat ich alles, um es meiner Umgebung leicht zu machen. Nie kam ich auch nur in Gefahr, die Abgabefrist für einen Artikel oder ein Buch zu reißen. Meinen Kollegen gegenüber zeigte ich mich heiter und freundlich, ansonsten aber hielt ich sie auf Abstand. Sie sollten nicht merken, wie sehr es mich anstrengte, immerzu ausgeglichen zu wirken. Zu Hause sank ich, endlich unbeobachtet, regelmäßig erschöpft aufs Sofa.

So wurde ich gut darin, nicht wie mein Vater zu sein. Aber ich hatte keine Ahnung, was es hieß, ich selbst zu sein.

Im Hintergrund hören wir Ingrids Tochter und deren Freundin lachen. Ihr Sohn stapft, das Tablet in der Hand, barfuß durch den Flur. Mit jedem Tag entgleiten ihre Kinder ihr ein kleines Stück. Anders als unsere Mutter kann meine Schwester sie nach und nach loslassen. Nach bestem Wissen und Gewissen tut sie alles, damit ihre Kinder keine »Kriegsurenkel« werden. Auf dem Küchentisch steht ein großes Einmachglas voller gefalteter Zettel. Auf jedem hat sie einen schönen Moment aus diesem Jahr notiert: das gute Telefonat mit einer Freundin; der gemeinsame DVD-Abend mit ihrer Tochter (»Grey's Anatomy«); der Einkaufsbummel mit ihrem Sohn und wie sie dabei seine neuen, wilden, lustigen Geschichten hörte. Jedes Jahr am frühen Silvester-Abend gießt Ingrid sich ein Glas Wein ein und liest alle Zettel. Danach verpackt sie sie in Kuverts und geht feiern. Meine Schwester hat ihren Weg gefunden, ihr Leben zu führen.

Würdest du, frage ich meine Schwester, Papa und Mama heute gern etwas sagen?

»Als wir Papa ein paar Wochen vor seinem Tod zum letzten Mal besuchten, sagte er mir beim Abschied: ›Bleib, wie du bist.‹ Das fand ich schön. Ich habe meinen Frieden mit ihm geschlossen. Mama würde ich gern wissen lassen, dass es mir gut geht. Dass sie sich keine Sorgen um mich zu machen braucht. Und dass ich mir gewünscht hätte, sie wäre glücklicher gewesen.«

Ingrid zögert einen Moment, bevor sie fragt:

»Und du? Was würdest du ihnen sagen?«

Ich hole Luft, um zur Antwort anzusetzen – und atme wieder aus. Erst jetzt wird mir klar, dass ich es nicht weiß. Ich bin im Wortsinn sprachlos. Und das, obwohl ich mich so angestrengt habe, um mehr über sie und mich zu erfahren. Trotz aller Gespräche mit Onkeln und Tanten, trotz Psychoanalyse, Archiv-Nachforschungen und Fachbüchern. Auf dem Weg habe ich gelernt, wie ich *über* meine

Eltern rede. Aber noch immer fehlt mir die Sprache, um *mit* ihnen zu reden. Ich bin so lange vor ihnen davon gelaufen, dass ich nicht weiß, wie ich mich ihnen nähere.

Wir leeren die zweite Rotweinflasche nicht mehr. Mit meinem Neffen spiele ich zwei Runden *Quiz Duell* – versprochen ist versprochen –, danach gehe ich müde ins Bett. Noch als ich das Licht lösche, frage ich mich:

Wie komme ich mit meinen Kriegskind-Eltern ins Reine, um endlich mein Leben zu führen? Was ist *mein* Weg?

Verstehen & Nicht-Verzeihen

Wie entwickeln Kriegsenkel mehr Verständnis für sich?

I

Je näher ich meinem Reiseziel komme, desto stärker werden die Schmerzen. Noch zwanzig Minuten bis Bielefeld. Am ICE-Fenster ziehen bei Tempo 200 Regentropfen Schlieren, und meine Nackenmuskeln verkrampfen immer mehr. Um sie zu entspannen, richte ich mich im Sitz auf, drehe den Kopf nach links und rechts, atme tief durch. Dann blicke ich wieder ins Buch vor mir. »Viele Menschen«, steht darin, »die unter irritierendem Verhalten kriegstraumatisierter Eltern oder Großeltern leiden, kämpfen jahrelang darum, sich davon ›unabhängig‹ zu machen. ›Ich will, dass mir das nichts mehr ausmacht. Ich kann doch nichts daran ändern.‹« Diese Kriegskinder und -enkel hoffen, sie könnten durch Leistung und Distanz zu ihren Eltern Angst, Scham und Schuldgefühle hinter sich lassen. Auch ich. Doch ich kann sie nicht abschütteln, weil sie seit der Kindheit tief in mir wurzeln. Sie begleiten mich, wohin ich auch gehe. »Einige Verletzungen«, heißt es im Buch, »bleiben schmerzlich oder werden immer wieder zugefügt. Das mögliche Verständnis für die Eltern oder Großeltern braucht als not-wendige und not-wendende Ergänzung ein Verständnis für Sie selbst.« Ich klappe das Buch zu. Das ist es. Darum geht es auf der nächsten Etappe meiner Spurensuche.

Erst habe ich rekonstruiert, woher die frühen Verletzungen meines Vaters und meiner Mutter rührten. Dann habe ich gelernt, wie sie ihren Kindern die traumatischen Erfahrungen vererbt haben. Schließlich habe ich verstanden, wie diese das Leben ihrer Söhne und Töchter bis heute beeinflussen. Und nun suche ich nach einem Weg, mit diesem schmerzhaften Wissen umzugehen. Dazu muss ich Mitgefühl entwickeln, und zwar – das ist das Schwierige, Ungewohnte, fast Peinliche daran – mit mir selbst. Das zu empfinden, fällt Kindern der Kriegskinder besonders schwer. Schließlich haben sie früh gelernt, nicht zu klagen. Das Leid ihrer Eltern schien so viel größer, so viel gerechtfertigter als das eigene. Ihre Eltern hatten in ihrer Jugend den Zweiten Weltkrieg überlebt, sie hingegen nur die Pubertät. Als Erwachsene haben sie daran gearbeitet, dass es ihnen »nichts mehr ausmacht«, doch es will einfach nicht klappen. Bis heute steht Kriegsenkeln wie mir das verinnerlichte »Stell dich nicht so an, dir geht's doch gut« einer Heilung im Weg. Deshalb lautet die Frage, auf die ich in Bielefeld so dringlich eine Antwort suche:

Wie entwickeln Kriegsenkel mehr Verständnis für sich selbst?

Am Hauptbahnhof angekommen, ziehen meine Nackenmuskeln sich noch stärker zusammen. Ich schiebe es auf die hohe Arbeitsbelastung in jüngster Zeit und die unbequeme Rückenlehne im Zug. Als ich den regennassen Vorplatz überquere, frage ich mich, wie es für meinen Vater vor rund 60 Jahren war. Mein Onkel Willi hat mir erzählt, sein Bruder habe in den 50er-Jahren drei Jahre lang hier in Bielefeld gearbeitet und gewohnt. Es war das einzige Mal, dass Hans Lohre in einer Großstadt lebte. Hoffte er, hier vor der Erinnerung an die Nöte seiner Kindheit sicher zu sein? Fühlte er sich wohl in der Großstadt, in der kaum ein Gebäude noch an die Zeit vor Gründung der Bundesrepublik erinnert? Ausgerechnet dorthin, wo mein Vater als junger Mann sich womöglich sicher wähnte vor seiner tristen Kindheit, kehre ich auf der Suche nach Antworten zurück.

Das Buch, in dem ich lese, haben die Psychotherapeuten Udo Baer und Gabriele Frick-Baer geschrieben. Das Paar arbeitet am Rand des Ruhrgebiets in einer gemeinsamen Praxis. Ihre Erfahrungen mit der Behandlung der Traumata von Kriegskindern und -enkeln haben sie in mehrere Ratgeber gegossen. In einer halben Stunde lesen sie in der örtlichen Volkshochschule aus ihrem jüngsten Buch. Im Anschluss treffe ich Udo Baer zum Gespräch.

Als ich den Saal betrete, in dem gleich die Lesung beginnt, habe ich das Gefühl, nicht hierher zu gehören. Unter den rund 120 Zuschauern, die die Sitzreihen vor dem Podium bis auf den letzten Platz füllen, sehe ich maximal zehn Männer. Auf den meisten Stühlen sitzen Frauen über 50. Männer tun sich häufig besonders schwer damit, sich und anderen ihre Probleme und vermeintlichen Schwächen einzugestehen. Sie suchen sich in der Regel keine Hilfe, sondern halten stumm aus, wie sie es als Kind gelernt haben. Die Furcht, ihre Umwelt könne auf Wut, Angst und Traurigkeit mit Unverständnis oder Ablehnung reagieren, sitzt tief. Wenn ein deutscher Junge nicht weint, wie könnte es dann ein erwachsener Mann tun? So beißen sie weiter die Zähne zusammen – und tragen gerade dadurch das Schweigen ihrer Eltern und Großeltern unwillentlich in die nächste Generation.

Umso erstaunlicher ist der Mann, der nun aufs Podium tritt. Udo Baer, Jahrgang 1949, hat volles weißes Haupthaar, einen weißen Schnauzbart, breite Schultern und dazu ein beruhigendes Lächeln, das er über die Reihen gleiten lässt. Am Bauch spannt das weiße Hemd ein wenig, die Ärmel hat er aufgekrempelt. Baer ist das Idealbild einer männlichen Vertrauensperson: kompetent und zugewandt. Neben ihm steht seine Frau Gabriele Frick-Baer, 1952 geboren, einen Kopf kleiner als ihr Mann. Wenn sie spricht, klingt ihre Stimme sanft und tastend, als wäge sie jedes Wort. Sie wirkt im besten Sinne mütterlich: mitfühlend und ruhig.

Udo Baer beginnt die Lesung mit einer Anekdote. »Meine Mutter hatte einen Lieblingsspruch: ›Am schönsten ist es, wenn wir zusammen sind.‹ Zu Geburtstagen, zu Weihnachten, immer hieß es: ›Am schönsten ist es, wenn wir zusammen sind.‹« Kichern im Publikum, jeder hier kennt ähnliche Redewendungen aus der eigenen Familie. Baer blickt prüfend in die Reihen vor ihm, bevor er sagt: »Den habe ich immer gehasst, weil ich den so oft gehört habe. Ich finde es nicht ›am schönsten‹, bloß weil ich mit Verwandten zusammen bin. Manche finde ich nett, manche nicht. Der Spruch hat mich immer irritiert. Jetzt«, sagt er schließlich, »benutze ich ihn selbst.«

Gelächter. Meine Sitznachbarin flüstert mir lächelnd zu: »Ja, so ist das, wenn man alt wird.« Ich lache nicht. Denn ich will mich nicht achselzuckend arrangieren mit dem emotionalen Erbe meiner Eltern: mit Angst und Scham meiner Mutter und Wut und Gefühlsblindheit meines Vaters. Wenn ich diese Last weiter auf meinen Schultern ruhen lasse, ohne sie zu hinterfragen, werde ich niemals glücklich sein. Deswegen will ich, dass sich etwas ändert. Ich will etwas in *mir* verändern. Um herauszufinden, wie das geht, bin ich ja her gekommen. Bin ich hier richtig?

Baer und Frick-Baer lesen abwechselnd aus ihrem Buch. Darin geben sie auch Tipps zur richtigen Suche nach Antworten. Wenn beispielsweise die Eltern oder Großeltern bereits tot sind, dann »fragen Sie andere Angehörige. Das hilft manchmal mehr, als Sie vorher vermuten.« An dem Punkt war ich doch schon, denke ich. Unruhig rutsche ich auf meinem Stuhl hin und her.

Vor dem Ende der Lesung ergreifen Zuhörerinnen das Wort. Eine etwa fünfzigjährige Frau mit hängendem Kopf nimmt zögerlich das Mikrofon: »Ich habe eine schwer traumatisierte Mutter«, sagt sie mit leiser Stimme. »Ich bin in meiner Kindheit auch traumatisiert worden.« Sie seufzt. »Das Schlimmste ist, dass ich nichts für sie tun kann.« Sie habe ihr einen psychologischen Berater besorgt, der mit ihr ins Gespräch zu kommen versuchte. »Damit konnte sie nichts anfangen. Bei mir bewirkt das immer wieder eine ganz große Hilflosigkeit. Ich will sie ja unterstützen. Aber es ist wirklich schwer mit ihr auszuhalten. Sie leidet und leidet, ihr Leben lang, und ich kann bei ihr nichts bewegen.« Schluchzend legt sie das Mikrofon beiseite.

Es ist herzzerreißend zu sehen, wie Kriegsenkel noch heute versuchen, ihre traumatisierten Eltern zu »erlösen«. Sie folgen der als Kinder verinnerlichten Logik, die besagt: *Nur, wenn ich meine Eltern glücklich mache, darf ich selbst Zufriedenheit empfinden.* Jedes Kind fürchtet, die Bindung zu seinen Eltern zu verlieren, weil es auf sich gestellt nicht überleben könnte. So tun sie alles, was sie können, um den Ansprüchen ihrer Umwelt gerecht zu werden. Dieses Denken war in ihrer Kindheit schlüssig, schließlich waren sie damals abhängig von ihren Bezugspersonen. Aber als Erwachsene hindert es sie daran, für ihr eigenes Wohlergehen zu sorgen. Sie ketten ihre Zufriedenheit an diejenige von Menschen, die ihre Hilfsangebote nicht wert schätzen können, sie häufig gar als Angriff auf ihren seelischen Schutzschild verstehen – und sich daraufhin noch tiefer in sich zurückziehen. Dabei sind die einzigen Menschen, für deren Lebensglück die Kriegsenkel heute wirklich verantwortlich sind, sie selbst.

Später ergreift eine Mittsechzigerin mit perfekter Frisur und Perlenohrringen das Mikrofon. Sie redet über die wachsende Zahl der Menschen aus dem Nahen und Mittleren Osten, die in Deutschland Schutz suchen: »Gerade in der aktuellen Situation mit den ganzen Flüchtlingen wird immer wieder über Traumata gesprochen. Diese

Leute werden gesponsert mit allem Möglichen!« Hingegen würden die psychischen Leiden der Kriegskinder des Zweiten Weltkriegs bis heute »kaum beachtet«. Schweigen im Publikum. Meine Nackenschmerzen werden zu einem Pochen. Ich schließe die Augen. Am liebsten würde ich die Frau schütteln und fragen: Verstehst du, was du da sagst?

Ihre Worte zeigen beispielhaft, woran es häufig hakt bei der Bearbeitung von Traumata und ihren Folgen. Viele Menschen rechnen die eigene Not gegen die anderer auf. Doch dieses Denken bringt niemandem etwas. Natürlich kann es weh tun zu sehen, wie Menschen womöglich etwas mehr Unterstützung erhalten, als einem einst selbst zuteil wurde. Weil die Erinnerung daran wach wird, wie man einst fror, hungerte, sich nach einer Umarmung, einem lieben Wort oder einer durchgeschlafenen Nacht in Sicherheit sehnte. Nie wirklich verheilte Wunden schmerzen wieder. Aber wie kann man es da jemandem zum Vorwurf machen, dass er ebenfalls fliehen muss? Wieso hat ausgerechnet derjenige, der selbst Fürchterliches erlebt hat, kein Mitgefühl mit Frauen, Männern und Kindern, denen es heute ähnlich geht? Weil einem früher zuwenig Hilfe zukam, verweigert man sie anderen? Eine solche Logik heilt keine alten Wunden, sondern schlägt höchstens neue. Obendrein birgt sie die Gefahr, die Schicksale von Menschen, die einst als Opfer der deutschen Aggression im Zweiten Weltkrieg ebenfalls Schreckliches erlitten, mit denen von Deutschen aufzurechnen. Wer in solchen Kategorien denkt, spielt Menschen mit Traumaerfahrung gegeneinander aus. Altes Leid zeugt neues.

Habe ich also die Wahl, entweder mir unbekannten Menschen Vorwürfe zu machen, um mein Leid zu lindern – oder mir selbst? Das kann doch nicht alles sein.

Nach der Lesung stehen die Besucher auf und gehen. Meine Nackenschmerzen sind so schlimm, dass meine Augen tränen. Mir fällt das schwarze T-Shirt einer jüngeren Frau auf, darauf steht in Star Wars-Schrift »Black Holes Suck«. So ist es, denke ich: Die Vergangenheit zieht uns unsichtbar, aber kraftvoll an. Bevor mein Gespräch mit Udo Baer beginnt, habe ich kaum noch Hoffnung, dass er mir helfen kann.

Als ich ihn kurz darauf in einem kleinen Café im Nachbargebäude treffe, sieht er aus wie der Mann auf dem Podium – und zugleich ganz anders. Alles ist da: der verständnisvolle Blick ebenso wie die sonore Stimme. Doch der Mittsechziger kann auch verärgert sein. Bei der Begrüßung schimpft er auf die Inkompetenz der Kellnerinnen, die ihm beim Hereinkommen nicht haben sagen können, ob dies das Bistro der Volkshochschule sei. »Dabei«, sagt er grummelnd, »steht's hier überall dran. Die wissen nicht mal, wo sie arbeiten.« Danach schnauft er kurz und blickt seinem Gegenüber lächelnd in die Augen, weil ihn seine Verärgerung so amüsiert. Baer arbeitet seit Jahrzehnten als Therapeut, ist aber kein sanfter Märchenonkel. Sondern ein Mann, der Emotionen zulässt und in sein Leben integriert. Er ist mir sofort sympathisch. Ihm erzähle ich in aller Kürze, was ich an Wissen über Kriegskinder und Kriegsenkel zusammengetragen habe. Über meinen schreienden Vater und meine ängstliche Mutter. Und über mich als ihr Kind. Wie wir wie Kakerlaken auseinanderstoben, wenn unsere Eltern aufeinandertrafen. All das Nachdenken über Krieg und Nachkrieg, über Schweigen, Angst, Scham- und Schuldgefühle beginnt mich zu ermüden, denn ich drehe mich im Kreis. Dem Verstehen folgt keine Entspannung. Wenn ich nicht bald einen Ausweg finde, droht die Depression, aus der ich mich gelöst habe, in anderer Form zurückzukehren.

»Die Ursachen meiner Probleme kenne ich also sehr genau«, sage ich zum Schluss. »Im Zentrum steht das Schweigen meiner Eltern. Aber wo liegt die Lösung?«

Baer hat beim Zuhören immer wieder an seinem alkoholfreien Pils genippt und genickt. Nun beugt er sich vor und fragt: »Dass Sie Journalist geworden sind, ist das nicht eine Alternative zum Schweigen?«

Zufrieden schnauft er in seinen Schnauzbart und lehnt sich zurück.

Im ersten Moment bin ich verwirrt. Was hat das mit meiner Frage zu tun? Ich bin doch nicht hierher gekommen, um über meinen Job zu reden. Langsam aber geht mir auf, was er gemeint haben könnte. Das Schönste an meinem Beruf ist für mich, dass ich Menschen befragen und ihre Geschichten aufschreiben darf. Die Außenwelt erweist sich nicht als böse und beängstigend, wie meine Eltern sie einst zeichneten, sondern voller interessanter Menschen. Was mir fremd war, muss es nicht bleiben. Ich schreibe seit vielen Jahren ausführlich über Politik, und ich weiß, dass ich meinen Job umso besser mache, je genauer ich gesellschaftliche Konflikte beschreibe und analysiere.

Nichts muss ich mehr »um des lieben Friedens willen« herunterschlucken, im Gegenteil. Das Schreiben ist meine Alternative zum Schweigen geworden.

Dabei ist mein Weg – wie der vieler Kriegsenkel – mehr als ein bloßer Gegenreflex auf frühe Kindheitserfahrungen. Ihr Lebensentwurf erschöpft sich nicht darin, alles ganz anders als ihre Eltern zu machen. Wer sich immerzu von etwas abgrenzen will, definiert sich ausgerechnet durch das, was er ablehnt. Er bleibt gefangen. Stattdessen haben viele Kriegsenkel trotz aller Ängste und Zweifel einen eigenen Weg durchs Leben gefunden. Erst im Nachhinein wird ihnen klar: Sie haben zwar Berufe ergriffen, in denen sie sich womöglich zuviel zumuten, aber diese bereiten ihnen grundsätzlich Freude. Oder sie haben Freunde gefunden, die sie nehmen, wie sie als Kind nicht sein durften. Oder Interessen ausgebildet, die früher zu kurz kamen. Die Kinder der Kriegskinder haben also ihren emotionalen Ballast mit sich geschleppt *und* es geschafft, zumindest teilweise ihren Neigungen zu folgen. Sie haben versucht, das Beste aus ihrem Erbe zu machen. Darauf können sie stolz sein. Das hat Baer gemeint.

Auch sein Leben ist mehr als ein Gegenentwurf zu dem seiner Eltern – und steckt voller Parallelen zu den Erfahrungen vieler Kriegsenkel. Udo Baer wurde 1949 in der Lausitz, östlich von Berlin, geboren und verbrachte die ersten zehn Lebensjahre in der DDR. Sein Vater schlug ihn häufig. Der 1921 Geborene hatte im Krieg auf einem Minensuchboot sein Leben riskiert. Seine Mutter schenkte ihm und seinem Bruder wenig Liebe. Ein Jahr vor dem Mauerbau im August 1961 floh die Familie in den Westen.

Die Gegend zwischen Niederrhein und Ruhrgebiet wurde Udo Baer zur zweiten Heimat. Er übernahm den regionalen Zungenschlag, sagt bis heute »Kriech« statt »Krieg« und »Vatter« statt »Vater«. Seine Eltern aber wurden auch im Wirtschaftswunderland nicht glücklich. Ihr rätselhaftes Schweigen füllte er, wie viele Kriegsenkel, mit eigenen Phantasien. Das Ergebnis war paradox. Einerseits wuchs Udo heran zu einem typischen 68er: ein Pazifist mit langen Haaren und Birkenstock-Schuhen. Andererseits las er heimlich in Bahnhofsrestaurants die billig produzierten »Landser«-Hefte. Verklärte Heldengeschichten über deutsche Wehrmachtssoldaten im Schlachtgetümmel füllten die Leerstelle, die der Halbwüchsige bei seinen Eltern erspürte, mit Bildern. »Ich war damals Experte für den Zweiten Weltkrieg, wusste alles über den Russland-Feldzug. Auf die Idee, dass es etwas mit meinem Vater zu tun haben könnte, bin ich nicht gekommen«, sagt Baer und schüttelt den Kopf. »Die sicherste Art, ein Traumaerleben weiter zu geben, ist, darüber zu schweigen.«

Den größten Teil seines Lebens hat Baer in Nordrhein-Westfalen verbracht. Hier haben er und seine Frau drei Kinder bekommen, hier arbeiten sie in einer gemeinsamen Praxis. Doch seit einigen Jahren zieht es ihn wieder häufig in seine erste Heimat. In Berlin leben zwei erwachsene Kinder und die Enkel, und dort richten er und seine Frau sich gerade Büroräume ein. »Wenn ich dort bin, habe ich das seltsame Gefühl, alles zu kennen. Dabei kann das eigentlich gar nicht sein, schließlich hat sich ja so viel verändert seit damals. Und trotzdem ...« Er lächelt. Die Kindheit lässt uns das ganze Leben lang nicht los. Black holes suck. Warum aber sieht Baer dabei so zufrieden aus?

Weil er einen Weg gefunden hat, zwiespältige Gefühle und Haltungen gegenüber seinen Eltern auszuhalten. »Wir müssen uns nicht mit allem versöhnen, was unsere Eltern einst taten«, sagt er. »Wir können Hochachtung für ihre Aufbauleistung empfinden und zugleich vieles unverzeihlich finden.« Der Therapeut nennt es »das große UND«: »Beispielsweise habe ich Verständnis dafür, dass mein Vater im Krieg viel Gewalt erfahren hat und Zeuge von Gewalt war. *Und* ich habe kein Verständnis dafür, dass er mich geschlagen hat.« Heute versteht Baer, warum seine Mutter es am schönsten findet, wenn alle zusammen sind. Weil sie insbesondere in den letzten Kriegsmonaten immerzu um das Leben ihrer Familie fürchtete. »Deshalb habe ich Verständnis dafür, dass meine Mutter ihre Kriegserfahrungen, etwa mit sowjetischen Soldaten, abgeschüttelt hat. *Und* ich versöhne mich nicht damit, dass sie auch mich und meinen Bruder abgeschüttelt hat.« Liebe, Trauer, Angst und Wut können und dürfen gleichzeitig bestehen.

Zwischen seinen Erfahrungen und denen der Kriegsenkel gibt es einen wichtigen Unterschied. Baer zählt zur Generation der bis Ende der 1950er geborenen Nachkriegskinder. Deren Eltern haben den Krieg als Erwachsene erlebt, die Männer häufig als Soldaten. Die Kriegsgeneration hatte bewusste Erinnerungen an das Grauen, wurde teilweise selbst zu Tätern.

Die Kriegskinder hingegen konnten, was sie erlebt hatten, nur selten in Worte fassen. Ihren Söhnen und Töchtern fehlen deshalb bis heute die Bilder und Erinnerungen, die es ihnen möglich machen würden, die Ursachen der traumatischen Erfahrungen zu ergründen. Sie leiden unter den Folgen einer Katastrophe, die sie nicht erlebt haben, und über die jene, die sie durchgemacht haben, nicht sprechen können. Die Kriegsenkel stochern im Nebel. Deshalb frage ich Baer:

»Wie kann ich etwas betrauern, woran ich mich nicht erinnere? Entweder, weil es lange vor meiner Geburt geschehen ist und ich die Details nicht kenne, oder weil meine Kindheitserinnerung getrübt ist?«

Baer nickt: »Natürlich hilft es, ein konkretes Ereignis in Erinnerung zu haben: die Schläge des Vaters in der Küche, als man sechs Jahre alt war. Oder die Kälte der Mutter, als man mit fünf Jahren mit Grippe im Bett lag und vergeblich bei ihr Trost suchte. Häufig verdichten sich die Erlebnisse vieler Jahre in einer Schlüsselszene. Das kann helfen, etwas zu betrauern. Aber es ist nicht unbedingt nötig.«

Ist es nicht? Ich schöpfe wieder Hoffnung, und prompt schmerzen meine Nackenmuskeln weniger.

»Wenn Sie sagen, in Ihrer Familie stoben alle wie die Kakerlaken auseinander, wenn Ihre Eltern aufeinandertrafen, dann zeugt das von einer bestimmten Atmosphäre. Von Druck, von Enge. Und Sie wissen, das hat mit Ihrem heutigen Lebensgefühl zu tun. Diese Erinnerung ist etwas wert. Würdigen Sie, was ist!« Baer lächelt.

Würdigen, was ist. Damit meint der Traumatherapeut: Wer sich auf die Suche nach der eigenen Vergangenheit und der seiner Eltern macht, braucht nicht alle Fakten der

Familiengeschichte zu kennen. Was im Zweifel zählt, ist das eigene Empfinden heute: übermäßige Wut, Trauer oder Angst, auch das Erstarren in eigentlich emotionalen Momenten. Gerade die Wertschätzung für die eigene Wahrnehmung fällt vielen Kriegsenkeln ja besonders schwer, weil sie von ihren Eltern gelernt haben, »sich nicht so wichtig zu nehmen«. Darunter leiden sie. Deshalb ermutigt Baer sie, hier anzusetzen und in sich hineinzuspüren. Aber wie geht das?

Wer frühe Not erfahren hat, kann sich daran häufig nicht bewusst erinnern. Vergessen ist es aber nicht. Spuren haben sich tief in uns eingegraben. Sie offenbaren sich in der Art, wie wir uns selbst und die Welt wahrnehmen. Unsere Kindheitserfahrungen gehen uns im Wortsinn »in Fleisch und Blut« über.

»Der Körper hat sein eigenes Gedächtnis«, sagt Baer. »Das ist viel tiefer und umfangreicher als das kognitive Gedächtnis. Bei einer traumatischen Erfahrung geht der Hippocampus, der kognitive Erinnerungen speichert, in den Sparmodus. Der Körper aber ist hellwach, und später erinnert er sich, wie er vor einer Bedrohung fliehen musste, sich versteckte oder kämpfte. Dafür muss man die Schläge nicht einmal selbst eingesteckt haben. Die Psychotraumatologie hat herausgefunden, dass Zeugen von Gewalt genau so viel traumatisches Erleben haben wie diejenigen, die davon unmittelbar betroffen gewesen sind. Der Schmerz eines anderen wird unser Schmerz. Manchmal ist eine Erfahrung auch zu schrecklich für uns. Dann schützt uns unsere Psyche vor der Erinnerung daran.«

Meine Nackenverspannungen werden wieder schlimmer. Ausgerechnet jetzt, da ich an einen wichtigen Punkt gelange, halten sie mich davon ab, genau zuzuhören. Ich versuche, sie zu ignorieren, und frage:

»Sollten Kriegsenkel also hoffen, dass sich der Nebel ihrer Erinnerung lichtet? Oder froh sein, wenn es nicht geschieht? Weil es unerträglich für sie wäre, sich der Gewissheit zu stellen?«

»Die Frage höre ich oft von Menschen Ihrer Generation«, sagt Baer. »Die Sache ist aber die: Sie haben ja eine Gewissheit.«

Ach, ja?

»Sie haben die Gewissheit, dass Sie einen Nebel spüren. Und Sie wissen, dass dieser Nebel mit Ihrer Familiengeschichte zusammenhängt.« Er bläst in seinen Bart und lächelt. »Die größte Klarheit, die Menschen mit Traumaerfahrungen in der dritten Generation haben können, ist häufig die, dass es unklar ist.«

Na, großartig. Ich wollte mehr Klarheit über das, wie meine Kindheit mich geprägt hat, und jetzt sagt mir ein Therapeut, ich müsse mich mit dem Nebel abfinden? Offenbar blicke ich so enttäuscht, wie ich es bin. Jedenfalls fügt Baer eine Erklärung an:

»Ihr Vater konnte – aus welchen Gründen auch immer – nicht viel über seine Kindheit erzählen oder sich selbst erklären. Aber unter dieser Sprachlosigkeit haben Sie vermutlich nicht viel gelitten. Sonst wären Sie heute nicht in der Lage, Bücher zu schreiben, sich genau mitzuteilen. Worunter Sie wahrscheinlich viel mehr gelitten haben, ist die emotionale Sprachlosigkeit. Sie wird vererbt.«

Das Schweigen der Kriegskinder lässt ihre Töchter und Söhne emotional verstummen. Gut, das weiß ich. Aber das ist ja gerade das Problem: Weil die Kriegsenkel kaum Zugang zu ihren Emotionen haben, haben sie auch kein Mitgefühl mit sich. Aber was folgt daraus? Ich habe die Nase voll von Selbstvorwürfen, und ich will auch nicht Dritten vorwerfen, dass es ihnen nicht so schlecht geht wie einst mir. Führt all das, was ich herausgefunden habe über Großeltern und Eltern, über ihr Schweigen und seine Folgen, zu nichts? Ich frage Baer:

»Soll ich mich etwa damit abfinden, nichts an meinem Lebensgefühl verändern zu können?«

Der Therapeut blickt mich kurz prüfend an. Dann sagt er etwas, das scheinbar keine Antwort auf meine Frage ist:

»Haben Sie Schmerzen?«

»Wie, bitte?«

»Sie massieren sich den Nacken. Haben Sie das häufiger?«

»Ach, das? Das ist nichts.«

»Nichts?«

»Nackenschmerzen habe ich häufig, wenn ich Stress habe.«

»Ich will Ihnen nichts einreden. Vielleicht ist es wirklich nichts. Aber was spüren Sie, wenn Sie den Schmerz spüren?«

Was soll das denn wieder heißen?, frage ich mich. Wenn ich Nackenschmerzen habe, spüre ich nun mal Schmerzen. Ich stell' mich deswegen doch nicht an.

Was habe ich da gerade gesagt?

Die Welt friert eine Sekunde lang ein, dann zerspringt sie still in tausend Stücke und setzt sich leise neu zusammen. Plötzlich ahne ich, woher meine Schmerzen rühren.

Sie stammen nicht von akuter Arbeitsüberlastung und auch nicht von einem unbequemen ICE-Sitz. Ihre Ursache liegt viel tiefer. Wie konnte ich sie die ganze Zeit übersehen? Oder genauer: Wie konnte ich sie *ignorieren*? Ich habe meine toten Eltern gesucht und geglaubt, sie gefunden zu haben. Dabei habe ich allein in der Außenwelt und der Vergangenheit Ausschau nach ihnen gehalten. Ich habe Einzelteile zu einem Puzzle zusammengefügt, aber den Rahmen übersehen, der dem Bild die Form gibt.

Ich habe *mich* übersehen.

Jetzt weiß ich, wie ich mich mit meinen toten Eltern versöhnen, wie ich Frieden finden kann. Dafür muss ich noch einmal zurück ins Idyll, das keines war.

Mutter- & Vaterseelenallein

Wie können sich Kriegsenkel mit der Vergangenheit versöhnen?

I

Wer zum ersten Mal seit Jahren an einen ihm wichtigen Ort zurückkehrt, auf den wirkt der häufig unwirklich. Was sich seither verändert hat, scheint nicht dorthin zu gehören: die neuen Gesichter, Häuser, Geräusche und Werbeplakate. Besucht man den Ort kurz darauf noch einmal, wirkt das Neue schon viel realer – nur der Besucher passt immer weniger dorthin. So geht es zumindest mir, als ich wieder vor meinem verlassenen Elternhaus stehe.

Der Herbst hat seinen Glanz verloren. Statt eines blauen Himmels sehe ich dichte graue Regenwolken über dem kleinen Dorf. Ein paar hundert Meter weiter läutet die Kirchenglocke zweimal, es ist früher Mittwochnachmittag. In meinem Nacken verkrampfen sich Muskeln, von denen ich bislang nicht einmal wusste, dass ich sie habe. Seit meinem Gespräch mit dem Traumatherapeuten Udo

Baer haben sich meine Schmerzen weiter verschlimmert. Sie haben wenig mit der Gegenwart zu tun, und umso mehr mit diesem verschlafenen Ort.

Ich komme noch einmal her, um meine Kindheit mit anderen Augen zu sehen. Aber diesmal nicht mit denen des kritischen Erwachsenen, der die historischen Zusammenhänge verstehen will. Sondern mit denen des hilflosen Kindes, das ich einmal war, und das nicht begreifen konnte, was ringsum geschah. Ich will nicht denken, sondern fühlen und mich an damals erinnern. Gar nicht so leicht.

Umständlich setze ich mich auf den Bürgersteig vor meinem Elternhaus. Meine langen Beine sind mir im Weg, und die Pflastersteine fühlen sich kalt an, aber das ist mir egal. Ich gehe hier nicht weg, bevor etwas in mir aufsteigt. Dabei soll mir ein Satz helfen, der mir so lange geschadet hat. Im Gespräch mit dem Traumatherapeuten Udo Baer habe ich ihm gesagt, weil es mir peinlich war, dass er meine Nackenschmerzen bemerkte: *Ich stell' mich deswegen doch nicht an.* Als ich das laut und gegenüber einem anderen Menschen aussprach, ist mir klar geworden, dass dieser Satz mich seit frühester Kindheit begleitet. Seither denke ich immer wieder an ihn, und mehr und mehr verschüttete Erinnerungen werden wach.

Schmerzten meine kalten Zehen beim Spaziergang im Schnee so sehr, dass ich nicht mehr gehen konnte, rief mein Vater verärgert: »Jetzt stell' dich nicht so an!« Konnte ich aus Angst vor dem nächsten Schultag nicht einschlafen, hörte ich meinen Vater meine Mutter fragen: »Was stellt der Junge sich deswegen so an?« Verstand ich etwas nicht auf Anhieb, sagte er: »Jetzt stell' dich doch nicht dümmer, als du bist.« Und wollte ich vor dem Schlafengehen den Kopf noch eine Weile auf den Schoß meiner Mutter legen, während sie fern sah, klagte sie seufzend: »Stell' dich doch bitte nicht so an.«

Wer solche Sätze einmal hört, ärgert sich. Wer sie zehnmal hört, glaubt sie. In ihnen können sich ganze Kindheitserfahrungen bündeln. In meinem Fall steht er beispielhaft für die Lehre: *Indem ich mich nach Zuneigung oder Hilfe sehne, überfordere ich meine Eltern. Ich halte sie auf, belästige sie, mache sie traurig oder wütend – und verliere so ihr Wohlwollen. Das will ich unbedingt vermeiden. Am besten mache ich alles mit mir allein aus, dann erspare ich mir schmerzhafte Zurückweisungen.*

Kinder brauchen aber Schutz vor ihren Ängsten und die Bestärkung, dass die Wirklichkeit ihnen nicht entspricht. Um sich geborgen und sicher zu fühlen, müssen sie ihren engsten Bezugspersonen vertrauen können. Die Kriegskinder aber haben ihren Söhnen und Töchtern die Ängste selten genommen, weil sie diese selbst nicht verstanden oder verdrängten. Auf ihre Sorgen hatte ja früher auch niemand Rücksicht genommen. So blieben Kriegsenkel, wie einst ihre Eltern, mit ihren beängstigenden Gefühlen allein. Auch ich.

Immer tiefer sickerte die Lehre solcher Erfahrungen in mich ein: Indem ich Angst, Neugier oder Freude empfand, tat ich etwas Falsches. Ich wusste nicht, wie ich war, aber ich wusste, es war nicht richtig. Seit meiner Kindheit war ich angespannt, immer in Sorge, einen Fehler zu begehen.

So lernte ich nicht, meine Bedürfnisse zu verstehen und zu befriedigen, sondern, sie permanent in Schach zu halten. Mein Hang zu Nackenschmerzen stammt vermutlich auch aus dieser Zeit: Die Habachtstellung hat sich in den Körper eingeschrieben. Nach und nach wurde aus dem Satz meiner Eltern mein eigener: *Ich stell' mich deswegen doch nicht an.* Ich habe mich gescholten und mich dann gewundert, dass es mir schlecht ging. Das will ich nicht mehr. Nie wieder.

Die Schmerzen strahlen aus in den Hinterkopf, der zu pochen anfängt. Ich merke, dass es womöglich keine gute Idee war, mich auf den kalten Bürgersteig zu setzen, und stehe auf. Früher wäre ich sitzen geblieben, um zu testen, wie viel ich aushalte. Was für ein Schwachsinn! Aber sich etwas Gutes zu tun, kann man lernen. Es braucht Übung und Geduld – vor allem mit sich selbst. Ähnlich ist es beim Versuch, zu den verdrängten Kindheitserinnerungen vorzudringen.

Dorthin führen viele Wege: Gespräche mit Verwandten, guten Freunden oder anderen Kriegsenkeln, aber auch Meditationen, Familienaufstellungen oder die Lektüre guter Bücher. Für mich erwies sich eine Psychoanalyse als beste Wahl. Ob der Aufwand von zwei bis drei Gesprächssitzungen pro Woche über mehrere Jahre hinweg das Richtige ist, muss jeder für sich entscheiden. Mir liegt es, meine Innenwelt in Worten zu beschreiben, während andere den Ausdruck durch Tanz, Zeichnen oder praktische Übungen bevorzugen. Letztlich gilt auch hier: Wer hilft, hat Recht. Und nur der kann einem helfen, dem man vertraut.

Nach und nach lernte ich, schmerzhafte Einsichten zuzulassen. Zu den ersten zählte die Einsicht, dass es lange dauern würde, all das umzuschreiben, was sich über Dekaden in mir eingeschrieben hatte. Zugleich erfüllte mich das gute Gefühl, bereits den wichtigsten Schritt getan zu haben: Ich machte nicht länger alles mit mir allein aus. Paradoxerweise versuchen Kriegsenkel ja, sich durch Fleiß und Zähne-Zusammenbeißen aus ihrem Gefühl der Unzulänglichkeit herauszuarbeiten – also mit denselben Instrumenten, die sie als Kinder von ihren Eltern erlernt haben, und unter deren Folgen sie heute leiden.

Um zu verstehen, wie wir uns und die Welt sehen, brauchen wir jemanden, der sie anders sieht. Nur im Kontakt mit anderen können wir verstehen, was wir so lange als selbstverständlich erachtet haben. Zu den wichtigsten Einsichten meiner Reise zu mir selbst zählt diese: Als ich ein Kind war, haben mir Menschen, die mich beschützen sollten, Schaden zugefügt. Dieser Satz klingt simpel, doch ihn anzunehmen und in seiner ganzen Bedeutung für das eigene Leben zu verstehen, kann lange dauern. Innere Widerstände stemmen sich häufig dagegen, denn viele Kriegsenkel beherrscht noch immer bewusst oder unbewusst der Wunsch, ihre Eltern zu beschützen. Sie sagen sich: *Sie wussten es doch nicht besser. Ich will nicht undankbar sein. Das kann ich ihnen nicht antun.* Gedanken wie diese ersticken jedes Erinnern in Schuldgefühlen.

Um sich von solchen Leitsätzen zu lösen, hilft es paradoxerweise, sich bewusst zu machen, dass sie ja nicht rundweg falsch sind. Tatsächlich haben die meisten Kriegskinder sich nach Kräften bemüht, ihren Töchtern und Söhnen gute Eltern zu sein und sie zu schützen. Richtig ist aber auch: Mütter und Väter können für ihre Kinder das Beste gewollt und ihnen dennoch geschadet haben. Für die eigene Erinnerung kommt es weniger darauf an, wie die Eltern etwas *gemeint* haben, und umso mehr, wie man selbst es *wahrgenommen* hat.

Das Pochen wird stärker. Langsam wiege ich den Kopf nach links und rechts, um die Muskeln zu dehnen. Ich merke, dass ich flach atme, was die Verspannungen noch verstärkt. Tief einatmen, halten, tief wieder ausatmen. Schon besser.

Wut und Schmerz haben viel gemeinsam. Beides sind im Kern Warnsignale, Aufforderungen zur Veränderung. Deshalb will ich sie nicht länger wegdrücken, sondern endlich zulassen und genau spüren, was dabei in mir auftaucht. Die Wunden der Kriegsenkel wurden in ihrer Kindheit geschlagen. Um die Verletzungen frei zu legen und die Schmerzen zu spüren, die sie bereiten, muss ich mich daran erinnern, wie ich als Kind empfand. Das fällt mir – wie vielen Kriegsenkeln – schwer, denn die Erinnerungen liegen in dichtem Nebel. Aber er lässt sich durchdringen.

Das Wort vom »Nebel« steht zum einen für die triste, gleichförmige Atmosphäre im Elternhaus, in der Freude ebenso wenig Platz hatte wie Angst oder Wut, weshalb alle Gefühle betäubt werden mussten. Zum anderen beschreibt es die Schwierigkeit, sich als klar umrissenes Individuum zu verstehen, wenn sich die Biografie der Eltern mit der eigenen vermischt. Wenn beispielsweise das Kind von Flüchtlingen sich selbst wurzellos fühlt oder den Auftrag verspürt, seinen Eltern Stabilität zu bieten, dann verwischen die Grenzen zwischen seinem Leben und dem von Mutter und Vater. Doch im Sprachbild steckt noch mehr.

»Der Nebel ist letztlich ein Produkt der Angst«, schreibt der Autor Joachim Süss, Mitherausgeber des Buchs *Nebelkinder*. »Der Angst nämlich davor, selbst verschlungen zu werden, wenn man sich dem Schrecken der eigenen Geschichte stellt. ›Nebel‹ bedeutet zugleich Schutz und Hemmnis.« Die Sinnestrübung hat Kriegsenkel also auch davor bewahrt, allzu klar zu sehen, was mit ihnen geschah. Nur wenn sie nicht deutlich erkannten, dass und wie ihre eigenen Eltern ihnen schadeten, konnten sie sich glauben machen, ihre kindliche Welt sei in Ordnung. Zu verdrängen half ihnen weiterzuleben in einer Umgebung, in der ihre Wünsche und Sehnsüchte ins Leere gingen. Heute erweist sich der Schutzmechanismus als Last.

Als Erwachsene haben Kriegsenkel ihr Leben unter Kontrolle – in gewisser Weise sogar zu gut. Sie haben sich mit einer Art Rüstung umgeben, die sie vor weiteren schmerzlichen Erfahrungen bewahren soll. Ihr wachsames, erwachsenes Ich beschützt das ängstliche »Innere Kind«. Psychotherapeuten bezeichnen damit all die Erfahrungen, Emotionen und Erinnerungen, die wir in unserer Kindheit gespeichert haben. Als Kinder sind unsere Gefühle noch ungebremst. Wir empfinden unbändige Freude, abgrundtiefen Schmerz, grenzenloses Glück oder schier bodenlose Traurigkeit, aber auch maßlose Neugier oder alles überwältigende Angst. Weil Kinder wenig Erfahrungen mit

Emotionen gemacht haben, können sie sich je nach Alter nur schwer oder gar nicht vorstellen, dass ihr Verlassenheitsgefühl, ihre Wut oder Angst je abflauen werden. Sie müssen es erst lernen. Doch wenn ihre Umwelt sie nicht lehrt, dass diese Empfindungen normal sind und sich kanalisieren lassen, dann versuchen Kinder, sie zu verdrängen oder abzuspalten. Sie fürchten Liebesentzug oder Strafen. Beides wollen sie mit aller Kraft verhindern, denn ein von den engsten Bezugspersonen dauerhaft abgelehntes und verstoßenes Kind stirbt. So ist die Angst vor Isolation im Kern eine Todesangst.

Deshalb tut ein kleines Kind alles, um auch vernachlässigende, strafende oder gar misshandelnde Eltern in Ordnung zu finden. Das gelingt nur, indem es sich selbst schlecht macht: *Mama und Papa haben Recht, ich bin böse.* Der Nürnberger Traumatherapeut Jochen Peichl erklärt, warum: »Mit dem Sich-schlecht-Machen versichert sich das Kind der letzten Übereinstimmung mit den Eltern und hofft, so nicht verlassen und letztlich auch wieder geliebt zu werden, wenn es sein Verhalten ändert. (…) Der Erhalt der ›guten Eltern‹ auf eigene Kosten hilft, endlose Einsamkeit und Depression zu vermeiden und lebenswichtige Beziehungen zu erhalten.« Nichts scheinen Menschen weniger ertragen zu können als das Gefühl von Ohnmacht und Verlassenheit. Wer sich selbst Vorwürfe macht, rettet sich also in die Vorstellung, er oder sie könne die eigene Lage beeinflussen: *Du hättest es besser machen können. Nächstes Mal musst du mehr aufpassen.* Die letzte Zuflucht ist der Selbsthass: *Alle anderen sind besser als du. Was bist du doch für ein Ver-*

sager. Wer so etwas über längere Zeit erlebt, der will es als Erwachsener allen recht machen, verurteilt sich oder andere im Übermaß oder wird perfektionistisch.

Die früh Eingeschüchterten lernen, Emotionen zu fürchten und zu misstrauen. Weil sie so wenig positive Erfahrungen mit ihnen sammeln durften, kennen sie diese ja allein als potenziell zerstörerische Urgewalten, die ihr Überleben bedrohen. Doch Gefühle und Sehnsüchte sterben nicht ab, sie schlummern nur. Um sie in Schach zu halten, entwickeln wir im Laufe unserer Kindheit und Jugend ausgeklügelte Mechanismen, die auch später unser Verhalten prägen. Die meisten von ihnen sind uns gar nicht bewusst.

Beispielsweise habe ich mir lange gesagt: *Mir geht es eigentlich gut. Ich darf mich nicht beklagen.* Dahinter stand ein Gedanke, den ich mir selten eingestand: *Wer anderen zur Last fällt, verliert deren Zuneigung. Wer keine Zuneigung erfährt, ist nicht liebenswert. Und wer nicht der Liebe wert ist, ist wertlos.* Nur logisch schien mir da die Folgerung: *Wenn ich mich anstrenge und niemandem zur Last falle, bin ich etwas wert. Indem ich mich immer anstrenge, bin ich immer etwas wert. Dann wird endlich alles gut.*

Diese Rüstung aus Verdrängung, Selbstkontrolle und Fleiß anzulegen, war aus Sicht eines kleinen Kindes sinnvoll. Sie bot etwas Schutz vor Vereinsamung, Verzweiflung und Wut auf meine vermeintliche Unzulänglichkeit. Doch ohne es recht zu merken, trug ich sie als Erwachsener immer noch mit mir herum. Die Rüstung sorgte dafür, dass ich überall Gefahren sah. Auch dort, wo keine waren.

Leicht gerieten Verbesserungsvorschläge eines Kollegen zum Beweis, dass ich in Wahrheit nichts wert war. Ein Streit mit der Freundin konnte sich zum Beleg zweifachen Versagens auswachsen: Indem ich beim Versuch scheiterte, ein souveränerer Mann als mein Vater zu sein, verfehlte ich auch mein Ziel, meine Mutter glücklich zu machen. So spiegelte sich in Rastlosigkeit, Harmoniestreben und Arbeitseifer des Erwachsenen die Sehnsucht des Kindes, seine Eltern glücklich und stolz zu machen.

Natürlich verstand ich das nicht, das Ganze lief größtenteils unbewusst ab. Spürbar wurde allein die Wut auf den »kritisierenden« Kollegen, die »nörgelnde« Freundin – und mich selbst. Doch Aggressionen auch nur wahrzunehmen, war ja grundsätzlich verpönt. Indem ich sie empfand, schien ich zu beweisen, dass ich mich nicht genug im Griff hatte. Wohin also damit? Um niemand anderem zu schaden, richtete ich die Wut gegen mich selbst. Um nicht in Selbsthass zu versinken, gab es nur eine Möglichkeit: Ich flüchtete mich in noch größere Anstrengungen und Beweise meiner Leistungsfähigkeit. Wut verwandelte sich in Arbeitswut, und diese führte immer häufiger zu Überforderung und Erschöpfung.

Aus der schützenden Panzerung war endgültig eine Last geworden, unter der ich zu zerbrechen drohte. Nur: Wie legt man etwas ab, das einen umgibt wie eine zweite Haut? Albert Einstein soll gesagt haben: »Man kann ein Problem nicht mit den gleichen Denkstrukturen lösen, die zu seiner Entstehung beigetragen haben.« Wenn ich also Jahrzehnte lang mit aller Kraft versucht hatte, mich vor beängstigenden

Gefühlen zu schützen, dann war es womöglich an der Zeit, das Gegenteil zu tun und mich diesen Gefühlen offen zu stellen. Ich durfte nicht mehr vor dem verletzten Inneren Kind in mir davon laufen, sondern musste danach suchen.

Tief einatmen, halten, tief ausatmen. Vom Bürgersteig aus geht mein Blick hinauf zu einem kleinen Fenster im ersten Stock. Als Kind hatte ich immer wieder denselben Traum: Ich stehe dort oben auf dem Sims und will springen. Während ich träumte, fragte ich mich, ob ich wohl abstürzen und sterben würde oder fortschweben wie ein Vogel. Heute weiß ich das Geschehen zu deuten: Ich drängte fort aus der häuslichen Enge und hinaus ins Freie – und fürchtete es zugleich.

Traumapatienten berichten häufig von Fantasien über Abgründe. Darin sehen sie sich vor einem schwarzen Nichts stehen, fühlen sich davon angezogen oder fallen hinein. Der Abgrund steht für das im Kern unbenennbare Trauma, das sie gewissermaßen »aus dem Leben gerissen« oder ihnen »den Boden unter den Füßen weggezogen« hat. Manche Menschen berichten auch von Träumen extremer Hilflosigkeit: Sie fahren im Auto, und plötzlich fährt der Wagen rückwärts einen Berg hinab. Sie versuchen, einen Menschen oder einen Zug zu erreichen, und schaffen es nicht. Oder sie rufen nach jemandem, doch dieser Jemand kann sie nicht hören, und sie bleiben allein. In solchen Träumen gerinnt die Angst, erneut von der traumatischen Erfahrung überwältigt und vollkommen schutz- und haltlos zu werden, zu Bildern.

Sie machen Angst, lassen sich aber konstruktiv nutzen. Auch die Spurensuche nach meinen Eltern hat ja begonnen mit einem Traum, in dem sich zwischen mir und meinen verstummten Eltern ein tiefer Abgrund auftat. Als ich zum Sprung ins Dunkel ansetzte, wusste ich nicht, dass ich hier und jetzt landen würde.

Meine Nackenschmerzen passen zu meiner Stimmung, ich bin nervös und gereizt. *Bist du dir sicher, dass du dich nicht bloß anstellst? Meinst du nicht, dass du dir vielleicht einen Opferstatus zusammensuchst, wo es nur eine Wohlstandskindheit zu finden gibt? Was haben deine armen Eltern dir denn getan? Lass doch die Vergangenheit ruhen. Hast du keine richtigen Probleme?* Die allzu vertrauten Scham- und Schuldgefühle haben den Weg hierher mühelos gefunden. Die Trampelpfade der Psyche sind tief und breit.

Mit großen Schritten stapfe ich, vorbei an Haus und Garten, zum Bach. Auch hier sehe ich nicht mehr das Familienparadies mit Quellwasser, das über ein Mühlrad rauscht. Vor dem inneren Auge formt sich das Bild eines kleinen Jungen, der ängstlich und zusammengekauert neben dem Bach am Gartenzaun lehnt. Die Arme hat er über dem Kopf verschränkt. Das bin ich, vielleicht vier oder fünf Jahre alt. Wovor fürchtete ich mich? Schlug mein Vater hier auf mich ein? Drohte er zumindest damit? Flüchtete ich mich hierher, weil ich gesehen hatte, wie er eines meiner Geschwister schlug? Ich weiß es nicht, das Bild bleibt verschwommen. Aber ich weiß, dass ich beim Gedanken an diese lange verdrängte Kindheitsszene jedes Mal instinktiv die Schultern hochziehe, um mich vor befürchteten Schlägen zu schützen. Mein Körpergedächtnis hat keine Erinnerung an ein konkretes Ereignis bewahrt, aber Spuren der Gefühle von Schutzlosigkeit, Verlassenheit und Angst. Ich dränge all das nicht mehr weg. Wie Therapeut Baer sagte: »Würdigen Sie, was ist.«

Mir fällt noch ein Satz aus unserem Gespräch ein: »Die größte Klarheit, die Menschen mit Traumaerfahrungen in der dritten Generation haben können, ist häufig die, dass es unklar ist.« Das fand ich im ersten Moment frustrierend. Aber es bedeutet nicht, dass die Versuche von Kriegsenkeln, sich zu erinnern, ins Leere gehen müssen.

Nicht nur in Sätzen und Träumen, auch in Erinnerungsfetzen können sich eine ganze Reihe als belastend empfundener Kindheitserfahrungen bündeln. In meinem Fall markierte der Gartenzaun die Grenze der Welt meiner Kindheit. Den Menschen dahinter, so lehrten mich meine Eltern, sei nicht zu trauen. Doch diejenigen, denen ich zutiefst zu misstrauen lernte, waren meine Eltern. So steht das Bild des zusammengekauerten Jungen für mich auch für die Empfindung, wortwörtlich weder ein noch aus zu wissen. Die symbolische Bedeutung einer Erinnerung ist manchmal wichtiger als das, was genau einst geschehen ist.

Mehr und mehr Bilder, Szenen und Gefühle treten aus dem Nebel heraus. Etwa, wie ich mich emotional ausknipste, indem ich Bücher und Comics las: Wer still in seinem Zimmer sitzt, verursacht keinen Ärger – er kann ihn sogar kommen hören. Oder, wie ich darauf zu achten lernte, meinem Vater nicht direkt ins Gesicht zu schauen, meiner Mutter aber immer: So vermied ich es, ihn zu reizen, und wusste, wie gut oder schlecht es ihr gerade ging.

Nein, ich habe mich damals nicht »angestellt«. Ja, ich hatte Angst, verdammt nochmal, und niemand nahm sie mir. Erst schüchterten mich meine Eltern ein, und später tat ich es selbst. Das will ich nicht mehr!

Die Stimme, die das sagt, gehört zu meinem erwachsenen Ich. Es kann realistisch abschätzen, was ich gut kann und was weniger gut. Heute tritt es endlich dem verfolgenden Über-Ich, diesem »inneren Niedermacher« entgegen, anstatt ihn mühsam in Schach zu halten. Diese Stimme braucht Übung, um kräftig zu werden, und Unterstützung durch Menschen, denen ich vertraue. Es ist harte Arbeit, jeden Tag. Aber es wirkt.

Wie eine Welle wallt die verdrängte Wut in mir auf. Meine Hände ballen sich zu Fäusten. Jetzt weiß ich, wohin ich als Nächstes gehen muss. An den Ort, den ich so lange gemieden habe.

II

Es ist nur ein Fußweg von fünfhundert, sechshundert Metern und zugleich eine Reise zurück in der Zeit. Durch die Kälte gehe ich vorbei an der schlichten Kirche, in der die Totenmessen für meinen Vater und meine Mutter gehalten wurden. Vorbei an Grundschule und Kindergarten. Vorbei an acht Stolpersteinen für eine weitere jüdische Familie. Und vorbei am steinernen »Kriegerehrenmal« für die im Ersten und Zweiten Weltkrieg als Soldaten getöteten Dorfbewohner. Meine Schritte werden immer schneller.

Dass Ihr mich damals so behandelt habt, war ungerecht. Warum habt Ihr mich in die Welt gesetzt, wenn Ihr Euch nicht darüber freuen konntet, dass es mich gibt? Ich sollte Euch trösten und stolz machen, weil Ihr selbst es nicht konntet.

Ihr habt Euch wie Kinder verhalten und mich dadurch gezwungen, mütterlich und väterlich zu sein. Ihr habt mir eine Aufgabe gegeben, an der ich scheitern musste. Hört auf damit!

Mein Ziel kommt in Sichtweite. Nur noch hundert Meter zum gusseisernen Eingangstor.

So lange habe ich mir die Schuld dafür gegeben, dass Ihr traurig und verschlossen wart. Aber die Aufgabe, Euch glücklich zu machen, konnte niemand erfüllen. Schuld am Scheitern war nicht ich, das wart Ihr. Ihr habt mich in eine aussichtslose Lage gebracht. Hört auf damit! Hört auf!

Das Tor quietscht, jetzt sind es noch fünfzig Meter bis zu meinem Ziel, vorbei an Steinen und Kreuzen.

Nie wart Ihr zufrieden, nie konnte etwas gut sein. Nie durfte Lebensfreude in unser Haus. Ihr habt mir Eure Lebensangst und Depressivität eingepflanzt, lange bevor ich mich dagegen wehren konnte. Ich will Euer Erbe nicht mehr! Ich will nicht!

An dem Ort, den ich so lange gemieden habe, bleibe ich stehen. Atem kondensiert in der kalten Luft, und meine Fäuste sind so fest geballt, dass sie schmerzen. Mein Blick geht hinab auf eine quadratische Fläche, etwa zwei mal zwei Meter, voller Pflanzen und Blumen. Am hinteren Ende ragen zwei Holzkreuze auf. Ich stehe am Grab meiner Eltern, zum ersten Mal seit der Beerdigung meines Vaters.

Nie durfte ich spontan sein, albern, laut. Nie wirklich traurig, nie zu Tode betrübt. Alles war immer zuviel. Immer war ich Euch zuviel, dabei war ich doch nur ein Kind. Hört auf damit! Hört …

Dann werde ich still. Ich höre meinen Atem, schnell und oberflächlich, spüre die Kälte in meinen Fäusten. Ich atme tief ein und aus. Langsam drehe ich mich einmal im Kreis. Ringsum auf dem Friedhof sehe ich keinen Menschen, nur polierte Steine, schlichte Kreuze, schmale Wege und hier und da das flackernde Licht einer Grabkerze. Ich bin allein hier. Mit wem habe ich dann gerade innere Zwiesprache gehalten? Auf wen richtet sich meine Wut?

Natürlich habe ich nicht mit meinen Eltern geredet, denn sie sind tot. Und doch habe ich in gewisser Weise sie gemeint, als ich innerlich *Hört auf!* gerufen habe. Das ist weniger merkwürdig, als es vielleicht klingt.

Die ersten und wichtigsten Bezugspersonen, meist Mutter und Vater, prägen durch ihr Verhalten die Sicht ihres Kindes auf die Welt und sich selbst. Lehnen sie das Kleine dauerhaft ab, wird es lernen, dass es auf dieser Welt ungewollt ist. Reagieren sie hingegen aufmerksam auf seine Wünsche und Bedürfnisse und zeigen ihm, wie es sie regulieren kann, wird es lernen, sie selbst zu erfüllen oder bei Bedarf aufzuschieben. Noch als Erwachsene handeln die meisten Menschen unbewusst so, wie sie es von ihren Eltern gelernt haben: Sie sehnen sich nach der Wärme und Zuneigung, die sie als Kind bei ihrer Mutter vermissten, oder erhoffen sich von Menschen, Parteien, Firmen, Freunden oder anderen Gruppen die Bestärkung, die ihr Vater ihnen nicht gab. In gewisser Weise sehen sie also die Welt durch die Brille ihrer Kindheitserfahrungen. Die Tiefenpsychologie spricht dabei von elterlichen Repräsentanzen oder Repräsentationen: Geschult an unseren frühen Erfahrungen mit Vater und Mutter, haben wir ein bestimmtes Bild von uns und der Welt gewonnen, das tief in unseren Köpfen verankert ist.

Deshalb wecken Versöhnungsbemühungen zwischen erwachsenen Kindern und ihren Eltern häufig zwiespältige Gefühle. Wenn Jüngere und Ältere heute einen Weg finden, einander auf Augenhöhe, neugierig und respektvoll zu begegnen, ist das für beide Seiten schön und befriedigend. Häufig aber versperren familiäre Konflikte, Abwehrhaltungen, Erkrankungen oder der Tod die Annäherung. Auch für mich ist es zu spät für klärende Gespräche, und es macht mich traurig, niemals zu erfahren, ob zumindest ein wenig mehr Nähe zu Vater oder Mutter möglich gewesen wäre. Andererseits führen solche Versöhnungsversuche selten dazu, wonach sich insbesondere Kriegsenkel häufig sehnen: mehr Gelassenheit, Lebensfreude und dem Gefühl, endlich in sich selbst angekommen zu sein.

Wenn die alt gewordenen Eltern kritisieren, ignorieren oder loben, mag das ihre Töchter und Söhne noch immer ärgern, traurig machen oder freuen. Aber was ihre Mütter und Väter heute tun, ändert das Lebens- und Selbstwertgefühl ihrer Kinder – und damit deren elterliche Repräsentanzen – kaum. Dafür ist es zu tief verankert. Das klingt frustrierend, und doch liegt darin eine Chance.

Denn das bedeutet auch: Selbst, wenn Eltern sich nicht öffnen können oder wollen oder bereits tot sind, steht ihren Söhnen und Töchtern der Weg zu mehr Lebensglück weiter offen. Dafür müssen sich nicht die alten Mütter und Väter dort draußen verändern, sondern die Mütter und Väter in den Köpfen der Kriegsenkel. Echte Versöhnung ist vor allem eine Versöhnung mit sich selbst.

Indem wir lernen, welche Annahmen über uns und

die Welt uns wie selbstverständlich lenken, können wir darangehen, sie zu verändern. Niemandes Wert als Mensch hängt davon ab, ob es ihm gelingt, seine Eltern glücklich zu machen. Wenn wir das verinnerlichen, können wir aufhören, uns bei dem verzweifelten Versuch zu erschöpfen, und endlich anfangen, uns selbst glücklich und stolz zu machen. Dann können wir darangehen, uns die mütterliche und väterliche Aufmerksamkeit zu geben, die wir einst entbehrten. Was früher nicht sein durfte, darf heute nachreifen. Oder, wie Erich Kästner gesagt haben soll: »Es ist nie zu spät für eine glückliche Kindheit.«

Die Trampelpfade der Psyche sind tief und breit, aber wir können ein Leben lang lernen, aus ihnen auszuscheren und neue Wege zu gehen.

Deshalb habe ich meinen Eltern im Stillen zugerufen, sie sollten aufhören: Heute gebe ich der Wut, die ich als Kind herunterschlucken musste, Raum. Das zu tun, fand ich anfangs merkwürdig, ja lächerlich. Aber es wirkt. Meine Eltern-Repräsentanzen reden auf mich ein – heute antworte ich ihnen mit der Stimme des Erwachsenen. Von meinen Eltern hatte ich die Aufgabe übernommen, mein verängstigtes Inneres Kind in Schach zu halten – heute stehe ich ihm bei. Mit dem Wissen von heute sage ich mir selbst: *Ja, es ist in Ordnung, wahrzunehmen, dass ich mich einsam und verlassen gefühlt habe. Ja, ich darf mich ärgern darüber, dass meine Eltern mich so oft nicht gesehen, nicht auf mich eingegangen sind. All diese Wut darf sein.*

Das zuzulassen, fällt vielen Kriegsenkeln schwer. Weil sie so wenig Erfahrungen mit Emotionen haben, fürchten sie, von ihnen überschwemmt zu werden. Erst recht, wenn es um die besonders tabuisierte Wut geht. Doch auch diese kann ihren Schrecken verlieren, wenn wir uns daran erinnern, dass Aggression im Kern – wie Schmerz – eine Aufforderung zur Veränderung ist. Sie will unsere Aufmerksamkeit gewinnen: *Da ist etwas kaum auszuhalten, also tu was!*

Nur: Was ist so unerträglich?

III

Noch immer stehe ich, die Schultern hoch gezogen, die Fäuste geballt, am Grab meiner Eltern. Ich weiß ja, dass meine Wut hilfreich ist, und doch komme ich mir sonderbar vor. Prompt suchen meine Aggressionen sich wieder ihr altbekanntes Ventil: Sie wenden sich gegen mich. *Was machst du hier? Führst Selbstgespräche. Willst ändern, was nicht zu ändern ist. Stell' dich doch nicht dümmer an, als du bist. Reiß dich zusammen.* Früher hätte ich dem Selbsthass nachgegeben. Aber das ist vorbei. Heute weiß ich, dass die Wut mich ablenken – positiv formuliert: beschützen – will vor einer tieferen Einsicht.

Langsam atme ich tief ein, höre auf das Geräusch in meiner Nase, spüre den Brustkorb sich heben, halte ihn für ein paar Sekunden so – und atme langsam wieder aus. Dann schließe ich die Augen, und in der Novemberkälte trete ich einen großen Schritt zur Seite. Ich suche einen sicheren Stand, öffne die Augen und blicke auf die jetzt leere Stelle vorm Grab. Wenn ich mir selbst zugucken könnte, frage ich mich, was für einen Menschen sähe ich in diesem Moment vor mir?

Es ist ein simpler Trick, und dabei sehr wirkungsvoll: Indem ich im Wortsinne meinen bisherigen Standpunkt verlasse, kann ich mich aus einem anderen Blickwinkel sehen. Ich gehe auf Distanz zu mir, um mir näher zu kommen.

An der Stelle, an der ich gerade noch stand, sehe ich einen frierenden Mann, der mit hoch gezogenen Schultern vor einem Grab steht und auf zwei Holzkreuze schaut. Einatmen, ausatmen. Automatisch richte ich mich ein wenig auf. Ich sehe einen Sohn, der lange versucht hat, seine Eltern glücklich zu machen, und den das sehr müde gemacht hat. Nochmal einatmen, nochmal ausatmen. Meine Schultern lockern sich. Schließlich, je mehr Anspannung von mir abfällt und je sicherer ich mich an der Stelle fühle, an der ich jetzt stehe, desto klarer sehe ich vor mir:

einen kleinen Jungen, der wütend ist, um nicht weinen zu müssen.

Dieser Junge schilt sich bis heute dafür, dass er nie das Zaubermittel gefunden hat, das seine Eltern heilt. So lange er zurückdenken kann, hat er danach gesucht. Hat dafür alles getan, was in seiner Macht stand. Trotz alledem steht er jetzt an ihrem Grab und kann nichts mehr für sie tun. Dieser kleine Junge gibt den Kampf auf.

Ich gebe auf.

Ich gebe den Versuch auf, meine Eltern glücklich zu machen. Ich kann es nicht. Ich bin nicht schlecht, klein oder dumm, weil es mir nicht gelungen ist. Es war von vornherein unmöglich. Niemand kann einen anderen Menschen retten, und das erkenne ich endlich, endlich an. Das tut mir sehr weh, aber es ist Zeit.

Langsam löse ich meine Fäuste. Anfangs schmerzt es, als wieder Blut selbst durch die kleinsten Adern schießt, aber rasch fühlt es sich angenehm warm an.

Im emotionalen Nebel der Kriegsenkel verborgen hockt die Angst. Dahinter lauert die Wut. Und dahinter, dort, wo der Nebel am dichtesten ist, wartet die Trauer darauf, endlich empfunden zu werden. Das ist das hartnäckigste Erbteil der Kriegsenkel, das Großeltern und Eltern ihnen mitgegeben haben: die Unfähigkeit zu trauern. Die Kinder der Kriegsgeneration lernten das Wegdrücken, Herunterschlucken der Trauer von ihren Eltern und gaben es an die Kriegsenkel weiter. Es ist höchste Zeit, dieses Erbe auszuschlagen.

Millionen Deutsche haben die Trauer mehr als jede andere Emotion abgewehrt, weil sie fürchteten, sie würden, wenn sie sie einmal zulassen, in einem Meer von Trübsal ertrinken. Ganz so, als ließe sich eine einmal geöffnete Schleuse nie wieder schließen. Dabei ist es umgekehrt. Nicht die Trauer macht trübsinnig, sondern ihre Unterdrückung. Denn wer ein Gefühl verdrängt, verdrängt alle anderen gleich mit. Die Trauer selbst kommt und geht in Wellen, die langsam flacher werden.

Als ich am Rande des Grabes stehe, die Hände herabhängend, die Schultern leicht vorgebeugt, werde ich mit einem Mal sehr müde. Mein Blick geht herüber auf die Holzkreuze. Hier sehe ich keine Ruhestätte für zwei Menschen, die ihren Kindern schaden wollten. Sondern einen Mann und eine Frau, die früh verletzt wurden und versuchten, irgendwie durch ihr Leben zu kommen. Zwei Menschen, die in stiller Verzweiflung lebten, weil sie nie herausfanden, wie das geht: glücklich sein. Es macht mich traurig zu sehen, was war und was nicht sein durfte: all der unterdrückte Schmerz, das bleierne Schweigen und die ungestillte Sehnsucht nach Nähe. All das ungelebte Leben.

Aber es tut gut, mir das endlich einzugestehen. »Black holes suck« stand auf dem T-Shirt der Frau bei der Lesung. Ja, es stimmt, schwarze Löcher ziehen uns an. Diese Sorte verschlingt jedoch nur den, der vor ihr zu fliehen versucht. Wer einen Kampf, den er nie gewinnen konnte, aufgibt, hat nicht verloren, sondern gewinnt Kraft für Neues.

Meine Müdigkeit lässt nach, ebenso die Schmerzen in Nacken und Kopf. In der Kälte spüre ich mein Herz pochen. Wenn ich mich jetzt umschaue, sehe ich mehr als Grabsteine, Kreuze und schmale Wege: den ersten Raureif auf Blättern und Erde, den Wechsel von Sonnenschein und Schatten auf dem Friedhof, während dort oben die Wolken vorüber ziehen. Die Rufe der Vögel, die noch nicht gen Süden gezogen sind. Leichten Wind. Das Hier und Jetzt. Leben. Mein Leben.

Meine Spurensuche ist fast vorbei. Noch einmal blicke ich aufs Grab, dann gehe ich zurück über das Gelände, durch das quietschende Eingangstor und hinüber zum Wagen. Mir bleibt nur noch eine letzte Reise.

Ende & Anfang
Wie lässt sich Abschied nehmen?

Die letzte Reise meines Vaters dauerte 26 Stunden, und sie endete auf der A2 nahe Herford unter einer blauen Plastikplane. Begonnen hatte sie hundertvierzig Kilometer entfernt, als er in die Hosentasche griff, in der er seit Jahrzehnten den Autoschlüssel aufbewahrte. Dann schloss er die Fahrertür seines kleinen Peugeots auf, stieg ein und rollte vom Hof des Seniorenheims, in dem er seit kurzem lebte.

Drei Jahre später stehe ich auf demselben Hof. In der Platzmitte thront, geformt aus Findlingen, ein kreisrunder Springbrunnen. Dahinter erhebt sich das große backsteinerne Haus, in dem mein Vater seine letzte Wohnung hatte. Hier begann seine letzte Reise, und hier sah ich ihn zum letzten Mal.

Damals wirkte er auf mich überraschend gelassen. Er schien Frieden mit seiner Entscheidung geschlossen zu haben, umgeben von Wald und Weiden seine letzten Jahre zu verbringen. Als wir bei der Verabschiedung einander gegenüberstanden, war er im einen Moment klar im Kopf, wusste genau, wie seine neuen Mitbewohner hießen und in welchem Zimmer sie wohnten. Im nächsten Augenblick stockte er, und seine Augen suchten in der Welt draußen einen Halt, den sein Geist im Innern nicht fand. Vielleicht wären seine letzten Worte an mich andere gewesen, hätte er sie fünf Minuten früher oder später ausgesprochen. Vielleicht hätte er mir etwas Schönes gesagt, wie meiner Schwester, die er verabschiedete mit »Bleib, wie du bist«. So aber schloss ich die Autotür, winkte, und als der Wagen sich in Bewegung setzte, winkte er zurück und rief mir zu: »Tschüss, Willi!« Drei Wochen später war er tot.

Heute kann ich mir eingestehen, dass ich mich nicht mehr um meinen Vater gekümmert habe, weil ich dafür nicht erwachsen genug war. Wer versteht, welche Persönlichkeit er ist, nimmt nicht alles persönlich. Doch ich war noch voller uneingestandener Wut auf den einst bedrohlichen Mann, obwohl es ihn längst nicht mehr gab. Hier war nur noch ein dünner Greis, der den Namen seines Jüngsten mit dem seines Bruders verwechselte. Aber um das anzuerkennen, musste ich meine Wut annehmen. Das gelang mir erst, nachdem er gestorben war. Vielleicht machte sein Tod mich überhaupt bereit dazu.

Vor drei Jahren nahm mein Vater hier Abschied von mir. Aber erst heute nehme ich wirklich Abschied von ihm.

Ich will die Strecke nachfahren, die mein Vater vermutlich in seinen letzten 26 Stunden zurückgelegt hat. Das Wetter ähnelt dem von damals: kühl, trocken, leichter Wind. Es ist später November in der grünen, waldigen, schier endlosen Tiefebene Norddeutschlands. Als ich den

Wagen zwischen zwei steinernen Säulen hindurch vom Hof lenke, ist es noch hell, wie an jenem Nachmittag.

Der asphaltierte Weg, der nach etwa fünfhundert Metern in die Landstraße mündet, muss für meinen Vater noch leicht zu befahren gewesen sein: einfach geradeaus. Aber wie gelang es ihm, der erst seit wenigen Monaten im Seniorenheim wohnte, danach die richtige Richtung einzuschlagen? Mein Vater hatte sein Leben lang strikte Routine gebraucht. Er war nie einfach drauf los gebraust, sondern hatte einen Plan gehabt, und meist denselben. Die Route war sicher gut in seinem Kopf verankert, an ihr konnte er sich entlang hangeln, von Abzweigung zu Abzweigung. Vermutlich fuhr er also zunächst nach Hause und von dort aus die altbekannte Strecke entlang.

Auf der Landstraße biege ich ab in Richtung meines Heimatdorfs, es liegt nur wenige Kilometer entfernt. Früher ist mir nie aufgefallen, wie schön die Gegend ist. Auf Wiesen grasen Pferde und Schafe das letzte Mal, bevor es in den Stall geht. Kühe blicken kurz fragend auf, um zu schauen, wer da an ihnen vorbeifährt, und wenden sich rasch wieder Wichtigerem zu. Ja, es ist ein Idyll hier, das kann ich heute sehen, auch wenn ich hier nicht leben will.

Kurz hinter dem Ortsschild kreuzt der kleine Bach die Fahrbahn, dann biege ich ab und bin da. Vor dem Elternhaus halte ich kurz an. Die Rollläden sind herabgelassen. Heute fantasiere ich nicht mehr, dass dahinter mein Vater sitzt, um in Ruhe fernzusehen. Ich weiß, er und meine Mutter leben seit Langem nicht mehr hier. Das Einzige, das noch lebt, ist meine Erinnerung an sie. Vorsichtig drücke ich aufs Gaspedal, und langsam wird das Haus immer kleiner, bis es an der nächsten Kurve verschwindet. Vielleicht komme ich nie wieder her. Ein seltsames Gefühl, aber ich lasse es zu. Trauern heißt Abschiednehmen.

Das Navigationsgerät sagt mir, der kürzeste Weg bis Steinheim sei hundertsechsundsiebzig Kilometer lang. Soweit ist mein Vater nicht gekommen. Aber immerhin hat er es bis zu einer Raststätte geschafft, die nur rund vierzig Kilometer von seiner Heimatstadt entfernt liegt. Wie hat dieser verwirrte, ungeduldige, sicher zunehmend hungrige und durstige 81-Jährige das bloß gemacht?

Langsam geht irgendwo hinter dem flachen Horizont die Sonne unter, dabei ist es erst 16 Uhr. Die Reise geht über Landstraßen, vorbei an alten Bauernhäusern und neuen Windrädern. Mein Vater mied Autobahnen und nahm dafür Umwege in Kauf. Vielleicht wegen meiner Mutter, die es ängstigte, wenn unser Vater schnell fuhr. Tat er es aus liebevoller Rücksichtnahme auf seine Frau oder voller Groll, weil er nicht durfte, wie er wollte? Ich werde es nie erfahren. Die vierzig Ehejahre meiner Eltern bilden ihre eigene, komplizierte Geschichte, und die, die sie erzählen könnten, sind tot. Es ist so schade, dass diese beiden Menschen sich selbst nicht glücklich machen konnten und deshalb auch nicht einander oder ihre Kinder.

Im Rückspiegel sinkt die Sonne immer tiefer. Gleich werden nur noch Scheinwerfer, Laternen und Leuchtreklamen Licht spenden. Auf der letzten Fahrt meines Vaters wechselten sich vielleicht gute und schlechte Momente ab wie Sonnenschein und Wolken. Womöglich fuhr er, solange er ahnte, dass es die richtige Richtung war, und hielt an, wenn ihm nichts mehr bekannt vorkam. Wenn es wieder besser ging, startete er den Wagen neu und hoffte, ein Straßenschild wiederzuerkennen, ein Haus, einen Baum. Ja, so könnte es gewesen sein. Warum fällt mir das ein? Weil ich mich selbst besser verstehe, kann ich mich auch besser in die Lage anderer versetzen. Indem ich heute versuche, mich selbst mit allen Fähigkeiten, Bedürfnissen und Macken anzunehmen, kann ich sie auch bei anderen gelten lassen. Wahre Eigenliebe entfernt niemanden von anderen Menschen, sondern bringt ihn den anderen näher.

Ihr Erbe verstehen Kriegsenkel meist als schwere Last. Aber wer es ehrlich annimmt, kann es als Ressource begreifen: Viele von ihnen lernten früh, die Stimmung ihrer Eltern zu erspüren, und stellten deshalb ihre eigenen Empfindungen hintan. Sich in andere Menschen einfühlen zu können, ist zugleich eine kostbare Fähigkeit – wenn man darüber nicht die eigenen Bedürfnisse aufgibt oder nötige Konflikte scheut. Das Gefühl, immer alles mit sich allein ausmachen zu müssen, prägt häufig ihr Leben, oft verbunden mit der Sorge, nie irgendwo anzukommen. Andererseits ist es eine Stärke, Herausforderungen selbstständig meistern zu können – sofern man Hilfe annimmt, wenn man sie braucht. Und Ehrgeiz kann helfen, das eigene Leben so zu gestalten, wie man es möchte – solange man nicht glaubt, nur die eigene Arbeitskraft mache einen wertvoll oder liebenswert. Wer solche Fähigkeiten hat und zugleich die eigenen Belastungsgrenzen respektiert, der kann das Positive seines Erbes annehmen. Der kann sich stets darauf verlassen, dass er einen Ausweg finden wird – für sich selbst und andere. Was einst quälte, kann heute helfen.

Womöglich unterbrach mein Vater seine Fahrt, als es dunkel wurde, und wartete auf den nächsten Morgen. Das würde erklären, warum er 26 Stunden brauchte für eine Strecke, die ein schneller Fahrer in zwei bewältigt. Ich hoffe, dass er die letzte Nacht seines Lebens nicht einsam, verwirrt, frierend und hungrig durch eine Welt fuhr, die er immer weniger verstand. Ich wünsche ihm, dass er sie in Sicherheit und Wärme verbrachte, in einem Hotelbett vielleicht, müde und satt nach einem guten Essen. Ich wünsche es ihm. Aber wahrscheinlich war es anders.

Mein Vater buchte, soweit ich weiß, nie ein Hotelzimmer, und jetzt war er dazu weniger denn je in der Lage. Sein Leben lang hatte er nicht gewusst, wie man sich etwas Gutes tut oder in unvorhergesehenen Situationen handelt. Im Wortsinne außer sich, wie er war, wird er kaum etwas Neues ausprobiert haben. Wahrscheinlicher ist deshalb, dass er seine letzte Nacht mal wachend, mal schlafend, irgendwo in seinem kleinen Wagen saß und frierend auf den Sonnenaufgang wartete.

Was zog ihn zurück in die Kleinstadt, aus der er stammte? Vielleicht sehnte er sich nach einem Ort, an dem er sich zurechtfand. Kindheitserinnerungen leuchten noch in kräftigen Farben, wenn die an Ehe oder Beruf längst verblasst sind, und so mag mein Vater gehofft haben, in Steinheim auf zweifache Weise nach Hause zu kommen. Zum einen war er dort geboren und aufgewachsen, und sein Lieblingsbruder Willi wohnte hier. Zum anderen kannte er hier Straßen und Häuser, weil sie sich ihm als Kind eingeprägt hatten. Mochte alles andere in seiner Erinnerung immer häufiger verschwimmen – in dieser kleinen Welt kannte er sich noch aus. Das eigentliche Ziel seiner Reise war innere Ruhe.

Vielleicht war seine Reise in noch einer Hinsicht eine Heimkehr. Erst vor Kurzem habe ich die Lebensdaten meines Großvaters recherchiert. Ist es ein Zufall, dass mein Vater und sein Vater beide 81 Jahre alt waren, als sie starben? Hätte mein Vater zwei Monate und zehn Tage länger gelebt, hätte er seinen Vater an Lebensalter eingeholt. »Eingeholt«, ein doppelbödiges Wort. Söhne suchen lebenslang ihren Vater, heißt es. Vielleicht suchte mein Vater noch im Alter etwas, das er lebenslang vermisst hatte: Nähe, Geleit, ein wenig Lob, ein Zeichen der Zuwendung. Gar Versöhnung?

Ende November geht die Sonne in dieser Gegend erst um kurz vor acht Uhr auf. Frühestens dann, so stelle ich es mir vor, hat mein Vater die dünnen, kalten Beine gestreckt, sich das müde Gesicht gerieben, und ist weitergefahren. Noch rund neun Stunden bis zum Ende.

Ich fahre auf die A2. Berufsverkehr wie damals, die roten und weißen Lichter der Autos tanzen eine Choreographie, von deren Existenz sie nichts wissen.

Heute verstehe ich, warum mein Vater und meine Mutter so geworden sind, wie ich sie erlebt habe. Aber verstehen heißt nicht verzeihen. Ich verstehe, dass ihre Kinder sie überfordert haben, weil diese lebendiger waren, als sie es sich selbst zugestanden. Aber ich versöhne mich nicht damit, dass sie ihre Lebensangst und Wut tief in meine Kinderseele gepflanzt haben. So tief, dass ich noch immer manchmal denke, dass ich daran ersticke. Dann muss ich mich daran erinnern, dass ich eine Wahl habe, mich davon überwältigen zu lassen. Ich entscheide mich bewusst dagegen, denselben Weg wie meine Eltern zu gehen. Dass ich die Möglichkeit dazu habe – dank Bildung, Frieden, Wohlstand –, auch das gehört zu ihrem Erbe. Ich sollte »es einmal besser haben« als sie, haben sie gesagt. Das ist ihnen gelungen.

Ich heiße nicht gut, wie Ihr Euch mir gegenüber verhalten habt, aber ich verstehe, wie es dazu kam. Ich habe Verständnis dafür, dass Ihr in Eurer Kindheit so viel entbehren musstet. Und ich verstehe, wie Eure Erfahrungen sich auf mich ausgewirkt haben. Ich danke Euch für Eure harte Arbeit, die mir eine Kindheit und Jugend in materieller Sicherheit ermöglicht hat. Heute kann ich Eure Fehler sehen und *Euer Bemühen, es richtig zu machen.*

Hier irgendwo muss die Autobahnraststätte sein. Um die Ausfahrt nicht zu verpassen, fahre ich langsamer, wechsle auf die rechte Spur. Schließlich blinke ich und rolle – ins Nichts. Wo vor drei Jahren das Gelbblau einer Westfalen-Tankstelle in der Dunkelheit leuchtete, sind heute bloß leere LKW-Parkplätze. Die Raststätte ist Ende 2013 geschlossen worden. Ich stelle den Motor aus. Als ich aussteige, höre ich die Autos vorbeirasen, und Novemberkälte umfängt mich. Ich bin allein. Hier endete – fast genau zehn Jahre nach dem Tod meiner Mutter – das Leben meines Vaters, und meine Suche nach ihrer beider Spuren begann.

Heute kann ich mich an lange Verschüttetes erinnern. Wie das frisch gemähte Gras im Garten roch. Wie die mannshohen Sonnenblumen im Spätsommer ihre schweren Köpfe senkten. An den Geruch von Papas herbem Aftershave. Ans Klackern der Dose, bevor Mama ihre Frisur in Haarspray hüllte. Ihr viel zu selten gehörtes Lachen, das wie ein Lichtstrahl durch dichte Wolken brach. Aber auch daran, wie dankbar ich war, als ich, schon erwachsen, Papa um etwas Geld bitten musste und er die Peinlichkeit in meiner Stimme einfach überhörte.

Die Polizei sagte später, es sei um 17:18 Uhr passiert. Mein Vater stieg in seinen kleinen blauen Wagen und rollte langsam auf die Auffahrt. Nach siebzig Metern auf dem Beschleunigungsstreifen riss er den Lenker abrupt herum, fuhr jetzt auf der linken Spur, entgegen der Fahrtrichtung. Er muss geahnt haben, dass etwas schrecklich schief lief, als ihn plötzlich weiße Lichter blendeten, vier, sechs, viele. Ihn trennten nicht vierzig Kilometer von innerer Ruhe, sondern eine Ewigkeit. Zwei Lichter lösten sich von den anderen, wurden immer größer. Noch drei Sekunden bis zum Ende.

Mama, Papa: Ich wünschte, Eure Leben wären freudvoller verlaufen. Es tut mir sehr leid, dass Ihr so vieles nicht erleben und erfahren durftet. Aber ich kann nichts mehr für Euch tun. Ich muss Euch jetzt gehen lassen, damit ich meinen eigenen Weg gehen kann. Mein Leben ist an dieser Stelle noch nicht zu Ende, in gewisser Weise fängt es jetzt erst an. Ich hoffe, es dauert noch eine ganze Weile. Denn eigentlich ist es sehr schön hier. Ich wünschte, Ihr könntet es sehen.

Nachwort

I

Es ist nie vorbei. Die Suche nach den Spuren der eigenen Familie endet nicht nach einer Reise. Denn was Kriegskindern und -enkeln früh eingepflanzt worden ist, wurzelt tief. Aber wer einmal begonnen hat, Erinnerungen, Angst, Wut und Trauer zuzulassen, der hat das Wichtigste geschafft. Sie oder er ist ins Dunkel der Familiengeschichte gesprungen und im eigenen Leben gelandet. Jeder weitere Schritt wird jetzt leichter fallen als der vorige.

Mein Beispiel hat hoffentlich zeigen können, wie das Beleuchten der Vergangenheit jeden Einzelnen persönlich bereichern kann. Die Energie, die so lange ins Verdrängen und Erfüllen erspürter Aufträge von Eltern oder Großeltern geflossen ist, wird frei für die bewusste Gestaltung des eigenen Lebens. Das heißt nicht, selbstgerecht zu handeln, sondern, sich selbst gerechter zu behandeln. Anstatt es immer allen recht machen zu wollen, können Frauen und Männer anfangen, die eigenen Bedürfnisse wahrzunehmen und ihre Grenzen zu akzeptieren. Das ist gar nicht so leicht.

Unserer Gesellschaft attestiert der Soziologe Heinz Bude, in ihr sei alles möglich, aber nichts sicher. Ständig wögen wir eine Möglichkeit gegen die andere ab. So führten wir ein »Leben im Wartezimmer« und entwickelten eine »Lebenshaltung, die auf nichts verzichten will und deshalb alles unter einen Hut zu bringen versucht«. Eine gefestigte Persönlichkeit, die der Außenwelt mit klarer Haltung entgegentritt, kann da nur schwer entstehen: »Das Ich wird zum Ich der anderen und steht dann allerdings vor dem Problem, aus den Tausenden von Spiegelungen ein Bild für sich selbst zu gewinnen.« Wir versuchen, es allen recht zu machen, und verlieren uns selbst aus den Augen. Unsicherheit und Orientierungslosigkeit führen zu Angst. »Man glaubt, in jedem Moment mit seinem ganzen Leben zur Disposition zu stehen.«

Diese verbreitete Lebensfurcht wurzelt, wie wir gesehen haben, häufig auch in der inneren Haltlosigkeit vieler Kriegskinder und -enkel. Eine solche Angst lässt sich verringern. Denn wer versteht, was er wirklich braucht, kann, fürchtet und will, der kann sich und anderen besser Grenzen setzen. Wer beispielsweise begreift, dass er bislang Karriere gemacht hat, weil er durch Taten die eigene Hilflosigkeit als Kind kompensieren will, stellt womöglich den Sinn seiner 60-Stunden-Woche infrage. Ein Job sollte niemandes Wert als Mensch definieren. Oder wer erkennt, dass er sich für Eltern oder Kindern aufgeopfert hat, um mangelnde Zuneigung in der eigenen Kindheit doch noch zu erhalten, mag nach Entlastungsmöglichkeiten für sich suchen. Ein berufliches wie privates Umdenken kann die

Angst kurzzeitig weiter anfachen. Schließlich bedeutet es, auf etwas zu verzichten, das lange ein wichtiger Teil des eigenen Lebens gewesen ist. Doch wer loslässt, was sie oder ihn gefangen gehalten hat, verliert nichts, sondern gewinnt an Freiheit. Von mehr innerer Beweglich- und Behaglichkeit profitieren alle: die alten Kriegskinder, deren erwachsenen Kinder – und sogar ihre jungen Enkel.

II

Die Töchter und Söhne der Kriegsenkel sind Kinder des wiedervereinigten Deutschland. Die Maueröffnung im November 1989 liegt in den meisten Fällen weit vor ihrer Geburt. Der Kalte Krieg ist für die Heranwachsenden zu Geschichte geronnene Vergangenheit, ähnlich unwirklich wie die Nazi-Zeit. Finden sich auch in ihnen Spuren einer Katastrophe, die sie nicht erlebt haben? Gibt es »Kriegsurenkel«?

Die tiefe Furcht ihrer Großeltern und Eltern vor dem Absturz kann diese Kinder und jungen Erwachsenen nicht unberührt lassen. Auf die eigene Existenzangst reagieren viele Erwachsene, so der Soziologe Bude, mit der »Sehnsucht nach einer unkündbaren Beziehung«. Wer sich im Job und in Partnerschaften immerzu als austauschbar begreift, dem scheint häufig ein Band umso unverbrüchlicher: das zum eigenen Nachwuchs. Viele Eltern wünschten sich daher eine »Bindung ans Kind, die von keiner der beiden Seiten gekündigt werden kann«.

Das eigene Kind wird damit zum Lebenssinn erklärt: Wenn nur das Verhältnis zu Sohn oder Tochter stimmt, lässt sich diese chaotische Welt ertragen. Das kann auf beiden Seiten zu hohem Erwartungsdruck führen. Zu Eltern, die ihre Kleinen in die zweisprachige Kita schicken, damit sie noch früher als die Konkurrenz-Kinder Englisch, Spanisch oder Mandarin lernen und so auf dem globalen Arbeitsmarkt von übermorgen beste Chancen haben. Der Nachwuchs wird von früh auf gefördert und noch spät abends von der Klavierstunde abgeholt. Sie sollen perfekt vorbereitet sein auf das, was die Welt der Eltern angeblich bedroht.

So wächst aber zugleich der Druck auf die Kinder, den gewaltigen Ansprüchen gerecht zu werden. Ein »Versagen« könnte die aufopferungsvollen Eltern ja seelisch vernichten. Paradoxerweise tragen solche Väter und Mütter damit ihre Lebens- und Versagensangst ausgerechnet in das einzige zwischenmenschliche Verhältnis, das davon frei bleiben sollte.

Wer glaubt, das eigene Leben werde sinnlos, wenn das Verhältnis zu Sohn oder Tochter getrübt ist, setzt auch sich selbst unter massiven Druck. Jeder Streit kann zur Bedrohung werden, weshalb es ihn unter allen Umständen zu vermeiden gilt. »Langes Diskutieren dient meist einzig der Beruhigung der Eltern, die ihren Kindern oft nichts mehr zumuten wollen«, urteilt Dietrich Petersen, Facharzt für Kinder- und Jugendpsychiatrie. »Klare Grenzen geben Kindern Halt und Orientierung, sie müssen aber auch passen, wie ein guter Rahmen zum Bild.« Das richtige Maß zu finden, fällt den Erwachsenen schwer. Umso mehr, wenn sie in ihrer Kindheit kaum hilfreiche Erfahrungen mit eigener Autonomie und elterlicher Autorität sammeln durften.

»Manche Eltern zögern unendlich lang, um dann viel zu hart zu reagieren.« Letztlich frustriert das die irritierten Kinder, die die gemischten Signale nicht verstehen können. Und es beschämt Väter und Mütter, die sich ratlos fragen, warum sie schon wieder beim Versuch gescheitert sind, alles richtig zu machen.

In beiden Fällen bürden Eltern ihren Kindern – und sich selbst – eine Last auf, die diese weder tragen können noch sollten. Wieder leiden Kinder unter den verdrängten Ängsten ihrer Mütter und Väter. Wenn Eltern sich klar machen, unter welchem Druck sie stehen und wie sie ihn »ererbt« haben, können sie es vermeiden, diesen Druck an ihre Kinder weiterzugeben, und nachsichtiger mit sich sein.

Der allgegenwärtige Optimierungszwang wurzelt natürlich nicht allein in den Spätfolgen von zwei Weltkriegen, in NS-Erziehung, Flucht, Bombenkrieg und Hunger. Die Welt hat sich seit der Geburt der ältesten Enkel der Kriegskinder radikal verändert. Globalisierte Wirtschaftskonkurrenz, schwindende Arbeitnehmerrechte, hohe Scheidungsraten und Terror-Bilder tragen zum Eindruck bei, nichts sei mehr sicher. Aber der Blick auf die alten Traumata hilft einzuschätzen, ob das Ausmaß der eigenen Angst wirklich mit der aktuellen Situation zu tun hat – oder vielmehr mit der persönlichen Geschichte.

Wer jung ist, blickt meist nicht zurück. Rasmus Rahn, Bankkaufmann und Jahrgang 1992, beschreibt sich im Sammelband *Nebelkinder* selbst als »Kriegsurenkel«. Bei Gleichaltrigen beobachtet er »zwei markante Strömungen«: »Die einen zeigen starke Tendenzen, Verantwortung von sich zu weisen. Sie sind der Meinung, es sei ›früher alles gar nicht so schlecht‹ gewesen (...). Sie betreiben Verdrängung. Die anderen sind abweisend, möchten nicht von der Moralkeule erschlagen werden, sie haben ›genug‹ davon und reagieren mit großem Verdruss. Häufig kommt sogar beides zusammen.«

Verdruss und Verdrängung aber rühren gerade nicht daher, dass junge Menschen zuviel oder zuwenig über die deutsche Vergangenheit erfahren. Sondern daran, dass dieses Geschichtswissen zu abstrakt bleibt. Niemand fühlt mit einer anonymen Zahl von Todesopfern, Flüchtlingen oder Hungernden, hat die Zahl auch noch so viele Nullen. Es braucht Gefühl und persönliche Beziehung, am besten im Gespräch. Der Psychoanalytiker Hans-Joachim Maaz hat es auf den Punkt gebracht: »Erinnerung beginnt zu zweit.«

III

In Geschichten erklären wir einander und uns selbst permanent, wer wir sind. Das gilt für Gespräche zwischen Therapeuten und Klienten ebenso wie die zwischen Alten und Jungen, Eltern und Kindern, Großeltern und Enkeln.

Wessen Großeltern noch leben, der hat jetzt die letzte Möglichkeit, deren Geschichte zu hören. Die Enkel der Kriegskinder erleben die Alten häufig als großzügiger und gelassener, als es ihren Eltern vergönnt gewesen ist. Die Unbefangenheit der Jugendlichen ist eine Chance. Wenn die Alten ehrlich darüber reden, was Krieg und Not in ihnen angerichtet haben, und wenn die Jungen ihnen aufmerksam zuhören, wird aus tiefer Vergangenheit erfahrbare Gegenwart. Aus Zahlen treten uns wieder einzelne Menschen entgegen, die hungerten, flüchteten, bangten, starben oder überlebten.

Am Anfang dieses Buches stand der Gedanke, dass die Vergangenheit nicht vergeht, sondern in uns nachwirkt. Und das umso stärker, je mehr wir sie verdrängen. Das Ende markiert die Einsicht, dass wir die Gegenwart umso klarer erleben können, je bewusster uns die Vergangenheit ist. Reden ist der Beginn jeder Erinnerung – und ihr Ziel.

Also: Reden wir.

Dank

Dieses Buch gäbe es so nicht, hätten diese Menschen nicht auf ihre je eigene Weise bei seiner Entstehung geholfen: Udo Baer, Patricia Barona, Manuel Butt, Uschi Keil, Matthias Landwehr, Ingrid Lohre, Magdalene Lohre, Willi Lohre, Thomas Schmidt, Thomas Schmitz, Philipp Schwenke und Johannes Waldhoff. Dafür danke ich ihnen.

Literatur

Alberti, Bettina: Seelische Trümmer – Geboren in den 50er- und 60er-Jahren. Die Nachkriegsgeneration im Schatten des Kriegstraumas. Kösel, München 2010

Baer, Udo / Frick-Baer, Gabriele: Kriegserbe in der Seele – Was Kindern und Enkeln der Kriegsgeneration wirklich hilft. Beltz, Weinheim 2015

Bode, Sabine: Die vergessene Generation – Die Kriegskinder brechen ihr Schweigen. Piper, München 2005

Bode, Sabine: Kriegsenkel – Die Erben der vergessenen Generation. Klett Cotta, Stuttgart 2009

Browning, Christopher R.: Ganz normale Männer – Das Reserve-Polizeibataillon 101 und die »Endlösung« in Polen. Rowohlt, Reinbek bei Hamburg 1996

Bude, Heinz: Gesellschaft der Angst. Hamburger Edition, Hamburg 2014

Chamberlain, Sigrid: Adolf Hitler, die deutsche Mutter und ihr erstes Kind – Über zwei NS-Erziehungsbücher. Psychosozial, Gießen 1997

Haarer, Johanna: Die deutsche Mutter und ihr erstes Kind. Lehmanns, München 1934

Kossert, Andreas: Kalte Heimat – Die Geschichte der deutschen Vertriebenen nach 1945. Siedler, München 2008

Lorenz, Hilke: Weil der Krieg unsere Seelen frisst – Wie die blinden Flecken der Vergangenheit bis heute nachwirken. Ullstein, Berlin 2012

Maaz, Hans-Joachim: Die narzisstische Gesellschaft: Ein Psychogramm. Beck, München 2012

Mitscherlich, Alexander und Margarete: Die Unfähigkeit zu trauern – Grundlagen kollektiven Verhaltens. Piper, München 1967

Peichl, Jochen: Rote Karte für den inneren Kritiker – Wie aus dem ewigen Miesmacher ein Verbündeter wird. Kösel, München 2014

Radebold, Hartmut: Abwesende Väter und Kriegskindheit – Alte Verletzungen bewältigen. Klett-Cotta, Stuttgart 2010

Radebold, Hartmut / Bohleber, Werner / Zinnecker, Jürgen (Hrsg.): Transgenerationale Weitergabe kriegsbelasteter Kindheiten – Interdisziplinäre Studien zur Nachhaltigkeit historischer Erfahrungen über vier Generationen. Juventa, München 2007

Reddemann, Luise: Kriegskinder und Kriegsenkel in der Psychotherapie – Folgen der NS-Zeit und des Zweiten Weltkriegs erkennen und bearbeiten. Klett-Cotta, Stuttgart 2015

Riemann, Fritz: Grundformen der Angst. Ernst Reinhardt, München 1961

Schiffer, Annedore: Subjektive und gesellschaftliche Aspekte von Traumatisierungsprozessen in Bezug auf die NS-Zeit – Eine Studie zum transgenerationalen Psychotrauma in Bezug auf die NS-Zeit und den Zweiten Weltkrieg. Dissertation, Technische Universität Dortmund 2014 (https://eldorado.tu-dortmund.de/bitstream/2003/33561/1/Dissertation.pdf)

Schneider, Jürgen / Süss, Joachim (Hrsg.): Nebelkinder – Kriegsenkel treten aus dem Traumaschatten der Geschichte. Europa, Berlin 2015

Schulz, Hermann / Reulecke, Jürgen / Radebold, Hartmut: Söhne ohne Väter – Erfahrungen der Kriegsgeneration. Ch. Links, Berlin 2004

Snyder, Timothy: Bloodlands – Europa zwischen Hitler und Stalin. C.H. Beck, München 2011

Stambolis, Barbara: Töchter ohne Väter – Frauen der Kriegsgeneration und ihre lebenslange Sehnsucht. Klett-Cotta, Stuttgart 2012

Stiehler, Matthias: Väterlos – Eine Gesellschaft in der Krise. Gütersloher Verlagshaus, Gütersloh 2012

Ustorf, Anne-Ev: Wir Kinder der Kriegskinder – Die Generation im Schatten des Zweiten Weltkriegs. Herder, Freiburg 2008

Welzer, Harald: Opa war kein Nazi – Nationalsozialismus und Holocaust im Familiengedächtnis. S. Fischer, Frankfurt/Main 2002